建设广东现代化产业体系研究丛书

丛书主编　胡军

新增长极

推进战略性新兴产业融合集群发展

陶锋　等　主编

SPM 南方传媒 | 广东经济出版社
·广州·

图书在版编目（CIP）数据

新增长极：推进战略性新兴产业融合集群发展 / 陶锋等主编. -- 广州：广东经济出版社，2025. 8. --（建设广东现代化产业体系研究丛书）. -- ISBN 978-7-5454-9686-4

Ⅰ. F269.276.5

中国国家版本馆 CIP 数据核字第 2025RN2402 号

策　　划：王成刚　刘健华　陈　晔
责任编辑：冯　颖　陈　晔　曾怀锦
责任校对：李玉娴　陈运苗　朱敏红
责任技编：陆俊帆
封面设计：奇文雲海 CHIVAL design

新增长极：推进战略性新兴产业融合集群发展
XIN ZENGZHANG JI: TUIJIN ZHANLÜEXING XINXING CHANYE RONGHE JIQUN FAZHAN
出 版 人：刘卫平
出版发行：广东经济出版社（广州市水荫路 11 号 11 ～ 12 楼）
印　　刷：广州小明数码印刷有限公司
（广州市天河区高普路 83 号 B 栋 C5 号）

开　　本：730 mm×1020 mm　1/16　　印　　张：17.25
版　　次：2025 年 8 月第 1 版　　印　　次：2025 年 8 月第 1 次
书　　号：ISBN 978-7-5454-9686-4　　字　　数：273 千字
定　　价：78.00 元

发行电话：（020）87393830
如发现印装质量问题，请与本社联系，本社负责调换

丛书编委会

总　序

当前，全球经济格局深度调整，科技革命加速演进，广东作为我国经济发展的前沿阵地，肩负着推动产业转型升级、提升国际竞争力的重任。现代化产业体系是现代化国家的物质技术基础，必须把经济发展的着力点放在实体经济上。只有打造自主可控、安全可靠、竞争力强的现代化产业体系，才能为中国式现代化建立行稳致远的关键支撑。习近平总书记明确要求广东"建设更具国际竞争力的现代化产业体系"，这不仅是对广东的深切期许，更是赋予广东在新时代的重大使命。

广东建设现代化产业体系，有着坚实的产业基础和迫切的现实需求。从基础来看，广东是全球重要的制造业基地，拥有全部31个制造业大类，2024年全省规模以上工业企业实现营业收入19.4万亿元，占全国总量的近1/7，电子信息、汽车、电气机械等15个行业规模位居全国第一，已形成基础雄厚、门类齐全、配套完善的工业体系。然而，随着全球产业链供应链加速重构，贸易保护主义抬头，广东产业发展面临着外部市场不确定性增加、关键核心技术"卡脖子"等严峻挑战，加快产业转型升级迫在眉睫。

产业体系是由相互联系的各个产业构成的有机整体。产业体系内横向或纵向关联越密切，就越能产生"1+1>2"的网络效应，其功能相应就越大，韧性就越强，效率就越高。现代化产业体系是指顺应当前科技革命、消费结构和国际格局变化新趋势，以科技创新为牵引，以实体经济为支撑，以现代金融为保障，以人力资源为基础，新质生产力持续替代传统生产力的产业体系。具有国际竞争力的现代化产业体系是指，与其他国家或地区相比，这个国家或地区的产业体系具有更大的功能、更高的效率和更强的韧性，更能适应科技革命、消费结构和国际格局的变化。

结合时代要求、国家战略和地方特色，广东建设更具国际竞争力的现代化产业体系需要满足四个方面的基本要求：一是顺应科技革命浪潮，以创新驱动“三化”转型。智能化、绿色化、融合化是现代化产业体系的三个基本特征。要紧扣新一轮科技革命和产业变革机遇，将创新作为核心驱动力，聚焦人工智能、大数据等前沿技术突破，以培育新质生产力为关键抓手，推动制造业、服务业等各领域向智能化升级、绿色化转型、融合化发展，通过技术迭代重塑产业形态，提升全要素生产率。二是对接全球分工重构，强化产业体系“三性”根基。完整性、先进性、安全性是现代化产业体系的三个基本要求。要适应全球产业链供应链深度重构趋势，以产业基础高级化、产业链现代化为主线，靶向攻关核心零部件、关键基础材料等“卡脖子”环节，补齐产业链短板。同时，巩固优势产业集群的完整性，提升技术和产品的先进性，增强关键领域自主可控能力，筑牢产业体系的安全屏障。三是立足双循环节点优势，服务国家现代化产业体系建设。依托广东产业体系高度国际化的独特优势，深度融入全球市场，既鼓励企业“走出去”参与全球竞争，又积极“引进来”集聚高端要素，强化作为国内大循环重要支点和国内国际双循环战略链接的功能，高效统筹利用国内国际两个市场、两种资源，提升在全球价值链中的位势。四是深化区域协同融合，构建大湾区产业创新生态系统。积极联动港澳地区，以粤港澳大湾区为核心载体，打破地域壁垒和体制限制，推动珠三角与粤东粤西粤北产业协同，促进创新资源、产业链环节、要素市场跨区域流动，构建“基础研究+技术攻关+成果转化+科技金融+人才支撑”的区域产业创新生态，通过一体化布局实现区域产业优势互补、融合发展，彰显现代化产业体系的地方协同特色。

结合地方特色，广东建设更具国际竞争力的现代化产业体系的主要特征可以概括为“三化三性两特色”。

“三化”是指智能化、绿色化、融合化。第一，智能化是广东现代化产业体系的基本趋势。要支持制造业人工智能链式改造，鼓励人工智能企业开发更多面向制造业的多任务智能体。开放先进技术和应用场景，“大手拉小手”带动中小企业发展。同时，培养“懂行业、懂制造、懂数字化”的复合型人才，提升产业生产效率与智能化水平。第二，绿色化是广东现代化产业体系的鲜明底色。要支持企业应用先进生产工艺和设备，在降碳减污中实现扩绿增长，形成政府引导、市场发力、企业主动的绿色转型新格局。第三，融合化是广东现代化产业体系的牵引力量。针对广东产业门类齐全、产业配套能力完善的特质，推动制造业与服务业融合、数字经济与实体经济融合，以龙头企业为牵引深化链条融合，鼓励一二三产业跨界融合，实现产业体系整体效能提升。

“三性”是指完整性、先进性、安全性。第一，产业体系的“完整性”是广东推进新型工业化的必然趋势。作为区域现代化产业体系，其完整性不仅是指产业门类要相对齐全，更强调重点产业内部即产业链层面的相对完整性，尤其要补齐广东关键中间品和核心部件的配套短板以及促进生产性服务业扩容提质。第二，产业体系的“先进性”是广东增强产业国际竞争力的迫切要求。要加快基础研究投入，强化原始创新能力，瞄准共性技术“爆破点”。依托广深科技创新走廊组建产学研联合体，攻关新材料、工业软件等“卡脖子”技术。同时，鼓励企业加强品牌建设，推动传统产业通过技术突破向产业链高端攀升，实现“价值跃迁”。第三，产业体系的“安全性”是广东应对全球产业链重构的现实需要。产业体系没有绝对安全，只有相对安全。要加大对关键核心技术的研发投入，减少对国外技术的依赖，通过在部分关键产品和核心技术层面建立非对称战略优势，来追求产业体系的自主可控和安全稳定。

“两特色”是指规模化、国际化。第一，规模化是广东建设现代化产业体系的厚重家底。大规模参与国际分工带来的低成本优势在一定时期内仍是广东制造的主要优势。在保持制造业比重基本稳定的基础上，以电子信息、智能装备等优势制造业为核心，推动产业集群横向扩容与纵向深耕，强化产业链上下游协同。支持龙头企业引领中小企业形成规模效应，利用产业园区集聚降低综合成本，将规模优势转化为技术迭代速度与市场议价能力的提升。第二，国际化是广东建设现代化产业体系的显著特色。要以品牌全球化为核心，推动家电、电子等优势产业从“产品出海”向“品牌出海”升级，通过海外展会、本土化营销强化品牌认知。企业要依托“一带一路”节点布局海外生产基地，结合当地资源禀赋实现研发、制造、销售本地化，同时通过参股、并购全球优质企业整合技术与渠道，逐步构建自主可控的全球价值链，提升产业链在全球分工体系中的主导权。

从现代化产业体系的建设内容来看，广东应构建“领头雁型”现代化产业体系，需以“四梁八柱”为框架，强化工业、农业、服务业与基础设施的结构性关联、融合性互动，形成以创新为内核、“主干+两翼+底座+尾翼”协同支撑的整体架构。一是要发挥科技创新作为“雁头”的引擎带动作用。通过科技创新突破引领新质生产力培育，推动科技创新与产业创新深度融合，既为传统产业升级注入“智改数转”动力，也为战略性新兴产业和未来产业开辟赛道，更通过技术溢出效应带动农业、服务业、基础设施向现代化跃迁。二是要把现代化工业作为现代化产业体系的“主干”与“两翼”。以战略性支柱产业为“主干”，巩固电子信息、汽车制造、智能家电等万亿级产业集群优势，通过技术改造推动传统产业高端化、智能化升级，筑牢产业根基；以战略性新兴产业和未来产业为“两翼”，聚焦新能源、生物医药、低空经济、量子科技等领域，加大研发投入和场景培育，形成新的增长引擎。工业内部通过“主干”为“两翼”提供产业链配套支撑，“两翼”反哺“主干”实现技术迭代，形成动态升级的工业生态。三是要通过现代化服务业筑牢“底座”实现协同赋能。以生产性服务业为核心“底座”，强化研发设计、现代物流、金融科技、工业互联网等对工业、农业的全链条服务，提升产业协同效率；生活性服务业聚焦品质升级，满足城乡居民需求，反哺消费对产业的拉动作用。服务业通过“黏合剂”作用，促进工农业要素流动、技术共享和市场联通，实现“产业服务化、服务产业化”。四是要通过现代化农业夯实基础与延伸价值。以科技赋能农业现代化，发展智慧农业、设施农业，稳定粮食和重要农产品供给，同时推动农业与加工、文旅、电商等产业融合，延伸产业链价值链。农业既为工业提供绿色原料，又通过消费需求牵引服务业升级，成为产业体系的基础支撑。五是要通过现代化基础设施强化“尾翼”支撑保障。构建“硬基建+软基建”双轮驱动的基础设施体系：硬基建聚焦新型基础设施（如5G、数据中心、智能交通）与传统基建升级，打通产业跨区域联通的物理通道；软基建侧重标准体系、要素市场、营商环境等制度建设，降低产业协同成本。基础设施作为“尾翼”，既为工农业、服务业提供空间和技术支撑，又通过互联互通放大“主干+两翼+底座”的协同效应。

当前及今后一个时期，广东将处于建设更具国际竞争力的现代化产业体系的关键时期。“建设广东现代化产业体系研究丛书”立足新时代广东聚力推动高质量发展的背景，聚焦广东现代化产业体系建设主题，融产业理论研究、政策分析与实地调研于一体。丛书运用理论分析、调研数据论证、比较研究及案例剖析等社会科学方法，系统梳理广东产业体系的产业链基础、发展现状、演化脉络与核心特征，明确其发展方向，并从中观与微观层面深入探讨七大关键产业的建设现状、市场规模、主体构成、实现条件及实施路径。同时，丛书凝练国内外产业发展经验，力求全面且有重点地呈现广东现代化产业体系建设的最新研究成果，针对“卡脖子”难题提出可行对策，为地方政府经济部门落实高质量发展目标、制定产业政策，以及企业投资决策提供实践指引。

本丛书以“广东现代化产业体系建设”为战略主线，围绕现代化产业体系的“四梁八柱”，形成现代服务业、战略性新兴产业、传统优势产业、现代农业、数字经济、产业链韧性、现代化基础设施等七大专题研究板块。各分册在内容上既各有侧重，又相互呼应，共同构建起从产业链、创新链到服务链、要素链的系统化研究框架。丛书整体架构力求理论研究与政策分析相结合、宏观战略与微观案例相统一，为广东建设更具国际竞争力的现代化产业体系提供系统化研究成果与实践指引。各分册主题和内容安排大体如下：

第一册《优质高效服务：构建现代服务业新体系》由暨南大学副校长顾乃华研究员主编。本册聚焦现代服务业的高质量发展路径，结合生产性服务业、消费性服务业与公共服务业发展实际，系统分析现代服务业对制造业转型的赋能机制与国际竞争力提升策略，提出服务型经济的结构优化和质量提升方案。

第二册《新增长极：推进战略性新兴产业融合集群发展》由暨南大学产业经济研究院院长陶锋研究员主编。本册聚焦战略性新兴产业融合集群发展，通过整体评估广东战略性新兴产业融合集群发展现状与问题，深入探究了制度创新、生态构建、韧性提升和创新环境优化等多维因素如何驱动融合集群演进，并通过对广东新能源汽车、人工智能、生物医药三大战略性新兴产业集群的深度案例剖析，为广东锻造新质生产力增长极提供实施路径与战略样本。

第三册《经济新生态：培育数字产业融合与集群发展》由暨南大学产业经济研究院副院长李杰研究员主编。本册聚焦数字技术驱动的新型产业生态，探讨电子信息制造、工业机器人、数字创意产业等数字经济核心领域的产业融合路径，提出数字赋能实体经济的政策建议与实践案例，描绘广东数字经济发展蓝图。

第四册《稳链：打造安全发展的产业链》由暨南大学产业经济研究院余壮雄研究员主编。本册聚焦产业链安全与自主可控发展战略，探讨全球产业链重构背景下广东关键领域“补链、延链、强链”策略，提出产业链韧性建设、供应链多元化布局和风险防控体系的优化路径，全面提升广东产业链体系的稳定性与运行效率。

第五册《创新突围：推动传统产业转型升级》由暨南大学经济学院杨亚平教授主编。本册围绕传统制造业的转型升级与创新突破，深入剖析在新一轮科技革命和产业变革背景下广东家电、纺织服装、食品饮料、建筑材料等重点产业面临的结构性挑战，提出数字化转型、绿色化改造、智能化提升、跨界融合等系统解决方案，推动广东传统产业迈向高端化、智能化、绿色化和融合化。

第六册《乡村振兴：加快农业现代化》由暨南大学产业经济研究院燕志雄副研究员主编。本册聚焦国家乡村振兴战略，详细剖析了全球农业发达国家的农业发展模式以及中国代表性地区的农业现代化发展概况。深入探究了技术创新、模式创新、渠道创新和产业链组织创新等因素如何推动农业现代化进程，并进一步解析了广东种业、渔业等产业案例的现代化实践，为广东农业高质量发展和乡村振兴提供可复制的经验与案例参考。

第七册《硬核力：建设现代化基础设施》由暨南大学产业经济研究院潘珊副研究员和张红副研究员主编。本册聚焦现代基础设施的硬核支撑作用，系统梳理了广东传统基础设施、信息基础设施、创新基础设施和融合基础设施的发展和趋势，提出进一步推动现代化基础设施同信息技术深度融合的发展路径，在融合创新中加快形成新质生产力，全面提升广东现代化产业体系的承载力与发展韧性。

本丛书的研究团队主要来自暨南大学产业经济研究院，同时整合学校经管学科优势力量。始有暨南，便有商科。根据2023软科世界一流学科排名，暨南大学经济学科中国内地排名并列第12；2023ESI全球排名，暨南大学经济学与商学稳居前1%。产业经济研究院是暨南大学国家重点学科“产业经济学”的所在单位，拥有华南地区最早的博士点，建有华南地区第一个应用经济学博士后流动站。学院秉承“顶天立地”的学术传统，坚持“学科交叉研究、产业精英培养、新型智库建设”三位一体，致力成为全国产业经济领域领先的学术单位和卓越智库。近年来，全职教师获批国家自然科学基金重点项目、教育部重大攻关项目、国家社会科学基金重大项目和重点项目等国家级项目，在国内外重要期刊发表了一批有影响力的研究成果。同时，学院积极对接国家重大战略，深度服务于粤港澳大湾区产业转型升级，在产业竞争力、产业发展规划、产业政策与企业发展战略等领域承担各类横向课题200多项。研究成果成为地方政府决策的重要依据，或被以政府文件形式发布。学院现已形成“科研课题、政策辅导、项目把关、干部培训”四位一体决策咨询服务体系，深度嵌入政府部门决策过程，在广东省及主要地市历次产业发展战略转换和产业转型升级中，发挥着不可或缺的政府政策辅导和决策顾问作用。

本丛书的顺利出版，离不开广东经济出版社的鼎力支持与精心组织。作为国内具有重要影响力的专业出版机构，广东经济出版社始终坚持“立足学术前沿、服务经济社会发展”的出版理念，在选题策划、内容统筹、质量把控等方面展现出卓越的专业能力与独到的战略眼光。在丛书的策划与出版过程中，出版社秉承严谨务实的学术态度与高水准的专业精神，从框架设计、内容整合、审稿论证到版式编排、封面设计等每一个细节，都给予了我们极具建设性的意见和全方位的支持。特别要感谢出版社编辑团队，他们以丰富的出版经验、深厚的专业素养和高效的工作作风，全程投入丛书的编辑加工之中。无论是在文本精修、逻辑校对，还是在版式细节、整体美学呈现方面，编辑团队都倾注了大量心血和智慧，对书稿进行了耐心、细致而精准的打磨与校订，确保了丛书的学术深度、政策价值和出版品质达到最佳状态。正是由于广东经济出版社的高度重视与倾力协作，才使得“建设广东现代化产业体系研究丛书”能够以更加完整、成熟与高质量的面貌呈现在广大读者和研究者面前。

由于研究时间和精力有限，本丛书仍难免存在不足与疏漏。我们深知，广东现代化产业体系建设是一个持续演进、动态优化的复杂过程，政策导向、技术变革与全球竞争格局的不断变化，都可能带来新的研究视角和问题挑战。因此，本丛书的成果更应被视为一次阶段性的探索与学术积累。编者期望，通过本丛书能够为相关研究与实践提供有益的参考与启发，推动更多深入的思考与探讨。恳请读者批评指正，以便我们在后续研究与修订中不断完善！

胡　军
暨南大学

Preface

序

在新一轮科技革命和产业变革的浪潮中，以战略性新兴产业为重要代表的新质生产力，作为推动经济高质量发展的核心引擎，正以前所未有的速度崛起。面对国内外复杂多变的经济环境以及全球产业链供应链重构的严峻挑战，把握历史机遇，加快培育和发展战略性新兴产业，抢占未来竞争的制高点，已成为各国和地区面向未来的关键抉择。党的二十大报告明确要求，推动战略性新兴产业融合集群发展，构建新一代信息技术、人工智能、生物技术、新能源、新材料、高端装备、绿色环保等一批新的增长引擎。这一战略部署，不仅体现了国家对未来发展方向的深刻洞察，更指明了构建自主可控、安全高效的现代化产业体系、实现高质量发展的必由之路。战略性新兴产业以其高创新性、强渗透性、广覆盖性和高成长性的特点，成为驱动产业变革、塑造核心竞争力、引领经济社会发展的重要力量。

广东作为中国改革开放的排头兵、经济发展的主引擎，拥有深厚的产业积淀、完备的工业体系和澎湃的科技创新活力。长期以来，广东坚持实体经济为本、制造业当家，将发展战略性新兴产业作为发展新质生产力、实现高质量发展的关键支撑。在《广东省制造业高质量发展“十四五”规划》等政策引领下，广东正着力构建更具国际竞争力的现代化产业体系，奋力建设具有全球影响力的产业科技创新中心。2025年初的广东省高质量发展大会更进一步强调，要以科技创新引领推动产业焕新、动能转换，打造世界级先进制造业集群。大会特别指出，在发展新质生产力上走在前列，强化科技创新与产业创新的深度融合，加速人工智能、低空经济、生物制造等前沿技术研发和产业化应用，积极布局6G、量子信息、生命科学等未来赛道。这深刻揭示：在战略性新兴产业的演进中，融合集群发展已不仅是趋势，还是塑造新优势、赢得未来的必由路径与战略选择。融合，着眼于创新链、产业链、资金链、人才链的深度耦合，打破壁垒，融通要素，催生裂变；集群，则追求高端要素在地理空间与价值链上的高效集聚和协同进化，锻造产业韧性和整体竞争力。战略性新兴产业唯有通过深度融合的集群化发展，才能在技术迭代加速、产业边界消融的新一轮竞合中锻造核心优势、引领发展方向，为发展新质生产力提供源源不断的动能。

战略性新兴产业融合集群发展，是一个复杂的体系化工程，需要理论指引、全局谋划和实践深耕。本书立足战略性新兴产业的前沿趋势，研究新一代信息技术、生物医药、绿色能源等产业的集群化、链式化融合发展模式，提出培育增长极的体制创新与区域协同策略，助力广东抢占新一轮产业竞争制高点。全书谋篇布局分为理论篇、总体篇与行业篇。

理论篇：界定核心概念、剖析主要特征、回顾相关理论，并前瞻性地探讨战略性新兴产业的发展趋势、发展路径与发展模式，为研究奠定学理根基。

总体篇：以三章篇幅，通过剖析国内外培育发展关键产业集群的典型案例与宝贵经验，立足广东战略性新兴产业集群的发展基础与独特优势，进一步聚焦广东打造世界级产业集群的目标和探索新质生产力发展路径的使命，提出具有针对性、前瞻性的融合集群发展思路、关键任务与系统性对策建议。

行业篇：以新能源汽车、人工智能、生物医药三大具有全球竞争力和广东特色优势的产业集群为典型范例，分别进行深度剖析。聚焦各产业集群的发展现状、核心瓶颈与挑战，结合抢占未来产业制高点的需要，有针对性地探讨了加快推进融合集群发展的主攻任务与深化路径。这些深度剖析，展现了理论到实践的贯通，也为其他产业集群乃至全国发展提供了宝贵的“广东样本”。

值此广东乃至全国大力发展新质生产力、加快构建现代化产业体系的关键节点，本书的出版，不仅为学术界与实务界研究战略性新兴产业融合集群发展提供了重要的理论坐标与实践参考，而且是对党中央部署和广东率先探索要求的积极响应。我们相信，它能够为各级政府、产业园区、研究机构及相关企业深刻理解融合集群发展战略、打造创新生态系统、提升产业链供应链韧性、探寻未来方向提供智力支持。我们衷心期待，通过全社会在政策支持、技术创新、资本助力、人才汇聚等方面的协同发力，广东能持续发挥先行示范和战略支撑作用，不断深化战略性新兴产业融合集群发展层次，塑造面向未来的新增长极，为建设更高水平的现代化产业体系、实现更高质量的经济社会发展、构筑国家竞争新优势贡献更大的“广东力量”。

Contents

目录

[理论篇]

第一章　战略性新兴产业发展概述 / 2

第一节　战略性新兴产业的概念界定与主要特征 / 2
第二节　战略性新兴产业相关理论回顾 / 9
第三节　产业融合与战略性新兴产业发展的相关探讨 / 13
第四节　战略性新兴产业的发展趋势 / 16
第五节　战略性新兴产业的发展路径 / 18
第六节　战略性新兴产业的发展模式 / 21

[总体篇]

第二章　国内外战略性新兴产业发展 / 26

第一节　国外战略性新兴产业发展状况 / 26
第二节　国内战略性新兴产业发展状况 / 38

第三章　广东战略性新兴产业集群发展 / 50

第一节　广东战略性新兴产业集群发展成效 / 51

第二节　十大产业集群发展成效 / 58
第三节　广东战略性新兴产业集群发展存在的问题 / 71

第四章　广东战略性新兴产业融合集群发展 / 76

第一节　发展思路 / 76
第二节　重点领域 / 80
第三节　空间布局 / 84
第四节　对策建议 / 87

[行业篇]

第五章　广东新能源汽车产业集群发展研究 / 96

第一节　新能源汽车产业发展环境 / 98
第二节　新能源汽车产业链SCP范式研究 / 104
第三节　新能源汽车产业空间布局 / 119
第四节　新能源汽车产业发展趋势研判 / 125
第五节　广东新能源汽车产业集群发展对策建议 / 131

第六章　广东人工智能产业集群发展研究 / 135

第一节　人工智能产业发展环境 / 136
第二节　人工智能产业链SCP范式研究 / 149
第三节　人工智能产业空间布局 / 173
第四节　人工智能产业发展趋势研判 / 186
第五节　广东人工智能产业集群发展对策建议 / 191

第七章 广东生物医药产业集群发展研究 / 195

第一节 生物医药产业发展环境 / 195

第二节 生物医药产业链SCP范式研究 / 208

第三节 生物医药产业空间布局 / 229

第四节 广东生物医药产业发展趋势研判 / 243

第五节 广东生物医药产业集群发展对策建议 / 247

参考文献 / 251

后 记 / 255

理论篇

第一章 战略性新兴产业发展概述*

在当今全球经济格局深刻调整与新一轮科技革命和产业变革加速推进的背景下，战略性新兴产业作为引领未来经济社会发展的重要力量，正以前所未有的速度崛起并重塑国际竞争新格局。这些产业不仅蕴含巨大的经济增长潜力，更是推动产业结构转型升级、实现经济高质量发展的关键所在。本章将从多个维度对战略性新兴产业进行全面概述：首先界定战略性新兴产业的概念，明确其在当代经济社会中的内涵及主要特征。然后对战略性新兴产业相关理论进行回顾，这些理论不仅揭示了战略性新兴产业发展的内在规律和动力机制，还为其未来的发展路径和策略选择提供了科学依据。接着厘清产业融合的概念、主要类型，以及产业融合推动战略性新兴产业发展的意义。最后探讨战略性新兴产业的发展趋势、发展路径和发展模式，揭示战略性新兴产业成长的阶段性特征和规律性逻辑。本章旨在为读者提供一个关于战略性新兴产业发展全貌的宏观视角，为后续章节的讨论奠定坚实的理论基础。

第一节 战略性新兴产业的概念界定与主要特征

一、战略性新兴产业的概念界定

国内对“战略性新兴产业”这一概念在政策文本和学术研究中各有侧重。

在政策层面上，战略性新兴产业是以重大技术突破和重大发展需求为

* 本章第一执笔人为暨南大学产业经济研究院李鑫铭。

基础，对经济社会全局和长远发展具有引领带动作用，知识技术密集、物质资源消耗少、成长潜力大、综合效益好的先进产业。战略性新兴产业代表新一轮科技革命和产业变革的方向，是培育发展新动能、获取未来竞争新优势的关键领域。《“十二五”国家战略性新兴产业发展规划》将战略性新兴产业划分为节能环保、新一代信息技术、生物、高端装备制造、新能源、新材料和新能源汽车七个大类。随着我国进入全面建成小康社会的决胜阶段，战略性新兴产业的内涵不断拓展，《“十三五”国家战略性新兴产业发展规划》进一步将战略性新兴产业划分为五大领域（网络经济、高端制造、生物经济、绿色低碳和数字创意）、八大产业（新一代信息技术、高端装备、新材料、生物、新能源汽车、新能源、节能环保和数字创意）。党的十九届五中全会审议通过的《中共中央关于制定国民经济和社会发展第十四个五年规划和二〇三五年远景目标的建议》提出，加快壮大新一代信息技术、生物技术、新能源、新材料、高端装备、新能源汽车、绿色环保以及航空航天、海洋装备等产业。战略性新兴产业的内涵外延再次改变。特别是，2023年9月，习近平总书记在主持召开新时代推动东北全面振兴座谈会时指出，积极培育新能源、新材料、先进制造、电子信息等战略性新兴产业，积极培育未来产业，加快形成新质生产力，增强发展新动能。这一重要论述明确：战略性新兴产业的培育和壮大需要新质生产力的创新和驱动。

在学术层面上，任保全等人认为战略性新兴产业作为高科技行业的核心，是实现经济转型、推进产业升级的关键一环，战略性新兴产业目前正处于萌芽与成长时期，将成为未来国家经济发展的支柱性产业。林学军认为战略性新兴产业是处于初级发展阶段且对地区发展具有重大作用和影响的新兴产业，具有指向性、外部性、创新性、风险性和地域性等特征。Miao等人认为战略性新兴产业是推动区域经济发展的新突破和增长极，拥有高科技、高知识和高发展潜力等属性，并集中整合了新兴产业和新兴技术等领域的特征和优势。贺俊等人认为相较于传统产业，战略性新兴产业代表了先进生产技术，对经济和社会具有重大的引领和带动作用。Jansson认为新兴产业是不断发展和变化的经济环境的一个永久特征，新兴产业应被视为产生新产品、服务、业务和就业的关键领域。Forbes等人系统梳理了新兴产业的概念，认为新兴产业是处于发展初期的产业，能够有效地振兴经济和促进创新技术发展。

直观地看，战略性新兴产业概念涵盖了三个关键词，即“产业”“新兴产业”“战略性”。“产业”一般是指一组相互关联的企业或行业，它们通过提供产品或服务来满足市场需求，并在经济活动中占据一定的规模和地位。“新兴产业”一词主要出现在技术经济学关于“产业动态性”（industry dynamics）问题的研究中，通常指的是处于产业生命周期初创期的产业。新兴产业的经济学意义在于它不仅涵盖了“产品替代性”的传统视角，还引入了时间与阶段的概念进行深化。产品替代性主要聚焦于企业间的直接竞争，而新兴产业通过融入时间维度，更加突出企业在产业初期发展阶段的行为特性。这里所谓的产业初期，涵盖了从技术萌芽、产业化，直至行业内企业数量达到饱和状态的整个过程。依据产业生命周期理论研究，不同行业的新兴产业初期阶段长短不一，有的仅历经短暂两三年，有的则绵延半个世纪之久。这一产业初期长短很大程度上取决于主导技术的成熟度。主导技术指的是新市场中出现的第一批整合了满足客户需求的众多关键特性的创新产品或工艺，而技术成熟度则衡量了技术演进的动力，即既有技术被新型技术创新超越或改造的可能性。从时间维度审视，新兴产业的这一发展过程揭示了一个规律：主导技术的成熟度越高，预示着产业初期阶段越接近尾声。战略性新兴产业的动态性不仅可由技术成熟度来解析，市场成熟度同样扮演着至关重要的角色。随着新兴产业逐步迈向成熟，市场规模的扩张速度趋于平缓，与此同时，市场结构的灵活性逐渐减弱，产业内部的组织架构则趋向于一个由多种外部因素共同塑造的长期稳定状态。战略性新兴产业概念涵盖的最后一个关键词是“战略性”。这一属性从两个核心维度得以彰显：首先是技术维度，这些产业所依托的主导技术展现出鲜明的未来导向与突破性创新；其次是市场维度，这些产业不仅面对当前庞大的市场需求，还蕴含着巨大的市场潜力。

二、战略性新兴产业的范围界定

面对新一轮前沿科技发展浪潮，全球各主要经济体持续加强与完善国家顶层科技战略布局与战略科技力量部署。2020年10月，美国发布《关键和新兴技术国家战略》，列出了关键和新兴技术名单、战略目标和主要行动，随后于2022、2024年对名单进行了两次更新。2024版名单对人工智能技术、数据和网络安全技术、下一代通信技术、无人系统与机器人技术、定位导航与定时技术、空间技术与系统等方面加强布局。欧盟发布《2021—2027年度财务框架》《塑造欧洲数字未来》《人工智能白皮书》《欧洲数据战略》等顶层科技战略文件，并计划投入巨额资金支持人工智能、超级计算、量子通信、区块链等颠覆性和战略性技术发展。日本2016年首次提出“社会5.0”（society 5.0）概念，指出要最大限度地应用现代通信技术，通过虚拟空间与现实空间的高度融合，解决经济社会问题，打造一个“超智能社会”。此后，围绕“社会5.0”愿景，日本发布了《未来投资战略2017：为实现“社会5.0”的改革》《新产业结构蓝图》《未来投资战略2018：迈向社会5.0和数据驱动型社会的变革》，以及《集成创新战略》《统合创新战略2020》《科学技术创新白皮书》等一系列政策文件，内容涉及生命健康、人工智能、生物技术、量子技术、尖端材料制造、能源与环境、自动驾驶汽车等未来产业的系统布局。在“社会5.0”愿景的牵引下，日本通过推动前沿技术创新与未来产业发展来满足社会需求。

我国主要省市的战略性新兴产业重点发展方向呈现出多元化和特色化的特点，主要省市根据自身资源禀赋、产业基础和发展需求，确定了不同的重点发展方向。例如，北京依托其科研与教育资源优势，重点发展新一代信息技术、医药健康、新能源智能网联汽车及绿色智慧能源等产业，同时前瞻布局量子信息、人工智能等未来产业，致力打造多个万亿级产业集群。上海作为全国经济、金融、贸易和航运中心，其战略性新兴产业的发展聚焦于集成电路、生物医药与人工智能三大核心领域，通过技术创新与产业升级，推动电子信息、生命健康、汽车、高端装备、新材料及现代消费品等六大产业集群快速发展。江苏则以物联网、高端装备、节能环保、新型电力（新能源）装备及生物医药等产业为重点，致力打造多个万亿级产业集群，并积极探索人工智能、新材料、新能源等前沿领域的发展机遇，推动经济高质量发展。浙江大力培育新一代信息技术、生物技术、新材料、高端装备、新能源及智能汽车、绿色环保、航空航天、海洋装备等产业。山东重点培育新一代信息技术、高端装备、新能源、新材料、新能源汽车、节能环保、生物医药等产业。广东在2021年发布的《广东省制造业高质量发展“十四五”规划》中前瞻性地布局了半导体与集成电路、高端装备制造、智能机器人、区块链与量子信息、前沿新材料、新能源 、激光与增材制造、数字创意、安全应急与环保、精密仪器设备等十大战略性新兴产业。

三、战略性新兴产业的主要特征

战略性新兴产业的主要特征具体包括以下几个方面。

（一）创新性

在战略性新兴产业的萌芽与发展初期阶段，其核心技术的突破呈现出鲜明的“创造性破坏”特质，这些创新不仅挑战现状，更具备重塑行业格局的潜力。此阶段，产业的主导技术仍处于一个动态演化的过程中，面临创新、优化乃至被新兴技术替代的风险。与成熟产业聚焦于技术深化与产品微调的创新模式不同，战略性新兴产业在产业化的初步阶段，更侧重于基础研究、原创性发明以及开创性的产品与工艺革新，这些活动因其前沿性而伴随着更高的技术不确定性。四种产业形态的演进关系和特征对比如表1–1所示。

表1–1　四种产业形态的演进关系和特征对比

项目	未来产业特征	战略性新兴产业特征	主导产业特征	支柱产业特征
技术成熟度	技术发展初期，技术进步缓慢	技术研发投入增加，技术进步开始加速	技术达到极限后，创新速度开始减缓	技术进步曲线变得平坦

续表

项目	未来产业特征	战略性新兴产业特征	主导产业特征	支柱产业特征
产业规模	产业规模非常小	开始实现大规模产业化	产业规模增速开始放缓	产业已经形成可观的规模
产业发展潜力	巨大	较大	较小	很小
产业生命周期	萌芽期	成长期	成熟期	衰退期

资料来源：沈梓鑫、江飞涛《未来产业与战略性新兴产业的创新与新质生产力：理论逻辑和实践路径》。

（二）关联性

战略性新兴产业在产业链中往往占据核心地位，其发展与上下游产业紧密相连，形成紧密的关联网络。这种关联性体现在以下几个方面。一是技术关联性。战略性新兴产业通常依托于前沿科技的突破，这些技术不仅在本产业内部得到广泛应用，还常常能够渗透到其他产业中，推动相关产业的技术进步和产业升级。例如，新一代信息技术产业的发展不仅促进了本领域内软硬件产品的更新换代，还带动了制造业、服务业等多个行业的数字化转型。二是市场关联性。战略性新兴产业的市场需求往往与多个产业相关联。随着这些产业的快速发展，其市场需求也会不断增长，并带动相关产业的市场需求增加。例如，新能源汽车产业的兴起不仅促进了汽车制造业的转型升级，还带动了电池、电机、电控等关键零部件产业的发展。三是产业延伸性。战略性新兴产业在发展过程中会不断延伸产业链，形成更加完善的产业生态系统。这种产业链延伸不仅有助于提升产业的整体竞争力，还能够带动相关配套产业的发展，形成产业集群效应。

（三）高成长性

战略性新兴产业的高成长性体现在引领产业转型升级、催生新兴业态、促进就业与创业、推动区域经济发展和增强国际竞争力等多个方面。具体来看，主要表现在以下几个方面。一是引领产业转型升级。战略性新兴产业以其高度的技术创新性和前瞻性，成为产业升级的引领者。它们通过引入新技术、新工艺和新模式，推动传统产业向高技术、高附加值、低能耗、低污染的方向转型升级。这种转型升级不仅提高了传统产业的生产效率和产品质量，还促进了产业结构的优化和升级，增强了产业的核心竞争力。二是催生新兴业态。战略性新兴产业的发展往往伴随着新兴业态的涌现。随着新技术的不断突破和应用，新的商业模式、服务模式和盈利模式不断涌现，为经济社会发展注入了新的活力。例如，在新能源汽车产业的推动下，充电设施、电池回收、智能网联等相关业态快速发展，形成了完整的产业链和生态系统。三是促进就业与创业。战略性新兴产业的快速发展为社会创造了大量的就业机会和创业空间。随着产业的不断壮大和技术的不断进步，相关领域专业人才需求不断增加，吸引了大量高素质人才加入。

（四）不确定性

战略性新兴产业处于产业生命周期的早期阶段。在战略性新兴产业中，不确定性是一个多维度的概念，显著地影响着产业的发展路径和前景。这种不确定性可以从技术不确定性、市场不确定性和组织不确定性三个方面阐述。一是技术不确定性。战略性新兴产业依赖前沿科技的突破与创新，而这些技术往往处于探索或初步应用阶段，其成熟度、稳定性及商业化前景均存在诸多未知。二是市场不确定性。市场需求的变化、消费者偏好的转移、市场竞争格局的演变，以及政策环境的调整等因素，共同构成了市场不确定性的主要来源。对于战略性新兴产业而言，市场接受度、市场规模的扩张速度、市场细分与定位的准确性以及市场渠道的拓展能力等，都是决定产业能否成功商业化的关键因素。三是组织不确定性。随着产业环境的快速变化和技术的不断进步，战略性新兴产业的企业内部管理和运营模式也需不断调整和优化。组织架构的设计、管理模式的创新、人才队伍的建设以及企业文化的塑造等方面，都面临着组织不确定性的挑战。

第二节　战略性新兴产业相关理论回顾

一、产业生命周期理论

1966年，Vernon提出了产品生命周期理论，随后Abernathy等人以产品的主导设计为主线将产品的发展划分为流动、过渡和确定三个阶段，进一步发展了产品生命周期理论。在此基础之上，Gort等人通过对46个产业最多长达73年的时间序列数据进行分析，按产业中的厂商数量对产业发展进行划分，建立了产业经济学意义上第一个产业生命周期模型（见图1-1）。

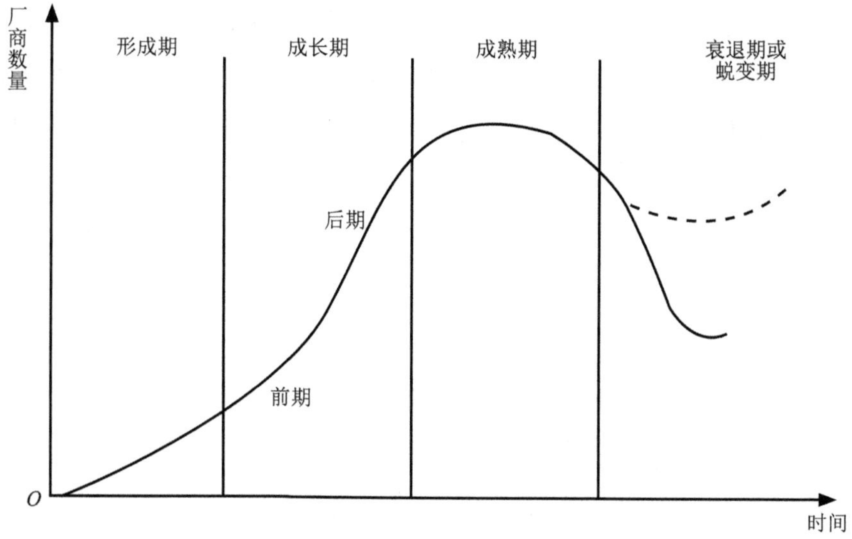

图1-1　产业生命周期模型

从产业生命周期理论视角分析战略性新兴产业，我们可以看到其发展过程与产业生命周期的四个阶段紧密相连。产业生命周期理论将产业发展划分为形成期、成长期、成熟期及衰退期或蜕变期，每个阶段都有其独有的特征和挑战。在战略性新兴产业的形成期，技术尚未成熟，市场接受度低，企业需明确产业定位，积极研发创新。进入成长期后，随着技术的突破和市场需求的增长，产业规模迅速扩大，但需注意管理和决策的稳健性。到了成熟期，产业增速放缓，技术同质化现象严重，企业需通过优化升级、品牌建设等方式提升竞争力。最终，在衰退期，市场需求下降，部分企业将退出市场，但也可能通过技术创新和转型升级进入新的发展阶段。因此，战略性新兴产业的发展需结合产业生命周期理论，根据不同阶段的特点制定相应的战略和措施，以实现持续健康发展。

二、产业政策视角

从产业政策视角分析战略性新兴产业，不得不提到林毅夫与张维迎两位经济学家的争论。这一争论不仅深刻影响了学术界对于政府与市场在产业发展中角色的理解，也为我国战略性新兴产业的发展路径提供了多元思考。林毅夫教授主张有效市场与有为政府的协同作用。他认为，在发展战略性新兴产业时，政府应发挥关键作用，通过产业政策引导资源合理配置，改善技术创新和产业升级所需的软硬环境。同时他强调，政府应基于比较优势，因势利导，为新兴产业提供必要的基础设施和政策支持，从而帮助企业克服市场失灵和协调失灵的问题。他特别指出，在战略性新兴产业中，如集成电路、人工智能、生物医药等领域，由于技术门槛高、研发周期长，更需要政府的引导和扶持，以突破“卡脖子”技术，提升产业自主可控能力。相比之下，张维迎教授则持市场化的观点。他认为，产业政策往往基于政府对未来技术方向的预判，但这种预判往往不够准确，且容易引发资源错配和市场扭曲。他主张废除任何形式的产业政策，认为企业家精神是推动产业升级和技术进步的核心力量。他坚信，通过市场竞争，企业家能够自发地找到市场中的不均衡点，进而推动技术创新和产业升级。政府应减少对市场的干预，让市场机制充分发挥作用，从而激发企业的创新活力。

在发展战略性新兴产业的过程中，林毅夫与张维迎的争论为我们提供了宝贵的思考。实际上，两者并非完全对立，而是各有侧重。战略性新兴产业的发展既需要市场的竞争和激励机制，也需要政府的引导和扶持。在实践中，应找到政府与市场之间的平衡点，既发挥市场在资源配置中的决定性作用，又发挥政府在宏观调控和公共服务中的重要作用。

三、演化经济学视角

演化经济学又称为进化经济学，是20世纪七八十年代以来在西方经济学界逐步形成的一股重要思潮。它不满于新古典经济学的均衡范式和过度的数学形式主义，试图为整个理论经济学的发展重新定向。演化经济学强调经济系统的动态性、复杂性和不确定性，关注经济现象的演化过程，特别是技术进步、市场结构、制度变迁等方面的动态变化。在演化经济学的框架下，战略性新兴产业的发展被视为一个由多种因素共同推动的演化过程。

战略性新兴产业的发展，首先是技术创新的直接产物。在演化经济学视角下，技术创新被视为推动产业变革的“变异”力量（陈雁 等，2018）。这些创新打破了传统产业的技术壁垒，为新兴产业的崛起提供了可能。随着技术的不断成熟和商业化应用，战略性新兴产业逐渐从萌芽状态走向壮大，成为推动经济转型升级的重要引擎。然而，技术创新的成功并非孤立存在，它离不开市场需求的强大拉动力。在本土市场的庞大需求下，战略性新兴产业通过不断地试错和迭代，逐步适应市场变化，形成具有强大竞争力的产品和服务。市场需求的选择作用，使那些能够满足消费者需求、具备超强适应性的产业形态得以生存和发展，进而推动整个产业向更高层次迈进。除了技术创新和市场需求外，制度环境也是战略性新兴产业发展的重要保障。政府通过制定科学的产业政策、提供必要的资金支持和优化营商环境等措施，为新兴产业的发展创造了良好的外部条件。这些政策措施不仅降低了企业的创新成本和风险，还促进了产业间的协同发展和资源的高效配置。

在演化经济学视角下，战略性新兴产业的发展过程充满了动态性和不确定性。技术创新的日新月异、市场需求的快速变化以及制度环境的不断调整，都使得产业发展充满了变数和挑战。然而，正是这种动态性和不确定性，为产业发展提供了无限的可能性和机遇。企业需要保持敏锐的市场洞察力和灵活的战略调整能力，以应对各种不确定性和挑战；政府则需要继续深化改革、优化政策环境，为战略性新兴产业的持续健康发展提供有力支持。

四、技术创新理论

约瑟夫·熊彼特在《经济发展理论》一书中首次提出了“创新”的概念，并强调了技术创新在经济发展中的核心作用。所谓“创新”，就是建立一种新的生产函数，把一种从未有过的关于生产要素和生产条件的“新组合”引入生产体系。创新一般包含五个方面的内容：一是制造新的产品：制造出尚未为消费者所知晓的新产品。二是采用新的生产方法：采用产业部门尚未知晓的生产方法。三是开辟新的市场：开辟国家和那些特定的产业部门尚未进入的市场。四是获得新的供应商：获得原材料或半成品的新的供应来源。五是形成新的组织形式：创造新组织形式或者打破原有垄断的组织形式。在战略性新兴产业中，技术创新是核心驱动力。这些产业，如新能源、新材料、生物技术等，均依赖前沿科技的突破和持续创新。技术创新不仅推动了新产品的开发，还促进了生产方式的革新，提高了产业的整体竞争力。

此外，埃弗雷特·罗杰斯在《创新的扩散》一书中提出技术扩散理论，这一理论强调新技术在社会成员之间的传播与扩散过程。在战略性新兴产业中，技术扩散具有至关重要的作用。一方面，新技术的快速扩散能够加速产业内部的技术升级和转型，提高整个产业的生产效率和创新能力。另一方面，技术扩散能够促进不同产业之间的融合与交叉，催生新的产业形态和经济增长点。在战略性新兴产业中，技术扩散的过程受到多种因素的影响，包括创新技术的成熟度、市场需求、政策支持、产业链配套等。为了促进技术扩散，政府和企业需要采取一系列措施，如加大技术创新的研发投入、建立有效的技术转移机制、优化政策环境等。

在战略性新兴产业中，技术创新与技术扩散是相互依存、相互促进的。技术创新为技术扩散提供源源不断的动力，而技术扩散则进一步推动技术创新的深化和拓展。通过技术创新与技术扩散的良性互动，战略性新兴产业能够不断实现技术升级和产业变革，为经济增长和社会发展注入新的活力。

第三节 产业融合与战略性新兴产业发展的相关探讨

一、产业融合概念界定

学术界对于产业融合的讨论最早源于数字技术出现所引发的产业之间的交叉。1978年，美国麻省理工学院媒体实验室的尼古拉斯·尼葛洛庞帝用三个重叠的圆圈来描述计算机产业、印刷出版产业和广播电影产业三者间的技术边界，并且认为三个圆圈的交叉处将成为成长最快、创新最多的融合领域。这成为产业融合标志性定义的本源。从20世纪70年代开始，以信息技术为核心的高新技术在世界范围内迅速发展和扩散，一些建立在传统工业经济时代生产分工基础上的产业边界渐渐模糊，在原产业边界处开始融合、生成新的产业类型。这进一步推动了产业融合概念的发展和完善。

产业融合创新依托新一轮科技革命，成为当前全球产业发展最重要的趋势。植草益认为产业融合（industry convergence）是指通过技术革新和放松管制来降低行业间的壁垒，加强行业企业间的竞争合作关系。这个定义是从产业融合的原因及结果两方面来解释产业融合的意义的。一些学者对于产业融合还有不同的解释。例如，Lei认为产业融合发生的前提条件是产业之间具有共同的技术基础，能够发生技术融合，即某一产业的技术革新或发明有意义地影响和改变其他产业的开发特征、竞争模式和价值创造过程，因而产业融合一般发生在产业之间的边界和交叉处，而不是发生在产业的内部 。Fai等人，还有Gaines，都认为发生融合的产业相互之间具有一定程度的关联性。Gambardella等人认为技术融合并不代表产业融合，产业融合应以市场融合为导向，一般要经过技术融合、业务融合、市场融合三个阶段，最后才能完成产业融合的全过程。根据上述观点，产业融合较为准确和完整的含义可以表述为：由于技术进步和管制放松，发生在产业边界和交叉处的技术融合，改变了原有产业的特征和市场需求，导致产业企业之间的竞合关系发生改变，从而导致产业界限模糊化甚至重新划分产业界限。产业融合的核心特征在于不同产业之间的边界模糊化，通过技术、业务、市场等多方面的融合，形成新的产业形态和经济增长点。

二、产业融合的主要类型

产业融合的主要类型可以大致分为以下三种：

一是产业渗透。产业渗透是指高科技产业通过其先进的技术、理念或商业模式，向传统产业的边界渗透，从而改变和提升传统产业的生产方式、产品形态或服务模式。这种融合强调高科技对传统产业的赋能和改造，是推动产业转型升级的重要动力。以互联网金融的渗透融合为例，传统金融行业通过引入互联网技术，实现了金融服务的在线化、智能化和便捷化。互联网金融企业利用大数据、云计算等先进技术，对客户的信用状况进行精准评估，提供个性化的金融服务，如网络借贷、移动支付、在线理财等。这种融合不仅提高了金融服务的效率，扩大了覆盖面，还降低了服务成本，为小微企业和个人提供了更加便捷、高效的金融服务。

二是产业交叉。产业交叉是指不同产业之间通过功能的互补和延伸，实现相互融合。这种融合通常发生在具有内在联系或相似需求的产业之间，通过共享资源、优化流程、创新服务等方式，形成新的产业价值链或生态系统。以文化创意产业与旅游产业的交叉融合为例，两者通过资源共享和优势互补，形成了文化旅游这一新兴领域。文化创意产业将文化元素融入旅游产品中，提升了旅游的文化内涵和附加值，而旅游产业则为文化创意产品提供了展示和销售的平台。这种融合不仅丰富了旅游产品的种类和内涵，还促进了文化产业的传承和发展。

三是产业重组。产业重组是指具有紧密联系的产业通过资源整合和重新配置，形成新的产业形态或产业价值链。这种融合强调产业间的协同和整合效应，通过优化资源配置、提高生产效率、降低成本等方式，实现产业的整体升级和竞争力提升。以新能源汽车产业的重组融合为例，传统汽车制造业与电池、电机、电控等关键零部件产业以及充电设施、智能网联等新兴产业进行深度融合，形成了新能源汽车这一全新产业。这种融合不仅推动了汽车产业的技术创新和转型升级，还带动了相关产业的发展和完善，形成了新能源汽车产业生态系统。通过产业重组，新能源汽车产业实现了从原材料供应、零部件生产到整车制造、充电设施建设以及后市场服务等全产业链的协同发展。

三、产业融合推动战略性新兴产业发展的意义

产业融合推动战略性新兴产业发展的意义主要体现在以下几个方面。

一是促进技术创新与产业升级。产业融合作为技术创新的加速器，打破了传统产业的壁垒，促进了不同领域技术的交叉融合。这种跨界的碰撞不仅催生了众多前沿科技，还加速了科技成果的转化应用，为战略性新兴产业提供了源源不断的技术动力。同时，产业融合也推动了传统产业的转型升级，使它们能够借助新技术、新模式焕发新生，实现产业价值链的攀升。

二是拓展市场空间与增强竞争力。在产业融合的背景下，企业通过整合不同产业的优势资源，能够开发出更具创新性和竞争力的产品和服务，从而满足市场的多元化需求。这种跨界的合作不仅拓宽了企业的市场边界，还为企业赢得了更多的市场份额和客户资源。同时，产业融合也提升了企业的市场竞争力，使企业能够在激烈的市场竞争中脱颖而出，成为行业的领头羊。

三是优化资源配置与提升效率。产业融合促进了资源在不同产业间的优化配置和高效利用。通过打破产业间的界限，企业可以更加灵活地调配资源，实现资源的共享和互补。这种资源的优化配置不仅降低了企业的生产成本，还提高了资源的利用效率。同时，产业融合也推动了企业生产流程的改进和管理模式的创新，进一步提升了企业的生产效率和市场响应速度。

四是推动可持续发展与绿色转型。随着全球对可持续发展的重视，产业融合在推动战略性新兴产业发展的同时，也注重绿色转型和环保发展。通过引入绿色技术和环保理念，产业融合促进了清洁能源、节能环保等新兴产业的发展，为经济社会的可持续发展提供了有力支撑。同时，产业融合也推动了传统产业向绿色、低碳方向转型，降低了环境污染和生态破坏的风险。

五是增强产业协同与区域联动。产业融合不仅增强了产业内部的协同效应，还促进了不同区域间的经济联动和协同发展。通过跨区域合作和资源共享，产业融合打破了地域限制，推动了区域经济一体化进程。这种区域间的联动不仅提升了整个经济体系的运行效率，还促进了各地区优势互补和互利共赢。

第四节　战略性新兴产业的发展趋势

一、技术创新与突破加速推进

当前，新一轮科技革命和产业变革加速推进，技术创新与突破已成为战略性新兴产业持续发展的关键引擎。随着科技的飞速发展，特别是人工智能、量子计算、生物技术、纳米技术等前沿领域的不断突破，我们正步入一个全新的技术时代。这些技术的创新不仅深刻改变了人类的生活方式，更为战略性新兴产业带来了前所未有的发展机遇。为了在这场科技竞赛中占据领先地位，各国政府和企业纷纷加大研发投入，构建开放合作的创新生态系统，推动产学研深度融合。科研机构、高校与企业之间的合作日益紧密，共同攻克关键技术难题，推动科技成果的转化与应用。同时，国际合作在技术创新中也扮演着重要角色，跨国技术联盟、国际科研项目合作等合作模式的兴起，加速了全球科技资源的优化配置和共享。这种技术创新与突破的加速，不仅推动了产品性能的提升和成本的降低，更引领了产业模式的变革，为战略性新兴产业高质量发展奠定了坚实基础。未来，随着技术的不断进步和创新生态的持续优化，战略性新兴产业将迎来更多颠覆性的技术突破和产业变革。

二、产业融合与集群化发展

党的二十大报告提出，推动战略性新兴产业融合集群发展，构建新一代信息技术、人工智能、生物技术、新能源、新材料、高端装备、绿色环保等一批新的增长引擎。战略性新兴产业的又一个发展趋势是产业融合与集群化发展，这也是产业升级和区域经济协同发展的重要体现。在信息技术和互联网经济的推动下，不同产业之间的界限日益模糊，跨界融合成为常态。战略性新兴产业通过产业链的延伸和价值链的整合，与传统产业深度融合，形成了新的产业生态系统。这种融合不仅促进了资源的优化配置和高效利用，还推动了产业的创新升级和高质量发展。为了进一步提升产业竞争力，各地政府纷纷采取规划产业园区、建设创新平台、优化营商环境等措施，吸引相关企业入驻并形成产业集聚效应。产业集群化发展有助于降低企业成本，提高生产效率和市场响应速度，同时还能促进技术创新和产业升级的良性循环。此外，产业集群化发展还能吸引更多的人才和资本流入，为区域经济发展注入新的活力。未来，随着产业融合的不断深入和集群化发展的持续推进，战略性新兴产业将形成更加完善的产业生态系统和更加高效的资源配置机制，为区域经济协同发展提供有力支撑。

三、新兴产业市场需求持续增长

市场需求是战略性新兴产业持续发展的根本动力。在全球经济复苏和消费升级的背景下，战略性新兴产业的市场需求呈现出快速增长的态势。新能源汽车、智能制造、生物医药、新材料等领域作为战略性新兴产业的重要组成部分，正受到越来越多消费者的关注和青睐。新能源汽车以环保、节能、智能等优势逐渐成为汽车市场的新宠，智能制造通过提高生产效率和产品质量满足了制造业转型升级的需求，生物医药在健康中国战略的推动下迎来了快速发展期，新材料则作为高新技术产业的基础为各行各业提供了重要支撑。同时，政府也在通过政策引导和市场培育等方式不断激发市场需求潜力，为战略性新兴产业发展提供有力支撑。这种市场需求与产业创新的良性互动将推动战略性新兴产业不断迈上新台阶，实现更高质量的发展。未来，随着消费升级和科技创新的持续推进，战略性新兴产业的市场需求将持续增长，为产业发展提供更加广阔的空间和机遇。

四、绿色低碳转型加速推进

在全球气候变化的严峻挑战下，绿色低碳转型已成为战略性新兴产业发展的重要方向。作为实现可持续发展目标的重要途径，绿色低碳转型不仅有助于缓解环境压力、降低能耗和排放，还能推动经济结构优化升级和增长方式转变。在战略性新兴产业中，新能源汽车、节能环保、清洁生产等领域正成为绿色低碳转型的先锋和主力军。通过技术创新和模式创新，这些领域不断推动传统产业改造升级和新兴产业绿色发展。例如，新能源汽车产业通过提高电池技术水平、优化充电设施等措施不断降低使用成本和提高市场接受度，节能环保产业通过推广高效节能技术和环保治理技术为传统产业提供绿色解决方案，清洁生产产业则通过改进生产工艺和管理方式实现资源的高效利用和废弃物的减量化处理。同时，政府通过政策引导和市场机制相结合的方式推动绿色低碳发展理念深入人心，为构建生态文明和美丽中国贡献力量。绿色低碳转型不仅符合全球可持续发展的趋势和要求，还有助于提升我国战略性新兴产业的国际竞争力和市场地位。随着绿色低碳技术的不断进步和应用推广，战略性新兴产业将实现更可持续和更加绿色的发展模式，为经济社会的可持续发展注入新的绿色动力。

第五节　战略性新兴产业的发展路径

为推动战略性新兴产业融合集群发展，不断增强产业创新力、市场竞争力和国际影响力，需在强化产业链与创新链的紧密衔接、优化产业生态与场景应用布局、利用数字平台加速数实融合进程等方面发力。

一、强化产业链与创新链的紧密衔接

聚焦提升产业基础和产业链现代化水平，确保产业链供应链关键环节的稳定性，打造一批战略性新兴产业融合集群发展基地，加快建设产业融合集

群发展生态圈的创新服务支撑平台，大力提升科技创新能力，推动短板领域补链、优势领域延链、新兴领域建链，形成经济循环畅通的战略支点。具体来看，一是充分发挥创新型引擎龙头的集聚效应和引领示范带动作用，利用其产业链生态位优势与资源整合能力，实现产业链价值链利益相关方的交互赋能，形成紧密耦合发展模式和发展合力，持续推动科技创新、制度创新，促进创新链与产业链的共融和产业链上下游协同发展。二是鼓励中小企业专注于细分市场领域，加速形成自主创新能力，提升产业链韧性。通过构建“以大带小、以小促大、广泛合作”的大中小企业融通发展、产学研融合发展格局，着力突破供给约束堵点、卡点、脆弱点，提升产业链供应链韧性和安全水平，形成富有创造活力、利于创新发展的良好产业生态。

二、优化产业生态与场景应用布局

优化产业生态与场景应用布局是驱动战略性新兴产业蓬勃发展的关键路径。这要求构建一个开放、协同且富有创新精神的产业生态系统，其中产业链上下游企业紧密合作，促进资源高效配置与共享，形成优势互补、共赢发展的良好态势。在政策层面，需加强引导与支持，完善政策体系，加大资金投入，并强化人才培养，以营造有利于产业创新发展的优越环境。同时，推动产业集聚发展，依托产业园区和基地，打造战略性新兴产业集群，形成规模效应和集聚效应，进一步提升产业竞争力。在场景应用布局方面，市场需求与技术创新的深度融合至关重要。需精准把握市场需求与趋势变化，明确应用场景的切入点和突破口，推动新技术、新产品在关键领域和重点行业的广泛应用。此外，加强国际交流与合作，引进国际先进技术和经验，对于提升我国战略性新兴产业在国际市场上的竞争力与影响力具有重要意义。综上所述，优化产业生态与场景应用布局是促进战略性新兴产业持续健康发展的重要保障。各方应携手合作，共同推动这一进程，为战略性新兴产业的繁荣发展注入强大动力。

三、利用数字平台加速数实融合进程

数字平台以强大的数据处理能力、高效的资源整合优势和广泛的应用场景，为实体经济与数字经济的深度融合提供了有力支撑。首先，依托大数据、云计算、人工智能等先进技术，数字平台能够实时捕捉市场动态，精准对接供需双方需求，为产业发展提供科学的决策依据。其次，数字平台能够促进产业链上下游企业的紧密合作与协同创新。通过构建“针对特定行业、提供多种功能”的细分行业领域“数据空间”，数字平台为产业链上的企业提供了共性技术、政策咨询等综合性、集成性、专业性服务。这种服务模式打破了企业间的信息壁垒，促进了资源共享与优势互补，从而推动了产业链的整体升级与协同发展。再次，数字平台能够推动数据资源的开放流通与高效配置。在数字平台的支持下，数据要素得以在更大范围内自由流动，其价值在与其他传统生产要素的互动与协作中得到了充分发挥。最后，数字平台能够加速数实融合进程。在全球经济一体化的大背景下，数字平台为战略性新兴产业提供了更加广阔的发展空间与机遇。通过参与国际竞争与合作，战略性新兴产业能够不断吸收国际先进技术与经验，提升自身的技术创新能力与核心竞争力，从而在全球产业链中占据更加有利的地位。

四、优化产业空间布局

在发展战略性新兴产业时，优化空间布局是核心策略之一。首先，科学规划产业园区与基地，明确产业定位，合理布局功能分区，并完善基础设施建设，为产业发展奠定坚实基础。其次，推动产业集聚与协同发展，通过产业链招商、构建协同创新平台和产业联盟，形成完整的产业链体系，提升产业集聚度和整体竞争力。再次，加强跨区域合作与联动，建立协同发展机制，促进战略性新兴产业在更大范围内的集聚与扩散，实现资源高效配置。同时，注重可持续发展与绿色转型，推动产业园区绿色化建设，鼓励环保技术研发与应用，促进资源循环利用，减少环境污染。最后，完善政策支持与服务体系，制定和落实相关政策措施，建立服务平台，加大人才培养与引进力度，为战略性新兴产业发展提供全方位支持。通过实施这些具体措施，将有效优化空间布局，推动战略性新兴产业高质量发展。

五、加强人才培养与引进

在发展战略性新兴产业的过程中，加强人才培育与引进是至关重要的一环，直接关系到产业的创新能力、竞争力以及可持续发展潜力。首先，构建一个多层次、全方位的人才培养体系。可以采取如下措施：在高等教育阶段设立与战略性新兴产业紧密相关的专业，培养具备扎实理论基础和创新思维的专业人才；加强职业教育与技能培训，为企业输送具备实践能力和职业素养的技术工人；鼓励和支持企业、高校、科研机构等建立联合培养机制，通过产学研深度融合，培养跨学科、复合型的高层次人才。其次，引进海外高端人才和团队也是加速战略性新兴产业发展的重要途径。制定更具吸引力的人才引进政策，提供优厚的薪酬待遇、良好的工作环境、完善的生活配套等，以吸引全球范围内的优秀人才。建立便捷的人才引进通道，简化审批流程，提高服务效率，为人才流动创造更加便利的条件。最后，人才是产业发展的核心要素，而产业的快速发展又为人才提供广阔的舞台。因此，必须促进人才与产业的深度融合，让人才在产业发展中发挥更大的作用。例如，建立人才与产业对接平台，定期举办人才交流会、项目对接会等活动，促进人才与企业的精准对接。

第六节　战略性新兴产业的发展模式

战略性新兴产业的发展模式多种多样，这些模式旨在通过不同的途径和策略，推动新兴产业快速发展和壮大。战略性新兴产业的发展模式主要有四种：自主创新模式、跨界融合模式、链群协同模式和优势再造模式。

一、自主创新模式

在战略性新兴产业的发展中，自主创新模式占据着核心地位。这一模式根植于创新驱动发展战略，强调通过自主研发和技术创新来突破关键核心技术，掌握产业发展的主动权。理论上，自主创新模式依赖知识积累、技术创新能力和人才资源的有机结合，形成持续的技术创新生态系统。以华为为例，它深刻践行了自主创新模式。华为持续加大在5G、人工智能等前沿领域的研发投入，建立了全球性的研发网络，吸引了大量顶尖科研人才。通过不断的技术创新和积累，华为成功打破了国外技术垄断，实现了从跟随者到引领者的角色转变。这种自主创新的成功不仅为华为带来了巨大的市场收益，而且为整个通信产业链的技术进步和产业升级提供了强大动力。

二、跨界融合模式

跨界融合模式在战略性新兴产业的发展中展现出独特的魅力和潜力。这一模式基于产业融合与创新扩散理论，强调不同产业领域之间的交叉渗透与相互融合，通过打破传统产业边界，实现技术、市场、资源等方面的互补与共享，从而催生新的经济增长点和竞争优势。在跨界融合的过程中，企业不再局限于单一产业内的竞争与合作，而是积极寻求跨界，与其他产业企业进行协同创新。以华为与多家车企的合作为例，华为作为一家在通信技术和人工智能领域具有深厚积累的企业，近年来积极进军汽车市场，与北汽集团、广汽集团、长安汽车等多家车企建立了战略合作关系。华为利用其在5G、云计算、大数据等方面的技术优势，为车企提供智能网联解决方案，助力车企实现数字化转型和智能化升级。可以看出，不同产业领域之间的合作与融合已经成为推动战略性新兴产业发展的重要途径，这种跨界融合促进了新技术、新产品、新业态的涌现，实现了资源共享和优势互补，进而催生了新的经济增长点和竞争优势。

三、链群协同模式

链群协同模式强调产业链上下游企业的协同合作与共同发展。这一模式基于系统论和协同理论，认为产业发展是一个复杂的系统过程，需要产业链各个环节的紧密配合和协同作用。政府或行业协会等组织在链群协同模式中发挥着重要作用，通过制定标准、搭建平台、提供服务等手段，促进产业链上下游企业实现资源共享、优势互补和风险共担。例如，苏州生物医药产业园是链群协同模式的成功实践。该产业园通过集聚生物医药产业链上下游企业，形成了从研发、生产到销售的全链条协同发展模式。企业之间通过紧密合作，共同攻克技术难题，推动新产品开发和市场拓展。同时，产业园还建立了完善的公共服务体系，为企业提供技术咨询、人才培训、资金对接等全方位支持。这种协同发展模式不仅提高了整个产业链的效率和竞争力，还加速了生物医药产业的创新和发展。

四、优势再造模式

优势再造模式是基于资源基础理论和产业升级理论的一种发展模式。该模式强调利用地区或企业的现有优势资源，通过技术创新和产品升级等方式，推动传统优势产业向战略性新兴产业转型。这种转型不仅是对现有资源的重新配置和优化利用，而且是对传统产业发展模式的深刻变革。例如，东风汽车集团通过设立新能源汽车品牌岚图汽车，成功实现了从传统燃油车向新能源汽车的转型升级。这一过程中，东风汽车集团充分利用自身在汽车制造领域的深厚积累和技术优势，通过技术创新和产品升级，成功推出了多款具有竞争力的新能源汽车产品。这种转型升级不仅提升了东风汽车集团的竞争力，还为整个汽车产业链的升级和发展提供了有力支撑。同时，东风汽车集团的转型升级也体现了传统企业面对新兴产业崛起时的积极应对和主动作为。

总体篇

第二章 国内外战略性新兴产业发展*

第一节 国外战略性新兴产业发展状况

一、市场主导：硅谷人工智能产业生态

（一）发展历程

1.萌芽阶段（2010年以前）：硅谷产业为人工智能研发提供支持

（1）人工智能技术萌芽。

人工智能技术经历多个发展时期，涉及多个学科的融合与创新，可以将其萌芽阶段划分为以下时期。

概念形成期（20世纪50—60年代）：人工智能基础概念形成，“图灵测试”和“人工智能”术语的提出标志着人工智能学科诞生。

早期发展期（20世纪60—70年代）：通用问题求解器和专家系统奠定人工智能发展基础。

第一次人工智能“冬天”（20世纪70—80年代）：因过度乐观和资金短缺进入发展低谷。

专家系统时代（20世纪80年代）：MYCIN和XCON等成功应用带来新关注。

机器学习技术兴起（20世纪90年代）：机器学习技术的兴起，特别是神经网络和决策树等算法的发展，为人工智能的进步提供了新动力。

第二次人工智能“冬天”（20世纪90年代末至21世纪初）：因技术炒作和应用局限造成发展瓶颈。

---

* 本章第一执笔人为暨南大学产业经济研究院赖众莹。

大数据和计算能力提升（2005—2010年）：互联网普及积累的大量数据和计算能力增强，为机器学习带来新机遇。

（2）硅谷人工智能产业生态萌芽。

硅谷人工智能产业生态的形成与半导体、计算机以及互联网产业集群密切相关，而这些产业的兴起又离不开斯坦福大学的贡献。

硅谷起源于20世纪初，斯坦福大学的建立为其科技创新打下基础；在“二战”后，硅谷开始显现其作为电子技术创新中心的潜力，特别是在半导体技术方面；20世纪五六十年代，仙童半导体和英特尔等企业的成立推动了微电子技术和个人电脑的发展；进入20世纪90年代，互联网技术的兴起带来新的增长点，雅虎（Yahoo）和谷歌（Google）等网络公司的成立开启了硅谷的互联网时代，为人工智能发展提供了平台和数据资源；21世纪初，人工智能开始在硅谷兴起，硅谷的互联网巨头企业开启对人工智能技术的探索，机器学习、深度学习等技术在此时期得到了快速发展，吸引了大量创业者和投资者的关注。

2.形成阶段（2011—2015年）：大厂跨界试水人工智能，奠定硅谷人工智能发展基础

（1）硅谷科技巨头将人工智能技术嵌入产品，开启人工智能新纪元。

2011年，谷歌大脑（Google Brain）项目启动。当时，斯坦福大学的吴恩达教授加入了谷歌公司具有“探月”意义的Google X实验室团队，开展深度学习实验。谷歌图像搜索工具建立了一个图像识别模型，它可以帮助谷歌地图团队解决问题。

同年，苹果公司开始在Siri上集成人工智能技术，Siri作为iPhone 4S的功能组件被推出。Siri的问世代表了苹果公司在人工智能领域取得重大进展，它能够执行读短信、介绍餐厅等任务，并且通过语音交互提供帮助。

（2）谷歌收购DeepMind，OpenAI成立。

2014年，谷歌收购DeepMind，引发硅谷对人工智能主导权的担忧，促使YC总裁萨姆·奥尔特曼等人于2015年夏发起会议，讨论建立一个开源、安全的非营利人工智能研究实验室。该实验室吸引了包括谷歌大脑的伊尔亚·苏

茨克维、Stripe的首席技术官格雷格·布罗克曼及对人工智能安全非常关注的埃隆·马斯克等顶尖人才。2015年底，OpenAI正式成立，萨姆·奥尔特曼承诺捐赠超10亿美元。作为非营利组织，OpenAI致力无偿公开研究成果，与各方自由合作，推动安全的AGI（通用人工智能）发展，形成了人工智能研究领域的“乌托邦”。

（3）TensorFlow深度学习框架开源。

TensorFlow是基于DistBelief研发的人工智能学习系统，是硅谷人工智能发展中非常重要的深度学习框架。起源于谷歌的DistBelief系统于2015年11月开源，它迅速在GitHub上流行，首年便有480多名贡献者，包括谷歌员工、外部研究者和学生等。TensorFlow 1.0在2017年发布，支持CPU（中央处理器）、GPU（图形处理器）及谷歌的TPU（张量处理器），被广泛应用于谷歌翻译等项目，印证了其在人工智能领域的深远影响。

3.成长阶段（2016—2023年）：龙头企业奠定底层技术框架，初创企业百花齐放

（1）AlphaGo战胜围棋世界冠军，引发人工智能关注热潮。

2016年是人工智能历史上的一个转折点。谷歌旗下的DeepMind使用了专业围棋比赛的数百万项数据来训练AlphaGo的神经网络，并采用了蒙特卡洛树搜索等算法来评估和选择棋步，最终在围棋比赛中战胜了世界冠军李世石。这场胜利不仅展现了人工智能在特定领域的巨大潜力，也引发了关于人工智能未来发展和应用的广泛讨论。

（2）Transformer架构和RLHF方法提出，为生成式人工智能奠基。

Transformer架构和RLHF方法的提出对于生成式人工智能的发展具有里程碑意义。2017年，Vaswani等人发表论文“Attention is all you need”，提出基于自注意力机制的Transformer架构，有效解决了序列数据长距离依赖问题，性能超越了传统的RNNs（循环神经网络）。RLHF方法结合强化学习和人类反馈，提升模型性能，尤其适用于需要人类评估的场景。这两种技术的结合在自然语言处理领域引发变革，为生成式人工智能提供了坚实的技术基础。

（3）硅谷掀起人工智能创业潮，一级市场投融资激增。

硅谷人工智能初创企业获得大批投融资，初步建立起产业生态。自2016

年AlphaGo打败李世石后，硅谷市场对于人工智能的未来充满欣喜，具体体现为2017年投融资金额和投融资数量较2016年有大幅增长。2022年，人工智能领域投融资金额相较于2021年大幅下滑，人工智能发展开始进入冷静期。

（4）OpenAI员工集体出走，重塑硅谷人工智能产业生态。

OpenAI内部冲突加剧，人才流失严重。首先，人才矛盾突出。OpenAI招揽的人才是各自领域的领头者，工作出现意见相悖时无法互相说服，由此引发并积累矛盾。其次，面临资金缺口。人工智能的研究需要大量的资金，而最初团队承诺的10亿美元捐赠是分批次到账，导致研发资金有限。最后，资金不足和成果不突出使利益矛盾加深。同期人工智能研究团队DeepMind和谷歌大脑背靠谷歌，有技术（对于谷歌云计算资源的租用，OpenAI需要花费大量资金）和资金（同期研发费用支出DeepMind远超OpenAI）的全方位优势，成果也碾压OpenAI。因此，OpenAI从各大厂挖掘的很多人才又陆续回到原公司或者出走创业，创始人之一埃隆·马斯克也离开了它。

萨姆·奥尔特曼出任OpenAI的CEO（首席执行官），OpenAI商业路径转变。2019年，萨姆·奥尔特曼出任OpenAI的CEO，重新设立OpenAI架构，在母公司OpenAI INC下创建限制性营利实体OpenAI LP。一方面，OpenAI LP给员工以类似初创企业的股权激励以稳定军心；另一方面，OpenAI LP也吸引了新的投资，其中包括微软（Microsoft）向OpenAI投资10亿美元，为OpenAI的进一步研发提供了足够的资金支持。

2022年末，OpenAI发布ChatGPT，迅速在全球引起了广泛关注。根据市场分析机构的数据，ChatGPT从推出到月活跃用户数达到1亿，仅用了2个月的时间。相比之下，Instagram达成同样的用户规模用了2.5年，而TikTok用了9个月。继ChatGPT大获成功后，OpenAI乘胜追击，在几个月后推出了性能更为强大的GPT-4。这一全新的AI大语言模型，一经问世便被誉为迄今为止最为先进的智能语言处理工具。GPT-4不仅在技术上实现了重大突破，而且很快应用到多个行业，成为提升智能生产力的关键工具。

OpenAI早期员工相继出走，重塑硅谷人工智能产业生态。OpenAI从2015年成立以来，陆续已有30多名早期员工出走，其后他们多数在生成式人工智能不同的垂直领域创业，这些初创企业或项目融资额已经超过10亿美元，意味着硅谷人工智能产业生态走向多元化。其中，达里奥·阿莫迪带领核心团队出走是最引人瞩目的。OpenAI在2019年因高昂的训练模型费用开始接受微软的投资，这引发了团队内部分歧，阿莫迪及其团队认为OpenAI商业化后变得越来越不透明和功利化，认为这种依赖大量算力的方式并不负责任，存在安全隐患和不确定性。因此，阿莫迪选择离开OpenAI，创办Anthropic，试图探索可解释性人工智能模型，认为这是解决黑匣子问题的方法，旨在提高人工智能的透明度和安全性。

4.蜕变阶段（2024年至今）：硅谷人工智能势力大洗牌，人工智能产业生态进一步形成

（1）硅谷的头部科技企业为人工智能初创企业提供上游基础技术和资金支撑。

硅谷的头部科技企业以其深厚的技术积累和雄厚的资本实力，为人工智能初创企业提供强大的上游基础技术支撑。例如，英伟达（NVIDIA）和超威半导体（AMD）作为全球领先的半导体公司，提供高性能的GPU和CPU芯片，这些芯片是人工智能算法训练和推理过程中不可或缺的硬件基础。它们强大的计算能力使复杂的神经网络模型得以高效运行，加速了人工智能技术的发展和应用落地。同时，微软和谷歌等云计算巨头通过其云服务平台，提供了几乎无限的算力资源。

（2）硅谷的人工智能学术领域格局呈现出多元化和高度创新的特征。

硅谷的人工智能学术领域格局呈现出多元化和高度创新的特征，这得益于该地区丰富的学术资源和紧密的产学研合作。斯坦福大学人工智能实验室（SAIL）和加州大学伯克利分校人工智能研究实验室（BAIR）等高等学府的研究机构，在机器学习、计算机视觉、自然语言处理等前沿技术领域取得了突破性进展。同时，企业实验室如硅谷NEC Lab，通过与高校合作，培养了一大批人工智能领域的顶尖人才，对全球的人工智能发展产生了深远影响。此外，科技公司如Google DeepMind、苹果公司、百度硅谷AI实验室以及Meta AI Research等，也为学术界贡献了大量原创性研究成果。这些公司不仅在应用研

究中处于全球前列，还积极参与开放研究和技术共享，使得学术界对人工智能领域的前沿动态反应迅速。

（3）大模型领域被头部科技企业主导，人工智能产业生态进一步聚集。

硅谷人工智能产业的变革正由科技巨头和人工智能创新者推动，其通过加速商业化和战略性并购来巩固市场地位。OpenAI、Google、Meta等巨头通过自主研发人工智能模型和芯片，加剧了行业竞争，挤压了小公司的生存空间。人工智能研发的高成本、安全性和伦理问题对商业化构成压力，导致许多公司面临盈利难题，迫使它们裁员、出售或转型。例如，Stability AI和Reka AI探索出售或收购谈判以求生存。

科技巨头还采用反向收购等新兴并购模式，通过雇佣初创企业核心团队和签署技术授权协议，避免反垄断审查，同时控制技术和人才。微软等公司支付巨额资金获取技术授权，吸引初创企业技术骨干加入人工智能部门，巩固其人工智能产业领导地位。巨头的主导地位和战略布局，以及巨头给初创企业带来的压力和机遇，共同塑造了这一变革中的产业生态。

（二）发展经验

硅谷的人工智能生态系统在2024年呈现出的格局，是通过创新链、资金链、人才链和产业链的有效黏结形成的一个成熟、多元化和高度创新的环境。这里不仅是人工智能技术的发源地，也是全球人工智能产业的引领者，不断推动人工智能技术的发展和应用。

1.创新链：以世界知名研究型大学的知识外溢为牵引

硅谷的创新链由顶尖的研究型大学如斯坦福大学和加州大学伯克利分校等引领。这些高校不仅在基础研究领域取得突破性成果，而且通过知识外溢推动周边产业的技术创新。例如，斯坦福大学与硅谷企业紧密合作，将研究成果转化为实际应用，而麻省理工学院对128号公路地区的高科技企业产生了深远影响。2022年，世界排名前六的人工智能研究机构分别是谷歌、斯坦福大学、清华大学、麻省理工学院、卡内基梅隆大学和北京大学。

2.资金链：以密集活跃的风险投资活动为依托

硅谷的风险投资体系是人工智能领域创新的强大资金后盾。这里汇聚了全美三分之一的风险投资，为初创企业提供了坚实的资金基础和宝贵的发展建议。例如，微软对OpenAI的投资不仅是注入了资金，还促成了技术上的深度合作，这种策略加速了初创企业的成长，并推动了整个行业的技术进步。

3.人才链：以多元高端人才为支撑

硅谷的多元化人才结构是其创新活力的重要源泉。根据彭博社发布的信息图，硅谷的人才来自全球各地，其中包括墨西哥、菲律宾和中国等地区。亚裔美国人在2010年首次成为硅谷主要技术劳动力，占比50.1%，而白人占比为40.7%。此外，约有1/3的硅谷初创企业由印度裔美国人创立，这进一步证明了硅谷人才结构的多样性和包容性。

4.产业链：以全球顶尖的高科技企业为引领

硅谷的人工智能产业链具有坚实的基础，涵盖从芯片制造到软件开发的完整生态体系。硅谷人工智能产业集群的全球领先地位源于其雄厚的技术基础，众多半导体和硬件制造企业如英特尔、超威半导体、英伟达等，不仅技术领先，还推动了深度学习和神经网络的发展。同时，谷歌、苹果、甲骨文等软件和平台企业为人工智能应用提供了先进的研发环境和工具，加速了技术创新，为产业发展奠定了基础。

二、政府主导：日本九州半导体产业集群

（一）发展历程

1.萌芽阶段（1967年以前）：煤炭和钢铁业奠定发展基础，政策引导产业萌芽

1967年以前，日本九州地区已经具有半导体产业发展的基础。虽然战前的煤炭和钢铁业衰退，但留下的工业设施和工程技术人才为新产业的发展提供了可能。

技术和人才的积累及政府的支持是产业发展的核心。九州地区的大学和研究机构开始进行半导体相关研究和人才培养，为产业提供了专业人才。此外，日本政府制定的工业振兴政策，如1957年的《电子工业振兴临时措施法》，为半导体产业的发展提供了法律和财政支持。

2.发展阶段（1967—1985年）：VLSI（超大规模集成电路）共同研究所促进企业聚集，九州半导体产业集群崛起

（1）美国德州仪器进入日本市场，日本政府发起成立VLSI共同研究所应对冲击。

1967年，九州半导体产业发展的开端是日本三菱电机在熊本县创办半导体工厂。美国德州仪器进入日本市场这一外部压力促使日本以举国之力进行自主研发，其中最具代表性的是1976年通商产业省（现经济产业省）发起成立VLSI共同研究所，该项目集结了富士通、日立、三菱电机、东芝和日本电气等企业，总计投入700亿日元，政府出资290亿日元。项目取得了1000多项专利，为日本九州半导体产业的崛起奠定了坚实的技术基础。

（2）VLSI共同研究所集结的企业入驻九州，九州半导体产业步入快速发展轨道。

东芝、日本电气、松下、富士通、索尼等著名企业相继在九州开设工厂，九州半导体产业集群发展。1979年，九州的集成电路产量已占日本全国的38.9%。此后，伴随信息技术的飞快发展，九州的半导体产业步入快速发展轨道，到20世纪80年代中期一直保持30%～80%的高增长率，半导体产量一度占全球的10%，生产额从1975年的229亿日元增加到1985年的5485亿日元，大约增长了23倍，九州成为全球重要的半导体生产基地。

（3）半导体产业上下游企业扎根九州，产业集群形成并不断发展。

从半导体制造装置、硅晶片到引线框架、精密化学品等集成电路零部件、原材料，半导体关联企业纷纷在九州扎根，提升了九州作为半导体相关企业、产业集聚地的地位。1978—1984年是九州集成电路产业成长最快的时期，至1984年，九州已有集成电路工厂13家，与集成电路生产有关的协作厂60多家。

3.衰退阶段（1986—2000年）：日本半导体产业衰落，市场份额逐步被蚕食

（1）美日贸易摩擦，九州半导体产业发展势头受阻。

1985年的《广场协议》导致日元大幅升值，这对日本的出口导向型经济

构成了挑战。为了保持成本上的竞争力，一些日本企业开始将生产基地转移到海外。紧接着，1986年9月，日本在美国的压力下签订了《美日半导体协定》。根据协定，美国政府有权为美国芯片设定最低公平市场价格，这限制了日本企业在价格上的竞争力。同时，协定还提高了外国企业在日本市场的份额，使其从10%增加到20%。这些规定削弱了日本在全球半导体市场的竞争力，使美国、韩国和其他国家的半导体公司得以获得更多的市场份额。

20世纪80年代后期的这一系列事件是日本半导体产业的转折点。日本在全球半导体产业中的领先地位受到挑战，而美国和其他国家的半导体企业则利用这个机会加强自己的市场地位。尽管如此，日本在半导体材料和设备制造领域仍保持着一定的竞争优势，并且在某些细分市场中继续发挥重要作用。

（2）韩国、中国台湾崛起，九州半导体产业转移。

人工成本优势不再，市场份额逐步被蚕食。进入20世纪90年代，日本半导体产业面临多方面的挑战。在动态随机存取存储器（DRAM）领域，韩国和中国台湾的半导体企业以成本优势和灵活生产方式迅速崛起，对日本企业构成了激烈的竞争。此外，签订《广场协议》后日元大幅升值，使得日本半导体产品的成本增加，影响了其在全球市场的竞争力。在这种背景下，一些日本半导体企业开始考虑将产业转移到海外，以降低成本和更好地适应国际市场，这种产业转移不仅涉及制造环节，而且是包括研发和设计环节的全产业链转移。

（3）日本半导体企业未能跟上全球技术发展步伐，九州半导体产业开始走下坡路。

技术革新滞后，使日本企业在国际市场失去竞争力。随着半导体行业向更精细的工艺技术发展，如从微米级向纳米级转变，日本企业在转型过程中进展相对缓慢。当全球领先的半导体制造商开始大规模生产65纳米和45纳米工艺技术的产品时，日本企业在先进工艺的研发和应用上却未能及时跟进。例如，韩国的三星电子在20世纪90年代中期就已经开始大规模生产256M DRAM，而日本的日立和日本电气直到20世纪90年代末才开始跟进。这种滞后不仅影响了产品的性能和成本效益，也使日本企业在国际市场逐渐失去竞争力。

生产模式僵化，无法适应日益激烈的市场竞争环境。日本半导体企业长期依赖的垂直整合模式，在面对行业向模块化、标准化以及Fabless（无晶圆厂）模式转变时显得不够灵活。例如，中国台湾企业台积电的成功部分原因在于其专注于代工生产，这种模式使其能够更快地适应市场变化和技术更新。相比之下，日本企业如尔必达，在DRAM领域的生产上坚持传统的垂直整合模式，未能有效降低成本和提高生产效率，最终在激烈的市场竞争中败下阵来，于2012年宣布破产，这成为日本半导体产业衰退的一个标志性事件。

4.后衰退阶段（2001年至今）：政府主动寻求产业转型，试图重振半导体行业

自2001年以来，日本九州地区的半导体产业在政府的引导下，积极寻求转型和升级，以应对国际竞争和产业变革的挑战。该时期九州半导体产业发展情况如下。

进入21世纪，日本政府意识到半导体产业的重要性，开始采取一系列政策措施，以促进产业的复兴。2001年，日本政府拨款超过3亿美元，建立日之丸铸造厂，这是一个由11家公司参与的联合制造厂，目的是推动日本半导体产业从垂直整合模式向Fabless模式转变。这一举措标志着日本政府在半导体产业转型上的决心。

为了进一步促进产业集群发展，日本经济产业省和文部科学省相继推出了《产业集群计划》（2001年）和《知识集群创成事业》（2002年）。这些政策旨在通过培育高新技术产业集群促进创新，以内生性增长带动区域经济振兴与发展。作为《产业集群计划》的一部分，九州地区制定了“硅岛产业集群计划”，自2001年4月起分三个阶段实施，以促进当地半导体产业的集聚和发展。

然而，转型之路并非一帆风顺。2005年，日本政府曾呼吁日立、东芝和瑞萨电子联合建立基于65纳米先进工艺的半导体代工厂，但由于商业化难度

大，该项目最终在2006年结束。这一事件反映出日本半导体产业在转型过程中面临的挑战。

尽管如此，日本政府并未放弃努力。2021年，日本政府批准了77亿美元资金，作为支持国内半导体制造战略的一部分。这一资金的注入显示了日本政府对半导体产业的持续支持和对产业复兴的坚定信念。

此外，日本政府还积极寻求国际合作，以提升本国半导体产业的竞争力。2022年5月，日美双方在商业和工业伙伴关系会议上达成了“半导体合作基本原则”，随后还成立了开发下一代半导体的联合工作组。同年7月，日本宣布成立前沿半导体技术中心（LSTC），参考美国国家半导体技术中心（NSTC）模式，进一步推动半导体技术的研发和创新。

这一阶段，日本九州地区的半导体产业通过政府的积极引导和一系列转型措施，努力寻求产业的复兴和可持续发展。虽然道路充满挑战，但日本政府和企业的决心和努力，为产业的未来带来了一线希望。

全球半导体市场规模变化如图2-1所示。

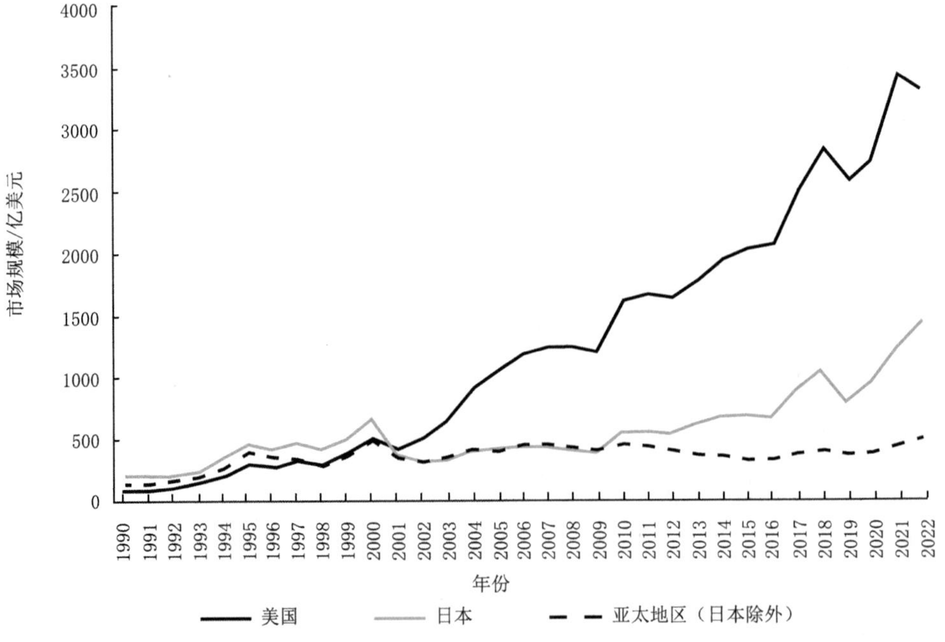

图2-1　全球半导体市场规模变化

数据来源：世界半导体贸易统计组织（WSTS）。

（二）发展经验

日本九州云集了200多家半导体设备制造及零部件制造企业，拥有世界尖端技术的索尼、东芝、日立、三菱电机、富士通等IDM（垂直整合制造）企业都在此设有生产基地，日本近三分之一的半导体产品出自九州。研究九州半导体产业集群的形成和发展过程对于我国提升产业国际竞争力，促进产业转型升级具有重要借鉴意义。

1.政府持续关注和投入

通过实施资金投入、税收优惠等措施，日本政府不仅促进了半导体产业的快速发展，还帮助企业在全球市场中建立了竞争优势。特别是在半导体材料和设备制造领域，日本企业依靠政府的支持和自身的长期技术积累，成功地维持了其在全球市场的领先地位。例如，日本企业在制造芯片所需的19种主要材料中，有14种的市场份额位居全球第一，在全球半导体材料市场上所占份额约为52%，几乎处于垄断地位。经济泡沫破灭后，日本政府将培育高新技术产业集群作为区域产业政策的重点，以应对传统产业园区的产业空洞化危机。通过制定《产业集群计划》和《知识集群创成事业》，政府推动了高新技术产业集群的形成和发展，促进了产学研合作，提高了科技成果转化能力。这些政策的实施使九州地区的半导体产业在全球产业链中占据重要位置。

2.大中小企业协同发展

九州半导体产业在初创之时多采取垂直一体化模式，前道工序及后道工序都在企业内部完成，大企业为降低生产成本，把劳动密集型的业务外包给地方中小企业，并相应进行技术转移和培训。随着越来越多的当地中小企业参与半导体相关零部件、模具、设备、仪器等产品的生产，九州半导体产业形成以大型IDM企业为核心，制造设备、检查设备、模具和硅晶片等生产企业集聚的格局。

3.重视基础研究和人才培养

为了支持本地半导体产业集群发展，九州地区的30多所公立、私立大学也开始设立半导体设计、系统情报、电子器件、纳米材料等与半导体相关的学科专业，九州大学系统LSI研究中心、系统信息科学研究院以及九州工业大学微化综合技术中心等研究机构，源源不断地为九州半导体行业输送人才。同时，日本政府强调重视半导体领域基础研究，着重在半导体相关电子、材料、设备等方面开展基础研究活动，并大大加大对半导体领域科学家和工程师的培养力度。

然而，由于日本企业自我封闭，忽视市场发展变化，九州半导体产业集群逐渐走向衰落。日本电子企业之所以未能很好地实现半导体产业的战略转型：一方面是由于日本电子企业未能摆脱家电时代的成功经验，过度拘泥于自身的技术优势和战略自信，无法正视半导体产业自身的发展特点和趋势，自我封闭，多头并进，盲目开发了许多具有一定领先优势却不为市场所接受的技术；另一方面是由于在大企业集体决策的经营模式下，日本电子企业很难实现重大战略调整。

第二节　国内战略性新兴产业发展状况

一、政府主导：合肥市新能源汽车产业集群

（一）发展历程

1.萌芽阶段（2008年之前）：合肥市形成完整的传统燃油汽车产业集群

在2008年之前，合肥市的汽车产业已经奠定了坚实的基础，形成了较为完整的产业集群。这一时期，合肥市依托江淮汽车等本土企业，逐步发展成为中国重要的汽车生产基地之一。江淮汽车作为合肥市汽车产业的领军企业，不仅在传统燃油车领域取得了显著成就，而且在技术创新和产品开发上展现了较强的实力。通过不断的技术革新和市场拓展，江淮汽车的产品线日益丰富，涵盖了乘用车、商用车等多个细分市场，为合肥市汽车产业集群发展提供了有力支撑。同时，合肥市还积极引进和培育了一批汽车零部件制造企业，这些企业的发展进一步完善了当地的汽车产业链。例如，国轩高科等

企业在电池、电机等关键零部件领域取得突破，为汽车产业的技术创新和产品升级提供了重要支持。

2.形成阶段（2009—2015年）：本地车企向新能源汽车转型

合肥市采取一系列政策措施促进产业转型升级。2009年，合肥市成为首批13个“十城千辆”节能与新能源汽车示范推广试点城市之一。2010年，合肥市成功获得开展私人购买新能源汽车补贴试点的资格，成为全国六大“双试点”城市之一。随着国家对新能源汽车产业的日益重视和支持，合肥市政府采取了一系列政策措施，以促进产业的技术创新和升级。这些措施包括但不限于出台《合肥市新型城镇化试点实施方案》，旨在推动新能源汽车的广泛应用，并加强相关基础设施建设。

本土车企率先行动，打下新能源汽车产业基础。作为合肥市本土企业，江淮汽车在新能源汽车领域进行了深入探索和实践。早在2011年，江淮汽车就交付了585辆纯电动同悦轿车，开了全国纯电动轿车规模投放市场的先河。

大力推广新能源汽车使用，合肥市的汽车产业基础得到进一步的巩固和提升。2016年，《合肥市人民政府关于支持新能源汽车发展的若干意见》出台，提出27条措施，鼓励购买和使用新能源汽车，探索产业发展的新路径。通过政策的推动和市场的响应，新能源汽车的使用开始在合肥市得到大力推广，相关产业链也日趋完善。这不仅促进了新能源汽车产业的快速发展，也使合肥市在全球新能源汽车产业中占据了一席之地，展现出其作为新能源汽车产业新兴重镇的潜力和前景。

3.成长阶段（2016—2020年）：大规模引入新能源车企，拉开新能源汽车产业集群发展大幕

龙头新能源企业入驻，引发产业链裂变效应，逐步构建起新能源汽车产业集群。安徽汽车产业快速发展，既是产业发展的成果，也是政策创新的成果。安徽已形成以政策为引领、资金为支撑、科技创新为驱动力、产业升级为目标的良性发展循环，飞轮加速，蓬勃向前。在这一转型阶段，合肥市不仅鼓励本土企业如江淮汽车加大在新能源汽车领域的研发投入，还吸引了比亚迪、蔚来等新能源汽车企业入驻（见表2-1），这些企业的到来进一步丰富

了合肥市的汽车产业生态。2021年，行业龙头企业比亚迪落户合肥市长丰县后，吸引着全国各地的汽车产业链企业汇集于此，仅2022年就有约350亿元的产业链项目签约落地。合肥市逐步构建起一个以新能源汽车为主导的产业格局，为产业的长远发展奠定了坚实的基础。

表2–1　入驻合肥市的新能源汽车企业及合作事项（不完全统计）

时间	企业	合作事项
2016年	蔚来	与江淮汽车达成代工战略合作协议
2017年	大众	成立江淮大众，江淮与大众各持股50%
2020年	大众	入股总部位于合肥的动力电池企业国轩高科
2020年	大众	大众增持江淮大众股权至75%，江淮大众成为国内第一家完成股比调整后由外方控股的乘用车合资企业
2021年	比亚迪	比亚迪与合肥正式签署合作协议，在合肥建厂扩产

构建积极健康的营商环境，招商引资完善产业链结构。合肥市形成了以比亚迪、大众、蔚来、江淮汽车、长安汽车及安凯等6家整车企业为核心，以国轩高科、巨一科技、大陆马牌轮胎等500多家产业链配套企业为支撑的产业集群，带动了上下游一大批供应链企业，构建起开放协同、互利共生的新能源汽车产业生态，提升了合肥市在新能源汽车领域的产业竞争力，为地方经济发展注入了新的活力。

合肥市汽车产业链相关企业数量如图2–2所示。

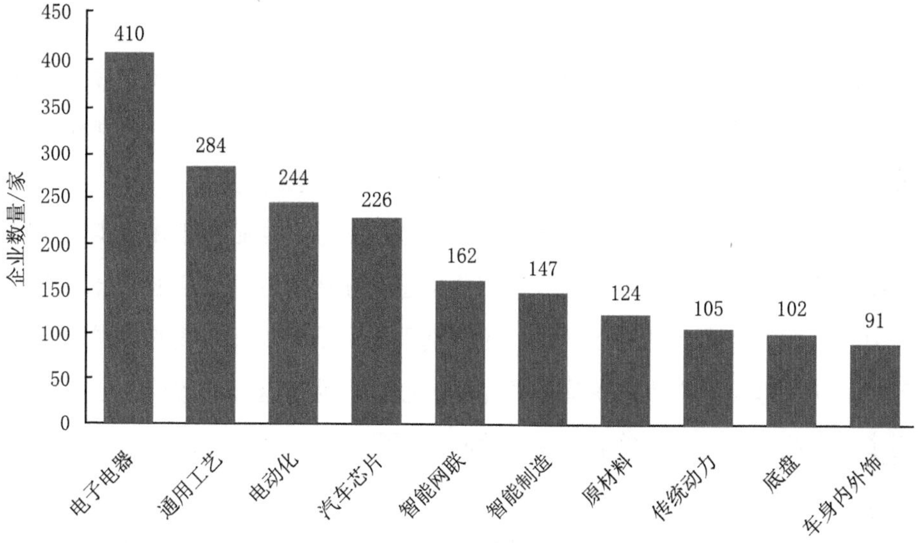

图2-2　合肥市汽车产业链相关企业数量

数据来源：盖世汽车供应链平台。

4.蜕变阶段（2021年至今）：新能源汽车生态基本形成，继续向智能网联汽车升级

汽车产量大幅跃升，新能源汽车渗透率超四成。2000—2023年，安徽汽车产量从5.7万辆跨越至249.1万辆，年均复合增长率达17.8%。2024年上半年，安徽在各省区市汽车产量排名中仅次于广东与重庆两地，跃升至全国第三名。2023年，安徽新能源汽车生产渗透率达41.6%，较全国水平高出10%；出口汽车72.92万辆，增长89.8%，出口数量居全国第二。截至2022年，安徽汽车产业链已涵盖84家上市公司与1156家规模以上工业企业，汽车产业职工人数占全省制造业的比重高达9.4%。2023年，安徽汽车全产业链营收突破万亿元大关，达1.15万亿元，同比增长28.5%。

作为安徽的省会城市，合肥市在向智能网联汽车领域进军的过程中，展现出清晰的战略布局和坚定的行动力。合肥市依托其在新能源汽车产业的深厚积累，正积极拓展智能网联汽车的发展空间。通过整合科研资源，合肥市大力推动智能网联企业与本地高校和研究机构的合作，促进技术创新和人才培养，为智能网联汽车的研发和应用提供了坚实的基础。此外，合肥市通过

“科大硅谷”和“中国声谷”等创新平台，集聚了一批智能网联汽车产业相关的高科技企业，如百度阿波罗、大唐高鸿等，这些企业的入驻为合肥市智能网联汽车产业注入了新的活力。本土企业如科大讯飞，在语音识别和人工智能领域具有明显优势，为智能网联汽车提供了关键技术支持。

江淮汽车已与华为终端有限公司建立合作关系，合肥市正在逐步建立以智能网联汽车为核心的新能源汽车产业生态。在产业链的整合上，合肥市不仅关注整车制造企业的转型升级，还特别重视上下游配套企业的协同发展，形成了从关键零部件到系统集成的完整产业链。通过这样的布局，合肥市正逐步建立起一个以智能网联汽车为核心的新型产业生态，力图在全球汽车产业智能化、网联化浪潮中占据有利地位。2023年，江淮汽车与华为终端有限公司签署《智能新能源汽车合作协议》。双方将基于华为智能汽车解决方案，在产品开发、生产制造、销售、服务等多个领域全面合作，着力打造豪华智能网联电动汽车。双方联合建造的尊界超级工厂规划年产能20万辆，预计2025年开始投产。

（二）发展经验：以投带引，资本招商

合肥市之所以被称为“风投之城”，不仅是因为招商引资的成功，更是因为成功通过“合肥模式”扶植头部企业，以基金撬动资本，以资本引入产业，进而打造新能源汽车新兴产业集群。“合肥模式”是一种政府投资驱动模式，旨在通过政府的引导性投资吸引更多的社会资本共同参与产业培育，构建完整的产业链，并促进产业集群发展。“合肥模式”成功的关键在于运营机制，即利用国有资本作为杠杆来吸引社会资本（资金来源），专注于新兴产业的投资布局（投资方向），并建立了一个有效的资本进入和退出机制，形成了良性循环。

1.政企共担风险，打造以投带引的招商引资新模式

合肥市通过政府支持，以及三大国有资本投资平台（见表2–2）与社会资本联合，构建了“引导性股权投资+天使投资+社会化投资+投资基金+基金管理”的多元化投融资体系。当项目成熟并且产业发展良好时，“合肥模式”不会寻求控股，而是及时退出，并将资金投入下一个项目。这种模式建立了

一个完善的国有资本退出机制，退出路径主要有两条：①投资上市公司股权（定增）→重大项目落地且上市公司收益增加→上市公司股票价值提升→解禁后择机在二级市场退出；②共同投资有望IPO（首次公开募股）的实体企业→成功IPO或并购转让→资本市场退出。

表2-2　合肥市三大国有资本投资平台概况

平台	2023年底资产总额/亿元	2023年营业收入/亿元	投资方向
合肥建投	6625.80	416.50	重点投向新能源汽车、半导体、交通等领域，主要投资对象包括维信诺、京东方、蔚来、欧菲光、启迪控股、长鑫存储等
合肥产投	901.80	91.55	投资种子期、初创期科技型企业，主要投资对象包括国风新材、江淮汽车、长虹美菱、安利股份等
合肥兴泰	878.05	92.01	投资先进制造业、现代服务业等优势主导产业发展的重点领域和薄弱环节，重点支持成长期、成熟期企业，主要投资对象包括建信信托、华富基金、国元证券、徽商银行等

2.全产业链布局，上中下游全面协调发展

合肥市在产业链完善与集群发展方面采取了一系列战略性措施，以促进新能源汽车产业的集聚和协同发展。通过优化“3+N”产业空间布局，合肥市重点打造了下塘、新桥、新港三大新能源汽车制造基地，同时在高新区、包河区、新站区等区域培育了各具特色和竞争优势的配套产业园区。这些产业园区不仅涵盖整车制造，还包括电池、电机、电控等关键零部件的生产，形成了从原材料供应到成品制造的完整产业链（见图2-3）。

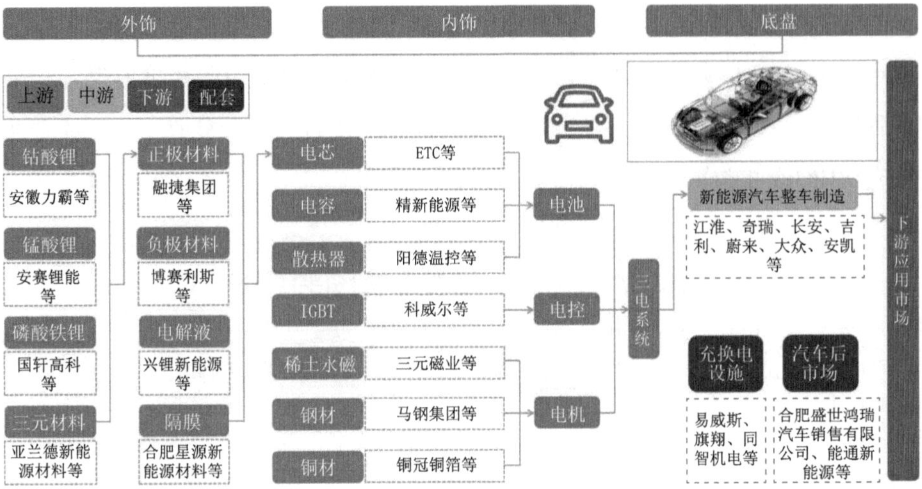

图2-3　合肥市新能源汽车产业链图谱

3.政府政策引领，及时把握行业发展机会

合肥市印发多项政策明确产业发展方向。合肥市印发《合肥市“十四五”新能源汽车产业发展规划》《合肥市加快建设具有国际影响力的新能源汽车之都行动计划》，这些政策明确了产业发展的方向，涉及技术创新、产业升级、市场拓展和国际合作等关键领域，确立了打造国际一流新能源汽车产业集群的目标。此外，为了进一步巩固合肥市在新能源汽车产业领域的优势，安徽发布全国首部省级层面的新能源汽车产业专项立法：2023年，安徽省人大常委会第六次会议审议通过了《安徽省新能源汽车产业集群发展条例》。该条例从创新引领、产业链提升、场景拓展、开放合作、支撑保障等方面对新能源汽车产业集群发展及其相关活动进行探索创新。

二、市场与政府“双轮驱动”：上海市张江生物医药产业集群

（一）发展历程

1.萌芽阶段（1994—1999年）：政策聚焦，建设产业基地

政策支持为张江药谷的发展奠定了坚实基础。1994年，张江药谷成立伊始，便作为上海市“聚焦张江”战略的先行示范区，承担科技园区发展的先锋角色；1996年，国家上海生物医药科技产业基地正式挂牌，标志着张江

药谷在生物医药科技领域的重要地位得到国家层面的认可；1999年，上海市委、市政府进一步明确并强化“聚焦张江”战略方针，通过机制创新、项目集聚和政策优化等多维度的聚焦策略，为张江药谷的科技创新与产业发展提供强有力的支持，推动张江药谷步入创新驱动的快速增长期。

上海市政府以充足的资金和政策支持吸引罗氏制药落地张江。罗氏制药在张江落地被认为能够吸引其他外资药企和推动相关产业发展。罗氏制药决定在张江建厂之时，提出当地应在六个月内完成基础设施建设。面对罗氏制药提出的条件，即半年内完成土地的基础设施建设（“三通一平”），并且仅以意向书而非实质性资金承诺为合作基础，上海市政府提供了极大的政策支持与财政支持。罗氏制药的落户标志着张江药谷建设的开始，1994年，罗氏制药项目正式签约奠基，张江药谷从概念走向现实。这一事件不仅为张江药谷的发展奠定了基础，也为上海市乃至中国的生物医药产业集群的发展开启了新篇章。

2.发展阶段（2000—2008年）：受益于国际产业转移，初步形成产业集群

随着国际产业转移大潮的到来，张江本土CRO（合同研究组织）企业爆发。张江吸引了中国科学院上海药物研究所、复旦大学药学院等科研机构迁入，同时，由于外企对CRO企业的市场需求旺盛，本土CRO企业如药明康德、睿智化学、美迪西等相继成立，为产业发展提供了基础设施和人才支持。

留学生归国创业，外企建立跨国研发中心。生物医药留学生开启回国创业潮：泽生科技周明东博士（2001年）、开拓者化学惠欣博士（2002年）、瑞德肝脏疾病研究胡卓汉博士（2002年）、维亚生物毛晨博士（2003年）、华领医药陈力博士（2004年）、美迪西陈春麟博士（2004年）、方润医疗秦杰博士（2005年）等先后归国，落地张江。张江成为全球生物医药研发网络重要节点。2004年，罗氏制药在经过两年的调研后在张江设立研发中心。此后，辉瑞、诺华、葛兰素史克、礼来等跨国药企研发中心也落户张江。

至此，张江生物医药产业步入快速发展期，产业集群效应日益显现，带

来显著的经济效益。到2008年，该产业的营收规模达到110亿元，较2005年增长超过1倍。在2008年启动的“重大新药创制”国家科技重大专项中，张江园区的企业和科研院校等共承担99项，占上海市172项的57.6%，占全国970项的10.2%。

3.创新孵化阶段（2009年至今）：引入硅谷VIC模式，助力产业转型升级

为了缓解小微企业和初创企业的竞争压力，张江于2009年引入了硅谷创新孵化模式——VIC模式，即风险投资（VC）、知识产权（IP）、合同研究组织（CRO）的结合体（见图2-4）。在VIC模式下，生物医药企业能够通过自主研发、技术引进或合作研发等途径获取关键的知识产权。持有这些知识产权的企业可将其新药项目提交至张江的新药孵化平台，经专家评审通过后，便能获得政府引导基金和风险投资的资金支持。随后，这些企业可委托CRO进行药物的开发工作。VIC模式的核心在于将新药研发过程中的资本、知识产权和专业服务进行有效整合，通过资本的介入为研发活动提供资金保障，同时利用外包服务的专业能力，以轻资产和杠杆效应加快新药的研发进程。

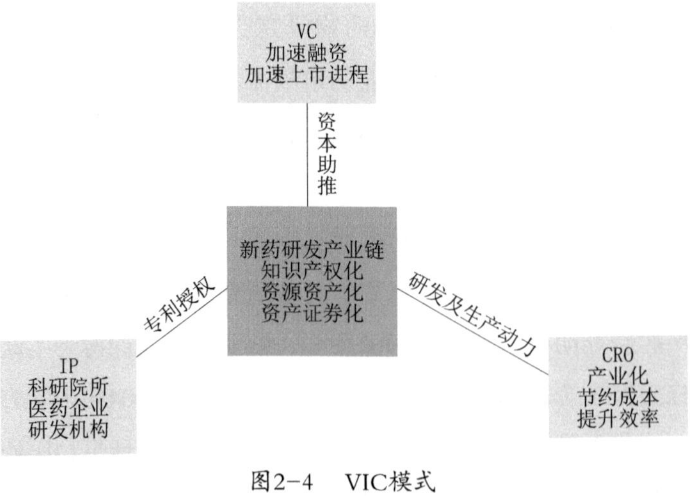

图2-4　VIC模式

张江为企业孵化提供全产业链、全方位的支持，是本地创新生态成熟的

强有力保障。从2015年药品医疗器械审评审批制度改革，到2018年香港股市18A章规则设立，再到2019年科创板开市，这些政策的叠加效应，加之张江得天独厚的地理优势和人才资源，掀起了以顶尖科研人才和专业资本为引领的生物医药创新浪潮。张江为入驻企业提供了全面的技术支持、资金援助和设备资源。此外，张江通过整合高等教育机构资源、顶尖人才资源和多样化的平台资源，建立了近200个公共服务平台，构建了一个从药物靶点识别到注册上市再到委托生产的全产业链和全生命周期的专业服务体系。

大企业开放创新中心成为张江区域创新生态的新动能。张江已吸引超过30家大企业开放创新中心，其中包括全球前20名跨国药企中的9家。尽管这些中心多数仍处于初期探索阶段，但它们对区域创新生态的贡献已经非常明显。

引领前沿方向。这些中心通常专注于一个或多个前沿技术领域，其研究方向往往比母公司当前的产品线更为先进或更具颠覆性，它们在技术趋势的洞察和引领上发挥了关键作用。

引入先进设施。这些中心配备了一流的硬件设施和专业的管理团队，如强生、西门子、罗氏制药等知名企业的创新中心，迅速提升了张江在研发配套方面的水平，使其能够与国际大公司相媲美。

推动产业赋能。这些中心利用母公司的创新链、产业链和供应链资源，为当地企业提供强大的赋能支持。以西门子医疗上海创新中心为例，自2021年9月启用以来，已有半数企业与西门子在医械工业设计、虚拟现实技术应用、医械可视化系统等方面建立了技术合作关系。

优化营商环境，打造世界级生物产业高地。自2018年以来，上海市政府为了推动经济高质量发展，连续进行了八轮营商环境优化，提出了“五好五不缺”的承诺，即好项目不缺土地、好产业不缺空间、好应用不缺场景、好创意不缺人才、好团队不缺资源。这一政策的实施，为上海市生物医药产业提供了强有力的保障和支持。到2023年，上海市的本土药企在国际舞台上展现了显著的竞争力。在不到一个月的时间内，上海市的本土药企实现了三次重要的“自主出海”里程碑。2023年10月29日，君实生物的特瑞普利单抗获得美国食品药品监督管理局（FDA）批准上市，这标志着国产PD-1单抗首次获得FDA的市场准入。紧接着，11月9日，和黄医药的呋喹替尼也获得了FDA的批准，这不仅是上海市通过药品上市许可持有人（MAH）制度试点获批上市的第一个一类创新药，也是中国自主研发的首款抗结直肠癌新药。11月17日，亿帆医药的艾贝格司亭α注射液同样获得FDA的批准，成为中国境内首款同时在中国和美国获批的长效粒细胞集落刺激因子（G-CSF）产品。

（二）发展经验：小政府、大服务，市场与政府各司其职

1.“小管委会+大集团公司”，促进市场与政府联合

“小管委会+大集团公司”的运行模式，将政府的战略引领作用与企业的市场化运作优势相结合，旨在推动政企分开、政企合作，实现资源优化配置。早期阶段，上海市政府实施“聚焦张江”战略，通过优惠政策吸引资金和企业，推动园区发展。但随着土地存量减少，张江高科转向载体开发，明确以产业地产开发为主，辅以专业服务和科技投资，提升园区竞争力。如今，张江高科转型为“新三商”，加强股权投资和产业服务。股权投资收益快速增长，与产业服务费和载体租金共同构成园区主要收益来源。管委会由“大包大揽”转向专注战略研究、统筹协调、规划编制、产业发展服务等职责，集团公司的职责则在于专业化的产业运营。二者各司其职、相互配合。

2.强化创新策源功能，提升原始创新能力

张江积极打造以国家实验室为引领的战略科技力量，打造高水平基础研究力量，支持高校、科研院所和企业自主布局基础研究，组织实施基础前沿重大战略项目，形成了一批基础研究和应用基础研究的原创性成果。张江布局了上海同步辐射光源、国家蛋白质科学研究（上海）设施、活细胞结构与功能成像等线站工程等一批国家重大科技基础设施，初步形成了生命科学领域重大基础设施群；集聚了中国科学院上海药物研究所、张江复旦国际创新中心、浙江大学上海高等研究院、上海科技大学等一批一流的研究机构；推进了国家药品监督管理局药品审评检查长三角分中心、国家药品监督管理局医疗器械技术审评检查长三角分中心的落户，加快创新药品和医疗器械研发上市，为实现生物医药领域技术突破奠定了坚实基础。

3.以人才为支撑，聚天下英才而用之

推进人才工作制度创新，如外籍高层次人才经推荐可申请在中国永久居留等。实施“张江聚才计划”。优化人才安居工程，建设张江重点人才综合性服务平台，为人才提供政策咨询、创新创业、子女入学、就医等综合服务。推进张江国际人才试验区建设。在美国硅谷及以色列等地设立张江海外人才工作站，搭建海外引才平台，加大海外人才引进力度，力争成为全市高端人才集聚高地。

4.创新科技金融服务，构建多元化资金链

与中国建设银行探索“双自贷”业务，与中国银行、南京银行、浦东融资担保、张江园区企业信用促进中心等机构进行商讨与合作，为园区内中小企业提供系统化、差异化、综合化的金融服务。设立“火炬之光”天使投资引导基金，服务科技孵化和科技企业。推动国科同华、复星医药等基金落地。创新科技金融服务，如构建“科创投资联盟”等科技金融服务体系。

第三章

广东战略性新兴产业集群发展*

在全球经济格局深刻调整与科技创新日新月异的背景下，战略性新兴产业集群作为推动区域经济发展的重要引擎，正日益成为国家和地区竞相布局的关键领域。作为改革开放的前沿阵地和制造业大省，广东凭借雄厚的产业基础、丰富的创新资源以及前瞻性的政策引导，在战略性新兴产业集群的发展上取得了显著成效。近年来，广东积极响应国家创新驱动发展战略，围绕制造业当家的核心定位，加快构建以战略性支柱产业为基础、战略性新兴产业为引领、未来产业为突破的现代化产业体系。特别是《广东省制造业高质量发展“十四五”规划》及一系列配套政策的出台，为广东战略性新兴产业集群的培育和发展提供了强有力的政策保障和制度支撑。

当前，广东战略性新兴产业集群已粗具规模，涵盖了新一代信息技术、高端装备制造、新材料、新能源、生物医药等多个关键领域，形成了一批具有国际竞争力的龙头企业和产业集群。这些产业集群不仅推动了广东经济结构的优化升级，也为全国乃至全球产业链供应链的稳定和发展贡献了重要力量。本章旨在深入剖析广东战略性新兴产业集群的发展现状，通过梳理主要产业发展成效，展现了广东在推动战略性新兴产业集群发展方面的创新实践，以及在发展过程中所面临的挑战和问题。

---

* 本章第一执笔人为暨南大学产业经济研究院傅泽楷。

信息化厅发布的数据，2021年，广东集成电路产量占全国产量的15%。2023年上半年，广东集成电路产量同比增长80%，这一增速不仅远超全国平均水平，而且使广东集成电路产量在全国产量中的占比提升至28.1%。相关数据显示，2021年广东半导体与集成电路产业销售额达到1404亿元，占全国销售额的12.5%。

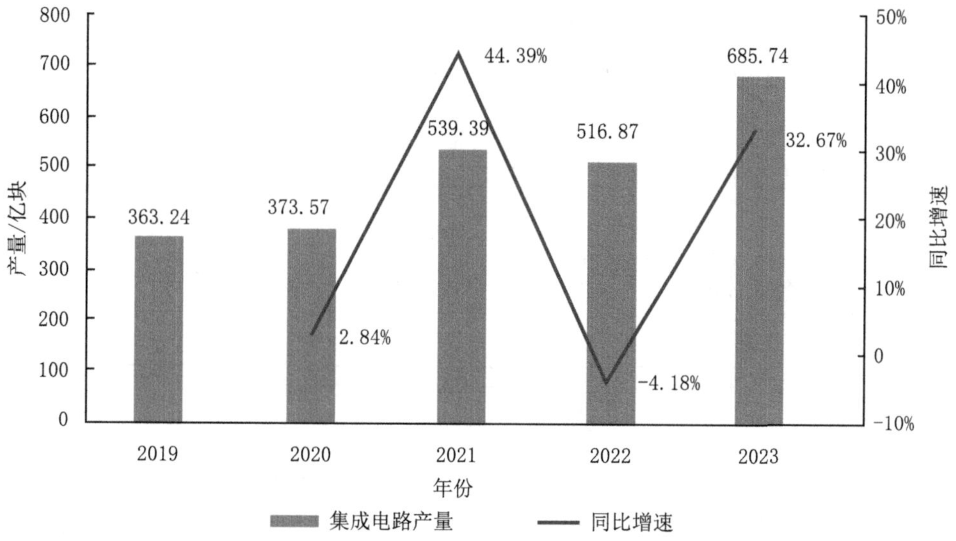

图3-2　2019—2023年广东集成电路产量情况

数据来源：中商情报网。

二、创新能力位居全国前列

广东在战略性新兴产业领域的创新实力强大。广东致力将科技创新与工业成长紧密结合，加大研发的资金投入，强化创新平台的构建，并培育了一批达到国际先进水平的创新企业和研究机构。这些企业和机构在攻克关键技术、开发新产品、推动产业进步等方面发挥了显著作用，为广东战略性新兴产业的持续增长提供了强大动力。2023年，广东十大战略性新兴产业的发明专利申请量达到了70482件，与2022年相比增长2.96%，占全国相同产业发明专利申请量的15.34%，在全国范围内领先（见表3-1）。在所有战略性新兴产业中，广东的发明专利申请量全国排名均位居前三（其中6个产业排名第一，

3个产业排名第二，1个产业排名第三）。具体来看，发明专利申请量位居前三的产业依次是：前沿新材料产业（22548件，占全国同产业发明专利申请量的15.73%，位居全国第二）、精密仪器设备产业（17581件，占全国同产业发明专利申请量的14.75%，位居全国第一）以及安全应急与环保产业（9627件，占全国同产业发明专利申请量的11.15%，位居全国第三）。

表3-1　2023年广东战略性产业集群发明专利申请量

项目	全国排名	发明专利申请量/件	同比增长	占全国比重
战略性产业集群	1	181034	3.64%	16.60%
其中：战略性支柱产业	1	143173	3.02%	17.31%
战略性新兴产业	1	70482	2.96%	15.34%

数据来源：《2023年广东省战略性产业集群发明专利简要情况》。

2023年，广东十大战略性新兴产业的发明专利授权量达到了39018件，与2022年相比增长17.12%（见表3-2）。这些发明专利授权量占全省发明专利授权量的27.25%，并且在全国相同产业发明专利授权量中占16.09%，排在全国之首。在全国范围内，广东这些产业的发明专利授权量均排在前三（其中6个产业排名第一，3个产业排名第二，1个产业排名第三）。具体来看，发明专利授权量位居前三的产业依次为：前沿新材料产业（11473件，占全国同产业发明专利授权量的15.74%，排名第二）、精密仪器设备产业（9824件，占全国同产业发明专利授权量的15.25%，排名第一）以及安全应急与环保产业（5880件，占全国同产业发明专利授权量的11.84%，排名第三）。

表3-2　2023年广东战略性产业集群发明专利授权量

项目	全国排名	发明专利授权量/件	同比增长	占全国比重
战略性产业集群	1	102495	21.59%	18.22%

续表

项目	全国排名	发明专利授权量/件	同比增长	占全国比重
其中：战略性支柱产业	1	83016	22.09%	19.32%
战略性新兴产业	1	39018	17.12%	16.09%

数据来源：《2023年广东省战略性产业集群发明专利简要情况》。

以下对其中六大战略性产业集群发明专利做简要介绍。

半导体与集成电路产业方面。2023年，广东半导集与集成电路产业的发明专利申请量为6888件，尽管较2022年下降17.81%，但在全国的占比仍高达16.71%，保持了全国第一的位置。在发明专利授权量方面，该产业共获得3703件授权专利，尽管较2022年下降12.95%，但在全国的占比高达17.14%，同样居全国首位。

高端装备制造产业方面。2023年，广东高端装备制造产业的发明专利申请量为8420件，同比增长0.11%，占全国总量的13.21%，排名第二。发明专利授权量为4967件，同比增长23.04%，占全省发明专利授权量的3.47%，占全国同产业发明专利授权量的13.72%，同样排名第二。

新能源产业方面。2023年，广东新能源产业的发明专利申请量为4218件，同比增长1.13%，占全国总量的11.50%，排名第二。发明专利授权量为1859件，同比增长9.35%，占全省发明专利授权量的1.30%，占全国同产业发明专利授权量的11.58%，也位居全国第二。

智能机器人产业方面。2023年，广东智能机器人产业的发明专利申请量为5966件，同比增长3.27%，占全国总量的20.44%，排名第一。发明专利授权量为3461件，同比增长14.75%，占全省发明专利授权量的2.42%，占全国同产业发明专利授权量的21.59%，保持全国第一。

精密仪器设备产业方面。2023年，广东精密仪器设备产业的发明专利申请量为17581件，同比增长6.35%，占全国总量的14.75%，排名第一。发明专利授权量为9824件，同比增长23.34%，占全省发明专利授权量的6.86%，占全国同产业发明专利授权量的15.25%，继续领跑全国。

前沿新材料产业方面。2023年，广东前沿新材料产业的发明专利申请量为22548件，同比增长3.82%，占全国总量的15.73%，排名第二。发明专利授权量为11473件，同比增长10.19%，占全省发明专利授权量的8.01%，占全国同产业发明专利授权量的15.74%，稳居全国第二位。

三、新经济持续增长

以数字经济和新一代信息技术为代表的新经济正在持续增长。2023年，广东新经济的总产出达34736.46亿元，与2022年相比增长了4.1%，占全省地区生产总值的25.6%。这一增长在一定程度上体现了广东产业向高端化和智能化的稳步转型。特别是在第二产业中，新经济的比重持续上升。2023年，第二产业新经济的增长态势良好，产出总值达到17239.77亿元，增长了3.6%，比前三个季度的增速提高了1.3个百分点。在这一领域中，工业战略性新兴产业的产出总值达到11706.08亿元，增长了4.0%，增速较前三个季度提升了1.3个百分点。随着消费电子行业及其上游电子元器件产业的复苏，新一代信息技术产业的产出总值结束了负增长，实现了2.2%的正增长，增速较前三个季度提高了2.9个百分点。此外，高技术制造业（包括研发活动）的产出总值达到14001.04亿元，同比增长3.4%。

与此同时，第三产业的新经济同样呈现出稳定增长的态势。2023年，广东第三产业新经济的产出总值为16805.73亿元，增长了4.5%。在新服务领域，互联网和相关服务业、软件和信息技术服务业、研究与试验发展业都保持了快速发展势头，产出总值分别增长了7.0%、8.6%、19.7%。得益于中秋、国庆和元旦假期对旅游需求的推动，以及多轮消费券发放对消费需求的刺激，加之较低的上年同期基数，新服务领域中的铁路运输业、现代餐饮服务业、新型零售服务业的产出总值分别增长了29.0%、15.9%、20.6%。

四、产业政策体系不断完善

广东对战略性新兴产业的发展给予了高度关注，并制定和实施了众多政策措施，以促进这些领域的发展。这些政策措施包括资金支持、税收减免和优秀人才吸纳等，它们共同构成了支撑战略性新兴产业快速成长的坚实基础。此外，广东还致力创建一个公正的市场竞争环境，鼓励各类企业公平地参与市场竞争，以此激发市场的内在动力和创新能力。广东在深化落实“1+1+9”工作部署的过程中，在政策层面展现出了高效协同和精准施策的特点，为十大战略性新兴产业的发展提供了坚实的政策支持。这一政策体系的构建，涵盖了从宏观到微观的多个层面，实现了对产业发展的全方位覆盖。

在宏观层面，广东的政策体系注重顶层设计。通过制定一系列具有前瞻性的政策措施，为产业发展指明了方向。这些政策措施包括但不限于产业规划、财税优惠、金融支持等，旨在为产业发展创造良好的外部环境。在中观层面，广东的政策体系强调产业集群的培育和发展。通过优化产业布局，加强产业链上下游的协同，促进了产业集群的形成和发展。这些产业集群不仅提升了产业的整体竞争力，也为区域经济发展注入了新的活力。在微观层面，广东的政策体系关注企业的创新和发展。通过提供研发支持、人才引进、市场准入等政策措施，激发了企业的创新活力，加速了科技成果的转化和应用。这些政策措施为企业的成长提供了强有力的支撑。具体政策文件如表3-3所示。

表3-3　广东战略性新兴产业相关政策文件统计

时间	政策文件	重点内容
2012年	《广东省战略性新兴产业发展“十二五”规划》	重点培育和发展战略性新兴产业
2017年	《广东省战略性新兴产业发展“十三五”规划》	加快形成以创新为主要引领的经济体系和发展模式，为加快建设国家科技产业创新中心提供重要支撑
2017年	《广东省加快战略性新兴产业发展实施方案》	推动广东建设成为全国乃至全球战略性新兴产业重要集聚区
2020年	《广东省人民政府关于培育发展战略性支柱产业集群和战略性新兴产业集群的意见》	打好产业基础高级化和产业链现代化攻坚战，培育若干具有全球竞争力的产业集群，打造产业高质量发展典范
2023年	《广东省培育新能源战略性新兴产业集群行动计划（2023—2025年）》	建设沿海新能源产业带和省内差异布局的产业集聚区，助推能源清洁低碳化转型

第二节　十大产业集群发展成效

一、智能机器人产业

作为能够独立或在半独立状态下运行的机械系统，智能机器人的关键在于它们拥有感知环境、作出决策和实施动作的能力。智能机器人不仅是高端制造业的基石，也是提高人们生活标准的核心技术。智能机器人市场通常包括工业机器人、服务机器人、无人机（船）以及特种机器人等多个细分市场。

广东作为国内智能机器人产业的重要集聚地，吸引了众多国际机器人企业在此积极布局，同时本土自主品牌机器人企业也呈现出强劲的发展势头。在工业机器人领域，广东已成功培育出一批具有国内领先水平的自主品牌机器人本体制造商、关键零部件供应商以及系统集成服务商。据广东省工业和信息化厅统计，2024年广东工业机器人产量超24万台（套），同比增长31.2%，占全国市场总量的44%。在服务机器人领域，广东在教育娱乐、医疗康复、家政服务等多个应用场景中，研发出了多款国内领先的产品。在民用无人机（船）领域，广东的企业已达到国际先进水平。在特种机器人领域，部分企业在公共安全、抢险救援、线路巡检等关键环节的研发和制造上处于领先地位，为广东智能机器人产业的整体竞争力增添了新力量。

近年来，广东在智能机器人产业方面取得了显著的经济效益。2024年广东智能机器人产业集群营业收入超900亿元，处于国内第一梯队。

二、新能源产业

广东新能源产业在近年来取得了显著的发展成就，已成为地区经济结构转型升级的关键驱动力。依据广东相关部门颁布的《广东省推动新型储能产业高质量发展的指导意见》《广东省培育新能源战略性新兴产业集群行动计划（2021—2025年）》，广东在新能源产业尤其是新型储能产业领域取得了突破性进展。在新型储能产业领域，广东充分认识到储能技术在推动经济社会全面绿色转型中的关键作用，明确提出将新型储能产业打造成为战略性支柱产业的宏伟目标。

秉承前瞻性的战略规划，广东在产业发展中占据领先地位，加快储能技术的创新与商业化步伐，以应对能源安全和效率提升的迫切需求。在风能、太阳能和生物质能等新能源领域，广东实现广泛应用，同时在核电装机规模和天然气储备能力方面位居全国前列，海上风电也步入了快速发展的轨道。截至2019年底，广东新能源产业集群的营业收入约4100亿元，到2022年约为7100亿元。根据数据预计，2025年，广东新能源产业集群的营业收入将突破1万亿元，增加值将超过2000亿元。

2024年广东能源工程部分重点建设项目如表3-4所示。

表3-4　2024年广东能源工程部分重点建设项目

项目类别	项目名称	项目所在地
海上风电项目	大唐南澳勒门I海上风电扩建项目	汕头市
	汕尾红海湾四海上风电示范项目	汕尾市
核电项目	中广核广东太平岭核电厂二期工程	惠州市
	广东陆丰核电厂1、2号机组	汕尾市
新型储能项目	广东华电汕尾华侨管理区新型电化学储能电站项目	汕尾市
生物质发电项目	湛江临港工业区能源集中供给配送及加注基地一期项目	湛江市

广东新能源产业的发展潜力巨大。依据《广东省推动新型储能产业高质量发展的指导意见》，预计到2025年，广东新型储能产业营业收入将达到6000亿元，年均增长速度有望超过50%，装机容量达300万千瓦。预计到2027年，广东新型储能产业营业收入将达到1万亿元，装机容量扩大至400万千瓦。至2035年，广东在保障能源安全和提升能源使用效率方面将取得显著进

步，预计将达到国际先进水平。此外，广东在能源技术革新方面也将实现重大突破，构建起具有竞争力的新能源产业体系，并建立起国内领先的清洁低碳、安全高效的现代能源体系。

三、前沿新材料产业

广东前沿新材料产业蓬勃发展，已成为推动区域经济结构转型升级的关键动力。依据《广东省培育前沿新材料战略性新兴产业集群行动计划（2023—2025年）》，广东在智能、仿生与超材料，低维及纳米材料，高性能纤维，新型半导体材料等前沿新材料领域取得了显著的发展成就。

“十三五”期间，广东前沿新材料产业实现了快速增长，2019年该产业营业收入约500亿元，产业技术水平和综合实力稳居全国领先地位。经过三年的持续培育和发展，到2022年，该产业营业收入已达到1011亿元，增长势头强劲。2019—2022年，广东前沿新材料产业营业收入年均复合增长率达26.45%。《广东省培育前沿新材料战略性新兴产业集群行动计划（2023—2025年）》指出，到2025年，前沿新材料产业营业收入超过1000亿元（已实现），年均增长率达到15%以上，实现营业收入翻一番。

广东在石墨烯、超材料、新型显示材料、新能源材料、生物医用材料、先进半导体材料、材料基因工程等领域，已经形成了显著的竞争优势。这些领域产出了一批优秀的科研成果和专利，关键技术的突破极大地推动了产业的发展。在行业龙头企业的带动下，广东前沿新材料产业已经开始形成集群化布局。以广州、深圳、佛山、东莞、珠海等主要城市为中心，辅以清远、惠州、韶关、江门、汕尾等地的快速发展，区域性的产业集群效应正在逐步形成。特别是在新能源材料、生物医用材料、新型显示材料、先进陶瓷材料等子领域，广东已经构建了较为完整的产业链和支撑体系，产业集群效应正在不断增强，这为广东在新材料领域的持续领先和长远发展奠定了坚实的基础。

广东前沿新材料领域企业培育情况和实验室体系分别如表3-5、表3-6所示。

表3-5　广东前沿新材料领域企业培育情况

类型	数量/家
高新技术企业	2653
其中：5亿元以上企业	131
国家级专精特新“小巨人”	36
年产值超10亿元单项冠军与行业骨干企业	超48

表3-6　广东前沿新材料领域实验室体系

创新资源	资源数量/家
国家级创新平台	5
省实验室	3
全国重点实验室	8
国家工程实验室	5
国家工程（技术）研究中心	7

四、数字创意产业

广东数字创意产业近年来蓬勃发展，已成为区域经济增长的关键驱动力。数字创意产业细分领域如图3-3所示。依据广东省工业和信息化厅等部门发布的《广东省培育数字创意战略性新兴产业集群行动计划（2023—2025年）》，广东在数字创意产业领域取得了显著的成就，尤其在产业规模、产业链竞争力、创新能力、产业生态等方面表现突出。

在产业规模方面，广东数字创意产业集群的营业收入自2020年的5135亿元增长至2022年的5728.02亿元，年均增长率达到5.6%。这一显著增长不仅彰显了广东数字创意产业的综合竞争力，也预示着产业的强劲发展势头。2023年前三季度，广东数字创意产业实现营业收入4397.46亿元、增加值1152.44亿元，增加值增速达9.6%。广东游戏产业营业收入（见图3-4）、数字出版产值、动漫产值、电影票房收入等指标均居全国第一，数字音乐产业规模居全国前列，直播、短视频等新业态发展迅猛。预计到2025年，广东数字创意产业的营业收入将突破6200亿元大关，进一步巩固广东在国内外产业格局中的领先地位。

在产业链竞争力方面，广东通过精心遴选和培育一批具有引领作用的“链主”企业和专注于特定细分市场的专精特新企业，促进了大中小企业协同创新和产业链上下游紧密合作，从而显著提升了整个产业链的竞争力，为产业的持续健康发展奠定了坚实的基础。

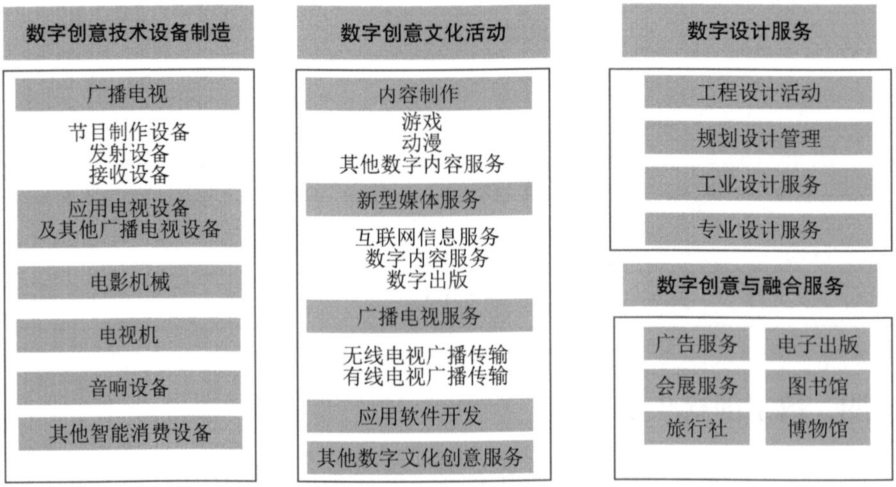

图3-3　数字创意产业细分领域

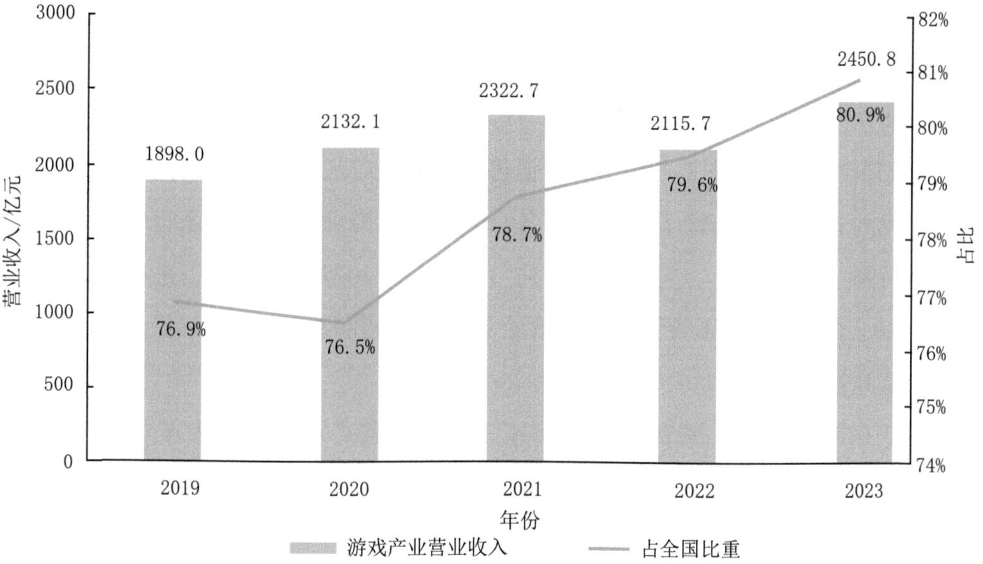

图3-4 2019—2023年广东游戏产业营业收入情况

在创新能力方面，广东数字创意产业在数字技术和设备核心支撑能力上取得了显著进步，成功构建省级优质IP项目库，并培育了超过18家全国版权示范单位、园区（基地），同时新增了约15个国家级工业设计中心。这些成就不仅提升了广东数字创意产业的创新应用水平，也为产业的高质量发展提供了坚实的技术支撑。

在产业生态方面，广东积极推动数字创意与相关产业的深度融合，打造了一批特色鲜明、业态集聚、配套服务完善的数字技术驱动型数字创意产业园区，并培育了一批具有强大影响力和辐射力的公共服务平台。这些园区和平台的建立，为产业的创新发展营造了良好的生态环境，为广东数字创意产业的持续繁荣提供了有力保障。

五、精密仪器设备产业

近年来，广东精密仪器设备产业呈现出迅猛的增长趋势，已成为促进广东经济结构转型升级的重要驱动力。根据《广东省培育精密仪器设备战略性新兴产业集群行动计划（2021—2025年）》和《广东省发展先进材料战略性支柱产业集群行动计划（2023—2025年）》，广东已经为精密仪器设备产业的未来发展描绘了明确的目标和战略蓝图。广东计划通过技术创新、产业生态优化和质量提升，将广东打造成国际领先的精密仪器设备产业的创新中心、研发高地和制造基地。2019年，广东精密仪器设备产业的主营业务收入达1323.99亿元（见图3–5），出口销售额达429.17亿元，专利授权量约53万件。此外，广东还孕育了近20家在各自领域具有专业优势、市场竞争力强的专精特新“小巨人”、单项冠军、独角兽企业。2022年，广东先进材料产业规模以上企业实现26669亿元的主营业务收入，利润总额达到963亿元，工业增加值高达5229亿元。

广东的目标是，到2025年，将精密仪器设备产业规模扩大至约3000亿元，涵盖工业自动化测控仪器与系统、信息计测与电测仪器、科学测试分析仪器、人体诊疗仪器以及各类专用检测与测量仪器等多个领域。这一目标的实现，将助力广东构建具有国际竞争力的现代化产业集群。

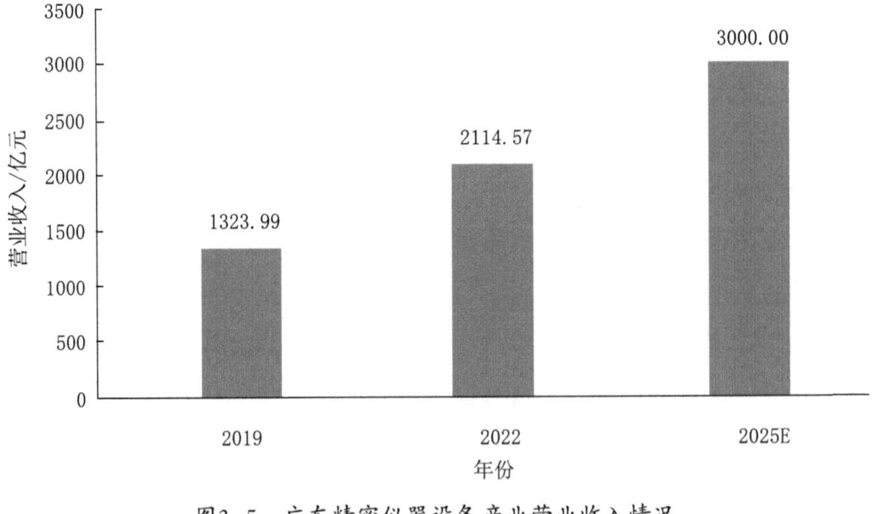

图3–5　广东精密仪器设备产业营业收入情况

数据来源：中商情报网。

在产业体系建设方面，广东正致力优化产业结构，提升中高端产品的比重，完善标准体系及相关检测、认证和计量机构，打造一个关键环节自主可控、重点领域优势明显的完整精密仪器设备产业链。重点领域产品科技含量持续提高、质量与可靠性水平显著提升并且部分达到世界级水平，培育出更多具有核心国际竞争力的专精特新“小巨人”、单项冠军、独角兽企业，进一步巩固广东在精密仪器设备产业领域的领先地位。

广东精密仪器设备产业发展区域布局如表3-7所示。

表3-7　广东精密仪器设备产业发展区域布局

城市	精密仪器设备种类
广州	健康监测仪器和检测设备、智能水电气表和智能传感器、钟表与计时仪器产品、医疗仪器设备及器械制造、数控设备精密仪器、工业自动化测控仪器与系统、大型精密科学测试分析仪器、高端信息计测与电测仪器（高精度电测仪器、户外高加速老化试验仪、高精度多声道超声波流量计、5G数据采集综合测试仪、高精密触发测量仪、高精密扫描测量仪等）
深圳	健康监测仪器和检测设备、智能水电气表和智能传感器、钟表与计时仪器产品、医疗仪器设备及器械制造、数控设备精密仪器、工业自动化测控仪器与系统、大型精密科学测试分析仪器、高端信息计测与电测仪器（高精度电测仪器、户外高加速老化试验仪、高精度多声道超声波流量计、5G数据采集综合测试仪、高精密触发测量仪、高精密扫描测量仪等）
珠海	医疗仪器设备及器械制造、大型精密科学测试分析仪器
佛山	医疗仪器设备及器械制造、数控设备精密仪器、大型精密科学测试分析仪器、红外光谱仪等测量仪器
东莞	智能水电气表和智能传感器、数控设备精密仪器、大型精密科学测试分析仪器
中山	数控设备精密仪器，共焦显微仪器、超精密多轴基台和平板在线检测装备等，大型精密科学测试分析仪器
江门	医疗仪器设备及器械制造、数控设备精密仪器、大型精密科学测试分析仪器

在国际化进程中，广东正积极培育具备核心技术和自主品牌的国际化企业，通过高层次的国际分工合作，显著提升具有自主知识产权、符合国际认证标准的产品在国际市场的份额。预计到2025年，广东精密仪器设备产业出口交货值年均增长5%以上，达到500亿元的出口规模，并在某些细分领域建立全球研发制造与应用基地，进一步扩大广东精密仪器设备产业的国际影响力。

六、安全应急与环保产业

广东在安全应急与环保产业的发展上取得了显著成就，这主要得益于政策支持、产业布局、技术创新和市场需求等方面的积极举措。《广东省培育安全应急与环保战略性新兴产业集群行动计划（2021—2025年）》提到，2019年，广东安全应急与环保产业规模约2500亿元。该行动计划为广东2021—2025年设定了明确的产业发展目标，包括产业规模持续增长、集聚效应逐步显现、创新能力显著提升和国际化水平不断提高。在产业规模方面，广东安全应急与环保产业总产值预计到2025年将超过3800亿元。

广东安全应急与环保产业重点产业链“链主”企业如表3-8所示。

表3-8　广东安全应急与环保产业重点产业链“链主”企业

重点产业链名称	“链主”企业名称	所属地市
空气能产业链	广东纽恩泰新能源科技股份有限公司	广州市
	广东芬尼克兹节能设备有限公司	广州市
动力电池综合利用产业链	广东光华科技股份有限公司	汕头市
安全应急智能监测预警产业链	佳都科技集团股份有限公司	广州市

资料来源：根据公开数据整理。

广东已经培育了一批在国内外市场上具有显著竞争力的重点企业，并设定目标，旨在发展多家市值达到百亿级别的领军企业。在产业集聚方面，广东依托珠三角地区的技术研发、企业总部集聚优势，打造了核心产业集聚区。粤东粤西粤北地区则依托其装备制造业基础和资源综合利用优势，发展出具有地方特色的产业集群。

技术创新是广东在安全应急与环保产业领域的主要推动力。通过构建科技创新协作平台，广东加速科技成果转化，并有效增加了有效发明专利的数量。广东充分利用粤港澳大湾区的发展机遇，以及深圳作为中国特色社会主义先行示范区的优势，积极吸引国际资本和高端技术，从而增强了产业集群在国际舞台上的竞争力。

此外，广东安全应急产业联盟和示范基地的建立为产业的高质量发展注入了新的活力。这些举措不仅推动了产业的技术创新和升级，也为广东在相关领域的可持续发展奠定了坚实的基础。同时，积极推动环保业务数字化转型，通过新兴技术与环保行业的深度融合，促进环保产业创新发展。在水污染治理方面，广东取得显著成效，地表水水质达到近年最佳水平。在大气污染治理方面，通过优化产业、能源、交通结构，推进绿色交通网络和清洁能源项目建设，实现了PM2.5连续稳定达标。这些成就展现了广东在环境保护和产业发展方面的决心和行动，为其他地区提供了宝贵经验。

七、区块链与量子信息产业

在区块链与量子信息产业的发展上，广东不仅展现了技术创新和产业应用的深化，而且在产业规模和产业布局上也有明确的规划并取得了显著成效。

在产业规模方面，根据《广东省培育区块链与量子信息战略性新兴产业集群行动计划（2021—2025年）》，到2025年，区块链产业将进入爆发期，可信数据服务网络基础设施将基本完善，形成区块链技术和应用创新产业集群国际化示范高地。区块链产业的技术创新将实现新突破，打造10个左右具有国际影响力的头部企业，并建设10个左右区块链实验室和研发中心等创新平台。此外，量子信息产业也将实现跨越式发展，产业规模将增长20倍以上。

在产业布局方面，广东围绕广州、深圳等关键城市，发展出区块链产业的集中区域。广东的策略是通过区域合作，促进广州、深圳、佛山、珠海、东莞等地的共同进步，建立一个以广东为根基、影响粤港澳，并具有全球视野的技术创新与应用集聚试验区。具体来说，广东将助力广州发展成为以区块链为特色的中国软件名城示范区，进而建设成为国家级区块链发展先行示范区。支持深圳利用数字货币研究院的优势，发展以数字货币为核心的金融科技产业，打造具有区块链特色的数字经济示范窗口，以此推动区块链技术与产业的深度融合和创新应用。这样的布局，旨在推动区块链产业集聚发展，并增强其在全球数字经济中的竞争力和影响力。

区块链产业领域，广东已初步形成了覆盖区块链全产业链条的产业技术图谱，区块链信息服务备案项目572个，约占全国备案量的15%。技术创新及应用方面，全省专利申请量约占全国五分之一，区块链服务为政务、民生、金融等提供了有力支撑。

量子信息产业领域，广东将重点支持广州、深圳吸引省外、海外高水平院校、优势科研机构与龙头骨干企业设立分支机构，并开展量子信息人才培养与重大科技成果转化。广东还计划建设若干量子信息技术孵化平台、共享共用中试平台、产业研究院，打造国际量子科技创新中心，形成完整的量子信息上中下游全产业链条。

八、半导体与集成电路产业

广东作为中国信息产业的领头羊，在消费电子、通信、人工智能、汽车电子等多个关键领域拥有全国最大的半导体与集成电路应用市场。广东正致力将智能传感器、模拟芯片等作为推动半导体产业发展的关键领域，并努力构建中国集成电路产业的第三大支柱。2023年，广东的半导体与集成电路产业集群营业收入超过2700亿元，凸显了其在国家经济中的重要作用。依据《广东省培育半导体及集成电路战略性新兴产业集群行动计划（2023—2025年）》，广东定下目标：到2025年，力争实现年主营业务收入超过4000亿元，年均增长率超过22%。

从产量和增速来看，2023年，广东的集成电路产量达到了685.74亿块，同比增长32.67%，广东在全国集成电路产量的排名中升至第二。这不仅体现了广东集成电路产业的迅猛增长，也展现了其在技术革新和产业升级方面的显著成就。

在产品出口方面，2023年，广东的集成电路出口额为2419.7亿元，同比增长19.8%，这一增长率显著高于广东出口的整体增长水平，反映了广东集成电路产品在国际市场上的强大竞争力和普遍认可。

科技创新是推动产业发展的主要动力。近年广东在集成电路设计领域的专利登记数量位居全国第一，这反映出广东在集成电路设计领域的先进地位。未来，广东将继续增加研发投资，推动产学研深度融合，以科技创新为先导，持续推动半导体与集成电路产业向更高层次迈进。

在关键企业方面，作为中国集成电路产业的关键区域，广东汇聚了众多龙头企业，例如华为海思、中兴微电子、汇顶科技等，它们在集成电路的设计、生产、封装测试等关键环节具有明显的竞争优势。这些企业不仅在技术创新方面处于行业前沿，而且在促进产业链的完善和产业集群的构建中扮演了至关重要的角色。广东的集成电路产业主要集中在广州、深圳、珠海等城市，这些地区已经构建了涵盖设计、生产到封装测试的完备产业链。此外，这些城市的产业布局科学合理，产业生态系统健全，为企业提供了优越的发展环境和创新的温床。得益于此，广东的集成电路产业实现了迅猛发展，并成为驱动地区经济增长的关键引擎。

九、高端装备制造产业

高端装备制造业位居战略性新兴产业的前沿，引领着尖端技术的潮流，并在产业链中占据关键和高端的位置。这一产业不仅具有漫长的产业链和复杂的结构，而且其独特的价值链优势对产业链的整体竞争力起着至关重要的作用。高端装备制造业已经成为国际竞争的热点，在全球产业链中的重要性不断上升。

广东通过不懈的技术革新和产业结构优化，正持续增强高端装备制造业的实力。通过引入高端项目和培育行业领军企业，广东实现了产业规模的迅速扩大和技术创新的重大突破。在高端数控机床、海洋工程装备、航空装备、卫星及应用、轨道交通装备等关键子领域，广东的产业布局日趋成熟，产业链不断拓展，培育出一批具有国际竞争力的产业集群。这些成就显示出广东在全球高端装备制造业中占据一席之地，并为本省经济发展注入了新的活力。

高端装备制造业蓬勃发展，一系列突出优势成为产业核心竞争力。首先，广东拥有完备的工业体系和深厚的制造业基础，这为高端装备制造业的高质量发展提供了坚实的产业支撑。从原材料供应到零部件加工，再到整机组装，形成了一条完整的产业链条，确保了资源的丰富性和生产过程的便利性。其次，优越的地理位置带来了明显的区位优势，便利的交通网络为物流运输和市场拓展提供了极大的便利条件。

此外，市场经济的繁荣和市场主体的多样性，为广东高端装备制造业的发展提供了广阔的市场空间和强劲的创新动力。活跃的市场环境孕育了丰富的创新活动，为产业的技术进步和产品升级提供了持续的推动力。特别值得一提的是，在高端数控机床、海洋工程装备、航空装备等关键领域，广东已经成功培育出一批具有国际竞争力的领军企业，它们不仅在技术、产品、市场等方面展现出显著优势，更在引领产业发展和推动技术创新方面发挥了关键作用。

十、激光与增材制造产业

广东已经成为中国激光与增材制造产业的主要集聚地，在产业集群发展、创新能力提升、应用示范等多个方面均有突出表现，对全球激光与增材制造产业的创新发展作出了突出贡献。2019—2022年，广东在这一产业领域的主营业务收入年均复合增长率为16.12%，产业规模在全国范围内持续保持领先。根据《广东省培育激光与增材制造战略性新兴产业集群行动计划（2023—2025年）》，广东定下了明确的目标：到2025年，激光与增材制造产业的规模保持全国领先，力争实现年营业收入超过1800亿元，年均增长率超过15%。这一目标的实现将进一步巩固广东在激光与增材制造产业的领先地位，并推动技术创新和产业应用方面取得更多突破。

从创新资源来看，广东积极推动激光与增材制造高水平创新研究院、制造业创新中心、新型研发机构等平台的建设，发挥各类创新资源优势，打造激光与增材制造产业共生环境，以促进产业的持续发展和技术创新。

在科技创新成果方面，2023年，广东激光与增材制造产业的发明专利申请量达到3706件，与2022年相比增长了10.59%，占全国同产业发明专利申请量的18.52%，在全国排名中位居第一。同年，广东激光与增材制造产业的发明专利授权量为1808件，同比增长18.02%，占全省发明专利授权量的1.26%，占全国同产业发明专利授权量的18.35%，在全国排名中同样领先。

截至2023年12月，广东激光与增材制造产业的有效发明专利量为8152件，占全省有效发明专利量的1.21%，占全国同产业有效发明专利量的17.01%，在全国范围内继续保持第一。这些数据充分展现了广东在激光与增材制造产业创新能力和知识产权积累方面的领先地位。

此外，在推进激光与增材制造产业发展的过程中，广东实施了富有远见的规划。各地区根据自身的产业基础和资源特点，积极打造具有地方特色的激光与增材制造产业基地和创新孵化中心。依据《广东省培育激光与增材制造战略性新兴产业集群行动计划（2023—2025年）》，广东计划重点建设广州市3D打印产业园和激光等离子体产业园、深圳激光谷产业园、珠海等地市激光打印机高端装备智能制造产业园、顺德激光智能装备产业基地、中山科技创新园，以及华南激光谷产业园等多个产业园区。

第三节　广东战略性新兴产业集群发展存在的问题

一、自主创新能力不足

科技创新方面自力更生，是战略性新兴产业体系保持先进性的根本和关键因素。广东对新兴产业科技领域的投资相对有限，在关键技术突破和原创性核心技术开发上的财政支持力度也相对较小，这在一定程度上影响了广东新兴产业领域自主创新能力的提升。举例来说，与长三角地区相比，广东的企业在创新投资上表现不足，对建立研发机构的主动性也较低。2022年数据显示，广东规模以上工业企业中，有R&D（研究与试验发展）活动的仅占33.1%，而江苏和浙江的比例分别为51.6%和44.2%。

与北京、上海等国内科技先进地区及美国、日本等科技发达国家相比，广东在基础研究方面的资金投入相对较少。广东在基础技术、基础理论、核心技术及关键设备、关键材料等方面存在明显的不足，基础研究能力尚显薄弱。

二、产业链上下游发展不均衡

广东新兴产业领域的上下游企业发展不均衡，关键环节和核心零部件过度依赖外部供应，面临国际竞争和风险的双重压力。一是关键核心技术“卡脖子”风险问题严峻。广东战略性新兴产业集群仍面临着产业链上游关键中间产品配套短板突出的问题，这不利于维护产业链供应链安全稳定和产业链供应链自主可控，不利于围绕全产业链建设和产业集群升级来挖掘增长动能。广东面临芯片、光刻机、操作系统、光刻胶、激光雷达、高端电容电阻等关键部件和核心技术“卡脖子”问题，尤其是智能终端、汽车等产业链芯片供应问题极为突出。全省先进制程集成电路完全依赖进口，95%以上高端工业软件被美国、德国等国家掌控，80%的高端机器人和高端自动控制系统、高档数控机床、高档数控系统市场份额被国外产品占据。产业链“缺链”“断链”问题突出，导致广东工业抗风险能力偏弱。当前广东工业受到终端市场激烈竞争和上游关键部件“卡脖子”的双重挤压，难以应对市场超预期波动风险。二是产业链供应链运行不畅，产业体系“点线面”安全性风险仍然存在。“点”的安全方面，产业基础能力薄弱。基础装备、基础零部件、基础技术、工业软件、关键材料等主要依赖进口，存在关键环节掌控力弱、短期难以实现技术替代的问题。“线”的安全方面，产业链供应链运行中存在堵点和卡点，创新链、产业链、资金链、人才链的协同能力不足，产业链上下游协同效应还未能充分发挥，导致产业链整体运行效率下降。金融对产业链供应链顺畅运行的支持不足，金融机构对实体经济的针对性扶持偏少。“面”的安全方面，产业梯度转移循环不畅。粤东粤西粤北地区产业层次偏低，与珠三角地区的产业梯度落差在加大，由于产业承接能力不足、加工贸易利润较低，粤东粤西粤北地区产业配套尚不完善、物流成本较高，导致大量珠三角企业迁移到东南亚地区和相邻省区。

三、高质量发展要素支撑不足

在迈向高质量发展的进程中，广东战略性新兴产业面临一系列挑战，这些挑战主要源于支撑要素的不足，进而影响了产业的创新力和市场竞争力。具体来说，挑战主要体现在以下几个方面。

首先，高端技术人才供应短缺。随着战略性新兴产业的迅猛发展，高端技术人才需求量不断上升。但是，目前市场上的人才供应还未能跟上这一发展步伐。教育体系，包括普通教育和职业教育，在培育高端技术人才方面存在不足，课程内容和教学方法与企业实际需求存在差距。特别是在人工智能、云计算、大数据等产业快速发展的背景下，数字化人才缺口巨大。据《中国数字经济人才发展报告（2024）》，预计到2025年，中国数字人才需求总量将超过7500万人，缺口将接近3000万人。

其次，现代化金融体系支撑力度不足。战略性新兴产业的发展需要巨额资金的投入，而一个健全的现代化金融体系对于资金的有效配置和流动至关重要。广东在构建现代化金融体系方面要进一步加强，以满足这些产业的融资需求。目前的不足主要体现在：金融资源配置不均衡，房地产市场的贷款占比过高；缺少具有国际影响力的金融交易平台和大型金融领军企业；金融产品与服务创新不足，融资途径单一，金融风险管理存在缺陷。缺乏多样化的金融产品和融资途径限制了企业的融资能力，而金融风险管理的不足又增加了企业的融资成本和风险，这些都进一步制约了广东战略性新兴产业的快速发展。

最后，专业化技术机构发展尚未成熟。专业化技术机构在促进技术创新和产业升级方面扮演着关键角色。但在广东，这些机构的发展相对缓慢。这主要体现在技术机构的数量不足、服务能力有限、创新成果转化率不高等方面。技术机构的缺乏导致企业在技术研发和成果转化上缺乏有效的支持，难以构建高效的创新生态系统。同时，技术机构服务能力不足和创新成果转化率低限制了战略性新兴产业的整体创新潜力和市场竞争力。

四、产业体系融合化发展不足

广东战略性新兴产业体系在融合化发展方面存在的不足主要体现在以下几个方面。一是新兴产业和传统产业融合不足。不同产业之间的技术体系存在差异，尤其是传统产业与战略性新兴产业之间的技术壁垒较高，这导致在技术融合过程中，需要投入大量资源进行技术研发和成果转化。传统产业和新兴产业的市场需求存在差异，新兴产业的产品和服务往往难以直接满足传统市场的需求。二是不同新兴产业间融合度低。虽然广东在多个战略性新兴产业领域都有布局，但这些产业的融合度并不高。不同产业之间的技术、市场、人才等资源难以实现有效共享和流动，限制了产业联动性的提升。在专利申请和授权方面，截至2023年底，国内高校有效发明专利拥有量达79.4万件，科研机构有效发明专利拥有量达22.9万件，合计占国内有效发明专利总量的四分之一。虽然广东战略性新兴产业专利申请总量逐年增加，但跨产业申请的专利占比较低，这在一定程度上反映出不同产业间技术创新和融合的不足。三是服务业与制造业的融合化不足，服务型制造业发展明显滞后。广东生产性服务业支撑制造业高质量发展力度不足，生产性服务业比重落后于江苏等省份。2022年，广东生产性服务业占地区生产总值的比重约为30%，而欧美等发达工业国家和地区的比重为40%～50%，差距较大。广东服务业内部结构不均衡，仍以传统的批发和零售业、房地产业和交通运输业为主，研发设计、金融、信息和商务等现代生产性服务业发展规模和水平相对不足。尤其是与制造业创新相关的研究实验服务、科技推广应用服务等占比严重不足，难以为本土制造业转型升级和高端化发展提供有效支撑。总体来看，广东制造业企业仍以单纯提供产品的生产型制造为主，嵌入价值链的高附加值服务环节不多，能同时提供“产品+服务”的服务型制造更少。据世界银行报告，发达国家产品的最终价格中，制造环节增值占比不到40%，服务环节增值约占60%。广东多数工业企业对服务型制造转型重视不够，以及生产性服务业对制造业的支撑较弱，导致制造业向价值链高端攀升乏力，产品附加值难以有效提升。

五、产业发展空间分布不均衡

广东新兴产业的发展面临区域差异和不均衡的问题，一些地区因缺少发展新兴产业的必要条件和推动力而相对落后。

首先，省内区域产业发展不均衡。战略性新兴产业在不同地区的发展差距较大，产业链的共同建设不足，这影响了全省经济增长新动力的挖掘和培育。珠三角地区，如广州、深圳、东莞和佛山等城市，依托其雄厚的经济基础，成为新兴产业发展的中心区域，并形成了多个具有国际竞争力的产业集群。沿海经济带和北部生态发展区的新兴产业发展则相对缓慢。

目前，广东产业空间分布高度集中，但其辐射带动作用有限，这不利于通过产业的梯度转移和产业链的共同建设来培育经济新增长点，尤其是在市场受到预期外的冲击时，还可能会对广东经济产生较大的负面影响。同时，这也不利于充分利用不同地区的产业发展要素成本差异和互补优势，来推动跨区域的世界级产业集群建设，提高产业的国际竞争力。

其次，政策资源分配不均衡。在制定战略性新兴产业发展政策时，政府往往会优先考虑珠三角地区的主要城市，这些城市因此能够获得更多的政策支持和资源，加速了新兴产业的发展。然而，这种资源的集中分配也加剧了新兴产业发展空间分布不均衡。

最后，产业链各环节分布不均衡。在战略性新兴产业中，上游的研发环节对技术和资金的要求较高，通常集中在珠三角地区的主要城市。与此相比，中下游的生产环节则更广泛地分布在全省各地，这些环节对技术和资金的要求相对较低，更依赖于劳动力成本和区位优势。但由于产业链上下游之间的配套和协同不够紧密，战略性新兴产业的整体发展受到了影响。

第四章 广东战略性新兴产业融合集群发展*

习近平总书记在党的二十大报告中提出，推动战略性新兴产业融合集群发展，构建新一代信息技术、人工智能 、生物技术、新能源、新材料、高端装备、绿色环保等一批新的增长引擎。本章旨在深入剖析广东战略性新兴产业融合集群发展的趋势和方向，包括发展思路、重点领域、空间布局和对策建议等方面。

第一节　发展思路

一、指导思想

以习近平新时代中国特色社会主义思想为指导，全面贯彻党的二十大和二十届二中、三中全会精神，深入学习贯彻落实习近平总书记对广东系列重要讲话和重要指示精神，认真贯彻落实党中央关于加快发展新质生产力、扎实推进高质量发展的决策部署，立足新发展阶段，全面贯彻新发展理念，加快服务和融入新发展格局，突出抓创新、强主体、拓开放、促融合，促进产业由集聚发展向集群发展全面提升，提升产业链供应链的稳定性和竞争力，实现集群质量变革、效率变革、动力变革，形成广东制造国际合作和竞争新优势，加快实现从制造大省到制造强省的历史性转变，推动广东打造新发展格局的战略支点。

---

* 本章第一执笔人为暨南大学产业经济研究院过天赐。

二、基本原则

（一）创新引领，融合发展

坚持创新在现代化建设全局中的核心地位，强化科技创新和制度创新“双轮驱动”，加强关键共性技术、前沿引领技术、现代工程技术、颠覆性技术创新，加强新领域新赛道制度供给，完善战略性产业发展政策和治理体系。推动新兴技术与实体经济深度融合，促进先进制造业与现代服务业深度融合，推动创新链、产业链、资金链、人才链深度融合，在融合发展中延伸产业链、提升价值链。

（二）集群集聚，绿色发展

调整优化产业布局，强健产业链，优化价值链，提升创新链，加快形成链式整合、园区支撑、集群带动、协同发展的新模式。坚持绿色低碳发展理念，强化资源节约集约循环利用和生态环境保护，将绿色设计、绿色技术工艺、绿色生产、绿色供应链等理念贯穿产品全生命周期，助力碳达峰、碳中和。

（三）重点突破，梯次推进

聚焦半导体与集成电路、高端装备制造、智能机器人、区块链与量子信息、前沿新材料、新能源、激光与增材制造、数字创意、安全应急与环保、精密仪器设备等重点领域，加强创新资源整合，全面提升产业基础能力和发展能级。超前谋划布局一批代表前沿科技和产业变革方向的先导产业，加强前瞻性、探索性的技术研究，明确未来产业发展方向，推动产业集群梯次发展。

（四）市场主导，政府引导

坚持有效市场和有为政府相结合，充分发挥市场在资源配置中的决定性作用，强化企业市场主体地位，提高要素配置效率，激发产业发展潜力和市场主体活力。更好发挥政府作用，加强前瞻性思考、全局性谋划、战略性布局、整体性推进，引导产业集群错位发展。

三、发展定位

（一）世界先进的战略性新兴产业基地

瞄准国际先进标准提高产业发展水平，培育形成一批产业链条完善、辐射带动力强、具有全球竞争力的战略性新兴产业集群，制造业整体实力保持国内第一，在全球制造业发展格局中占据优势地位，加快进入全球产业链价值链中高端，成为世界先进的战略性新兴产业基地。

（二）全球重要的战略性新兴产业创新聚集地

围绕产业链部署创新链，强化战略性新兴产业链核心环节自主可控能力，探索关键核心技术攻关新型举国体制的“广东路径”。加快培育掌握核心竞争力和重要知识产权的全球顶尖企业，主动布局国家重大战略项目和前沿技术，积极培育新业态新模式，形成更多“从0到1”原创性引领性成果，打造全球重要的战略性新兴产业创新聚集地。

（三）国际一流的产业融合集群发展示范区

聚焦新兴技术与传统技术融合，培育新型技术体系和业态模式，依托跨界创新形成经济发展新动能。围绕产业数字化、数字产业化和产业生态系统，推动数实融合，促进现代服务业与先进制造业、现代农业融合发展，形成相融相长、耦合共生的产业生态系统。围绕产业链部署创新链，围绕创新链布局产业链，促进产业链与创新链精准对接，打造国际一流的产业融合集群发展示范区。

四、可行路径

（一）从产业割裂转向产业深度融合发展

加快战略性新兴产业跨领域、跨产业、跨集群深度融合。深化新一代信息技术与制造业融合发展，加快推进数字产业化和产业数字化，推动数字经济和实体经济深度融合，运用互联网、大数据、人工智能等新一代信息技术推动制造业企业实施数字化转型。推动制造业与服务业深度融合，大力发展服务型制造，培育一批服务型制造示范企业和平台，着力完善生产性服务业配套。

（二）从产业分散转向产业高效集聚发展

建设若干具有较高集聚性、根植性的战略性新兴产业集群和先进制造业集群，引导优质资源向集群高效集聚，构建世界级、国家级、区域级产业集群梯度培育体系。落实战略性产业集群联动协调推进机制，创新集群治理模式，完善集群发展公共服务体系，培育发展产业集群发展促进组织和战略咨询支撑机构。

（三）从技术引进转向产业自主创新发展

坚持创新在现代化建设全局中的核心地位，坚持目标导向、需求导向、问题导向、企业导向以及成果导向，梳理形成以应用研究倒逼基础研究清单、以基础研究引领应用研究清单、国产替代清单、成果转化清单等四张清单，实施关键核心技术攻关计划，解决一批“卡脖子”问题，取得填补空白、引领未来的重大成果，带动产业爆发式增长。

（四）从孤立零散转向企业主体融通发展

围绕战略性新兴产业重点产业链，培育领航型“链主”企业，推动“链主”企业和大型企业强化创新引擎功能，成为国家建设自主可控产业链的领航者。推动中型企业跨越“中等规模陷阱”，成为战略性产业集群建设的中坚力量。推动中小企业向专精特新方向发展，成为产业生态系统建设的基础支撑。鼓励企业联合多方创新资源解决关键技术问题，鼓励构建以企业为主体的产业技术创新战略联盟，有效发挥企业科协联盟“心联通”、“科联通”、“技联通”以及“产业联通”作用。

（五）从生态闭塞转向产业开源融聚发展

优化营商环境，对接国际高标准营商环境评价体系和市场规则体系，持续推进“放管服”改革，深化商事制度和投资便利化改革，进一步落实实体经济企业降成本政策。加快建设第五代移动通信、工业互联网、大数据中心和智能计算中心等信息、融合、创新基础设施，强化战略性新兴产业发展关键要素供给，构建国内最优、国际一流的产业发展环境高地。

第二节　重点领域

一、半导体与集成电路产业集群

推进集成电路EDA（电子设计自动化）底层工具软件国产化，支持开展EDA云上架构、应用AI技术、TCAD（计算机辅助设计）、封装EDA工具等研发。扩大集成电路设计优势，突破边缘计算芯片、储存芯片、处理器等高端通用芯片设计，支持射频、传感器、基带、交换、光通信、显示驱动、RISC-V（基于精简指令集原则的开源指令集架构）等专用芯片的开发设计，前瞻布局化合物半导体、毫米波芯片、太赫兹芯片等专用芯片设计。布局建设较大规模特色工艺制程和先进工艺制程生产线，重点推进模拟及数模混合芯片生产制造，加快FDSOI（全耗尽型绝缘层上硅）核心技术攻关，支持氮化镓、碳化硅等化合物半导体器件和模块的研发制造。支持先进封装测试技术研发及产业化，重点突破氟聚酰亚胺、光刻胶等关键原材料以及高性能电子电路基材、高端电子元器件，发展光刻机、缺陷检测设备、激光加工设备等整机设备，以及支持精密陶瓷零部件、射频电源等设备关键零部件研制。

二、高端装备制造产业集群

以服务国家战略需求为导向，加快建设珠江西岸先进装备制造产业带，重点发展高端数控机床、海洋工程装备、航空装备、卫星及应用、轨道交通装备、集成电路装备等产业。推动激光制造装备、精密数控磨床、超精密数控金属切割机床等高端数控机床整机及关键零部件研发制造。推动海上浮式风电装备、海洋可燃冰开采机器装备、海上风电机组、波浪能发电装置、深海油气生产平台等海洋工程装备研制应用。推动航空发动机及高温合金材料、航空低成本复合材料、高温涂层材料、防腐蚀材料、润滑材料研发及产业化，支持水陆两用飞机、高端公务机、无人机等研发制造。支持卫星通信、卫星导航、卫星遥感三大领域融合发展，以及相关整机设备和关键配套软硬件研发，推动卫星在重大经济和民生领域的普及和推广。支持新一代地铁、新型城际轨道车辆、新能源有轨电车和高速磁悬浮列车等轨道交通装备产品线及相关关键零部件研制。

三、智能机器人产业集群

重点开展机器人减速器、控制器、伺服系统等关键部件研制，支持发展切割、焊接、切削、磨抛、装配、喷涂等机器人集成应用。支持高性能无人机专用芯片、飞控系统、动力系统、传感器、数据链、图传系统等技术研发，以及无人机下游应用发展。支持面向海洋环境监测、海洋探测、海上风电场勘察运维、安防搜救、无人航运等领域，开展无人船设备、配套部件研制。支持发展手术、测温、清扫消毒、医疗物资配送、养老陪护、残障康复等场景应用的专业化服务机器人产品。支持高空作业、危险环境、农业、管道等特种机器人研发。推动机器人智能提升，重点突破机器视觉、人机协作、自主决策等共性智能技术，加强语音识别、移动定位、群体智能等人工智能技术应用。

四、区块链与量子信息产业集群

突破共识机制、智能合约、加密算法、跨链等关键核心技术，开发自主可控的区块链底层架构，推进可信服务网络基础设施建设；聚焦自主可控和互联互通等关键要素，加快推动区块链标准与技术规范发展，完善标准体系。丰富国产区块链的应用生态，强化区块链技术在数字政府、智慧城市、智能制造等领域的应用。开展量子计算、量子精密测量与计量、量子网络等新兴技术研发与应用，建立先进科学仪器与“卡脖子”设备研发平台。

五、前沿新材料产业集群

重点突破超导材料、智能材料、仿生与超材料、高温合金、极端环境材料等研发制备。着力推动石墨烯材料规模化制备技术研发和产业化应用。推动宽禁带和超宽禁带半导体材料、高性能低成本增材制造材料、高性能铝/镁合金新材料、高端溅射靶材、粉末冶金新材料、高性能复合材料等研制应用。着力突破关键零部件表面功能化及防护关键制备技术。支持纳米材料研发及在光电子、新能源、生物医用、节能环保等领域的应用。开展前沿新材料及其相关产品研发、测试、评价新技术研究，开发高端测试仪器设备，突破材料基因工程的高通量计算/高通量实验/专用数据库等关键技术，促进平台融合和协同。

六、新能源产业集群

大力发展核能、海上风电、太阳能等优势产业，加快培育氢能、储能、智慧能源等新兴产业。支持发展三代核电装备及技术，加快研发四代核电产品，强化核能综合利用。推进海上风电规模化开发，因地制宜布局分散式陆上风电项目，发展大容量、抗台风、智能化风机整机及配件制造。推进太阳能光伏发电，发展薄膜电池集成应用技术以及逆变器、智能组件等关键技术。加快培育氢能产业，建设燃料电池汽车示范城市群，建设制氢加氢基础设施，推动氢燃料电池电堆国产化，发展成套装备及关键材料配件，打造多渠道、多元化氢能供给体系。加快天然气水合物商业化开采和产业化应用，优化省内天然气基础设施布局，提升天然气接收和储备能力。支持发展智能电网及微电网基础装备、电力专用芯片、智能传感、电力机器人、输变配工程集成、储能及智慧能源系统等产业。

七、激光与增材制造产业集群

围绕光纤激光器和半导体激光器生产、增材制造装备制造等产业重点环节，重点研制大模场光纤、高品质晶体等专用材料，高功率合束器、光纤光栅等核心零部件，半导体激光器、万瓦级工业用光纤激光器等关键器件，数据处理、工艺规划与控制等专用软件，以及精密激光智能装备、增材制造高端装备等重大装备，组织实施省重点领域研发计划重大专项。加快推动激光与增材制造在汽车、模具、核电、船舶等传统产业领域以及新一代信息技术、超高清视频显示、智能机器人、量子信息等新兴产业领域的融合应用。

八、数字创意产业集群

推动数字创意与生产制造、文化教育、旅游会展、生活健康等各领域的融合渗透，鼓励跨行业跨领域合作。巩固提升移动游戏、客户端游戏、游戏游艺设备制造等游戏产业优势，大力发展超休闲游戏、功能性游戏，加快布局云游戏市场。重点培育国产动漫，发展全年龄向动漫产品，促进视频平台与动漫产业链深度融合。支持电竞、直播、短视频产业创新发展，推动网络文学、影音、资讯等数字内容精品化发展。提升创新设计能力，围绕电子信息、家电、服装、玩具等行业加快发展工业设计，深化建筑、景观、市政等工程设计领域交流合作。

九、安全应急与环保产业集群

重点推进监测预警技术装备、应急处置救援技术装备等安全应急关键技术装备提升，提高安全应急服务水平，创新安全应急技术和服务模式。聚焦自然灾害、事故灾难、公共卫生、社会安全等四类突发事件预防和应急处置需求，提升安全应急产品的供给能力，完善安全应急物资实物储备、社会储备、产能储备、技术储备，构建立足广东、面向全国的安全应急物资生产保供体系。重点发展高效节能、环境保护监测及环保治理、资源综合利用等技术装备。聚焦重点行业领域，支持开发节能环保产品、设备及相关技术服务，推动绿色石化、先进材料等重点行业绿色低碳升级。畅通重点产业资源循环利用，持续推动汽车、家电、消费电子产品更新换代，支持符合条件的相关行业领域生产企业，通过自建、联合和委托等方式开展回收拆解业务。

十、精密仪器设备产业集群

巩固提升示波器、监护仪、血细胞分析仪、功率分析仪、基因测序仪、质谱仪等优势产品的国际领先水平。重点推动工业自动化测控仪器与系统、大型精密科学测试分析仪器、高端信息计测与电测仪器等领域技术研发与产业化应用。支持新型传感技术、智能化技术、计量测量技术、功能安全控制技术等共性核心技术研究与产业化应用，打造贯穿创新链、产业链的创新生态系统。

第三节　空间布局

一、半导体与集成电路产业集群

以广州、深圳、珠海等地为核心，形成两千亿级芯片设计产业集群，做强广州、深圳特色工艺制造，加快深圳、珠海、东莞等地第三代半导体发展。建成具有国际影响力的半导体与集成电路产业集聚区。

二、高端装备制造产业集群

将广州、深圳、珠海、佛山、东莞、中山、江门、阳江等地打造成为主导产业突出的全国高端装备制造重要基地。

三、智能机器人产业集群

支持广州、深圳等地市开展机器人研发创新，珠海、佛山、东莞、中山等地市建设机器人生产基地，其他各地市做好产业配套。

四、区块链与量子信息产业集群

在广州、深圳、珠海、佛山、东莞等地打造全国领先的产业集聚区、创新引领区、应用先行区，推动区块链技术和产业发展走在全国前列。

五、前沿新材料产业集群

在广州、深圳、珠海、佛山、韶关、东莞、湛江、清远、潮州等地打造各具特色的前沿新材料产业集聚区，巩固综合实力全国前列地位，在若干领域引领全国发展。

六、新能源产业集群

建设沿海新能源产业带，重点打造阳江海上风电全产业链基地，建设珠三角太阳能制造业集聚区，培育广州、深圳、佛山、湛江、茂名、云浮等地市氢能产业基地，形成国内领先、世界一流的新能源产业集群。

七、激光与增材制造产业集群

打造以广州、深圳为核心，珠海、佛山、惠州、东莞、中山、江门等地各具特色的产业集聚区。

八、数字创意产业集群

形成以广州、深圳为核心引擎，珠海、汕头、佛山、东莞、中山等地特色集聚的“双核多点”发展格局，打造全球数字创意产业高地。

九、安全应急与环保产业集群

在珠三角地区形成以技术研发和总部基地为核心的产业聚集带，在粤东粤西粤北地区形成以安全应急装备制造和资源综合利用为特色的产业聚集带，建成国内先进的产业集群。

十、精密仪器设备产业集群

以珠三角为核心重点发展中高端产品，辐射带动粤东、粤北错位有序发展，形成高中低端互补的区域协同发展布局。

广东十大战略性新兴产业布局如表4–1所示。

表4-1　广东十大战略性新兴产业布局

产业集群	珠三角地区									沿海经济带东翼				沿海经济带西翼			北部生态发展区					有布局该集群的地市数量/个
	广州	深圳	珠海	佛山	东莞	惠州	中山	江门	肇庆	汕头	汕尾	揭阳	潮州	湛江	茂名	阳江	韶关	梅州	河源	清远	云浮	
半导体与集成电路	★★★	★★★	★★★	★★	★★	★	★	★★	★		★								★			11
高端装备制造	★★★	★★★	★★★	★★	★★	★	★★	★★★	★	★★★	★	★		★		★★	★★					15
智能机器人	★★★	★★★	★★	★★★	★★	★	★★	★★★	★	★		★	★	★								13
区块链与量子信息	★★★	★★★	★★	★★	★★		★	★	★													8
前沿新材料	★★★	★★★	★★★	★★★	★★★	★★		★★	★★	★★			★	★★		★★	★★	★	★	★★		16
新能源	★★★	★★★	★★	★★★	★★★	★★	★★	★★		★★	★	★		★★★		★★★					★	14
激光与增材制造	★★★	★★★	★★	★★	★★	★	★★	★★★		★		★	★			★			★			13
数字创意	★★★	★★★	★★	★★	★★		★	★		★★												8
安全应急与环保	★★★	★★★	★★	★★★	★★	★	★	★★★	★	★★	★		★	★	★		★★	★	★	★★		18
精密仪器设备	★★★	★★★	★★★	★★★	★★	★★	★★	★★	★★	★★			★	★	★		★★	★	★★	★	★	18
各地市布局的战略性新兴产业集群数量/个	10	10	10	10	10	8	9	10	7	8	4	4	5	6	2	4	4	3	5	3	2	

资料来源：《广东省制造业高质量发展“十四五”规划》。

注：产业集群区域布局的重要程度用★的数量表示，其中★★★表示核心城市，★★表示重点城市，★表示一般城市；未标星的地市可以结合自身实际谋划发展。

第四节　对策建议

一、围绕产业链部署创新链，勇当科技创新策源地

一是全面增强原始创新策源能力。强化原始创新和基础研究，抢占产业链、创新链顶端尖端，形成硬核技术引领、前沿技术萌发培育的原始创新格局。强化需求牵引、市场导向的应用创新，围绕产业链部署创新链，对接国家重点项目平台资源，大力实施广东“强芯行动”和“铸魂工程”，突破一批产业链关键环节的核心技术。强化“由智变金”，以成果转化为创新关键，加快先进技术落地转化。探索科技创新新型举国体制的“广东路径”，全力打造世界一流的硬科技创新高地。加强粤港澳产学研协同发展，加快建设粤港澳大湾区国家技术创新中心，布局一批具有全球影响力的重大科技基础设施，创建一批国家级、省级制造业创新中心、企业技术中心等产业创新平台。围绕新技术、新业态、新模式、新场景，完善“众创空间—孵化器—加速器—科技园”全链条孵化育成体系。

二是着力强化企业自主创新主体地位。围绕重点产业链，培育领航型“链主”企业。推动“链主”企业和大型企业强化创新引擎功能，成为国家建设自主可控产业链的领航者。推动中型企业跨越“中等规模陷阱”，成为战略性产业集群建设的中坚力量。鼓励中型企业设立企业研究院等新型研发机构，落实研发费用加计扣除等惠企政策，以企业创新积分制为抓手，支持中型企业加大R&D经费投入。推动中小企业向专精特新方向发展，成为产业生态系统建设的基础支撑。建立高成长企业榜单定期发布机制，通过第三方定期发布，引导金融资本、社会资源支持瞪羚企业和独角兽企业发展，巩固壮大一批具有行业引领地位的创新型企业。推动各类创新要素加速向企业集聚，加快建立以企业为主体、市场为导向、政产学研用深度融合的原始创新和自主创新体系，支持大中小企业与各类创新主体融通创新，让企业真正成

为技术创新决策、研发投入、科研组织和成果转化的主体。

三是构建合作共赢的开放创新网络。充分发挥粤港澳大湾区建设的独特优势，全面推进粤港澳三地制造业创新合作，完善粤港澳创新要素自由流通机制，支持港澳企业在粤设立研发机构，吸引港澳地区高水平创新人才落户。坚持“引进来”和“走出去”并重，更好利用国内国际两个市场、两种资源，发掘广东战略性新兴产业融入全球创新网络的新模式、新路径、新机制，优化开放合作环境，汇聚和运用全球创新资源，搭建多主体、多层次、多类型对外科技合作交流网络，推动更深层次、更宽领域、更大力度的全方位高水平开放合作创新。坚持协同联动，打造开放共赢的合作模式，制定高效精准的全球引才政策，建设世界顶尖科学家社区，形成对全球高层次人才的“磁吸效应”。支持知名国际科技组织、国际科研机构在开发区设立分支机构。支持外国投资者在开发区设立研发中心，引导外资更多投向高端、智能、绿色等重点产业，鼓励外资企业与本地研发机构组建研发联盟或联合研发机构。

四是打造富有活力的创新创业生态体系。引导企业创新主体、新型平台、新型研发机构等创新科技力量集聚发展，推动多元主体参与生态共治，充分释放创新主体活力，构建活力四射和创造无限的创新创业生态体系。发挥创新战略集群集聚优势，支持设施关键技术研究、实验技术和实验仪器设备研发，推动设施开放共享，组建创新平台联盟，定期组织非正式交流活动，有力促进创新知识共享和知识溢出。推动现有创新创业孵化载体的管理升级、软硬件升级、模式升级、主体升级，创建一批国家级、省市级众创空间、科技企业孵化器和“双创”示范基地。引进培育高水平科技孵化专业化运营服务机构，构建“交流平台+投融资平台+瞪羚计划”加速体系。持续打造广东“创新创业乐土”品牌，构建国内乃至国际最具活力的全链条创新孵化体系。

二、围绕创新链布局产业链，勇当新兴产业集聚区

一是促进战略性新兴产业集中布局和集聚发展。推动战略性新兴产业

前沿技术研发和产业化集中布局，引导与前沿技术相关的重大生产力和重大科学装置集中布局，以发挥更大规模效应。引导战略性新兴产业相关企业、相关机构和组织实现空间集聚，在全省形成区域间错位和内部关联的产业分工格局。落实省战略性产业集群联动协调推进机制，创新集群治理模式，推动集群内部协同创新，完善集群发展公共服务体系，培育发展产业集群发展促进组织和战略咨询支撑机构。实施集群产业链供应链安全可靠工程，引导十大战略性新兴产业集群加快补齐产业链短板，着力固链强链延链补链，提升本地产业链配套能力，构建必要的备份系统，稳步提高技术自给率和安全性。

二是推动制造业与服务业深度融合。推动先进制造业与现代服务业深度融合，支持研发设计、文化创意、电子商务等服务业企业以委托制造、品牌授权等形式向制造环节延伸，加快培育共享制造新模式，有序发展相关金融服务，实现制造与服务全方位、宽领域、深层次融合。加快珠三角工业设计走廊建设，支持打造制造业电子商务平台，着力完善生产性服务业配套，推动科创服务、金融服务、商务咨询与会展、人力资源服务、系统集成、物流与供应链管理等服务业态规模化、专业化发展，向价值链高端延伸。推动制造能力共享，鼓励企业围绕产业集群的共性制造需求，集中配置通用性强、购置成本高的生产设备，建设提供分时、计件、按价值计价等灵活服务的共享制造工厂，实现资源高效利用和价值共享。推动创新能力共享，围绕中小企业、创业企业灵活多样、低成本的创新需求，推动龙头企业、创新平台整合分散闲置的创新资源，实现社会多元化智力资源的产品设计与开发能力共享，扩展科研仪器设备与实验能力共享，探索实现对需求方的弹性匹配、动态共享。

三是破除产业集群内部循环障碍。充分发挥市场的基础配置作用，破除市场准入和市场退出障碍，鼓励不同类型的市场主体平等进入市场参与竞争。进一步降低制度性交易成本，营造一流营商环境。更好地发挥有为政府作用，通过推动产业联盟建设、打造产业社区等多种形式搭建平台，促进企业家、科学家、专家常联动多交流，推动产业集群社会资本积累，促进产业链、创新链、资金链、人才链互动融合，增强产业集群的内在关联和外部性竞争优势，推动产业集群生态系统升级进化。充分发挥企业家在创新资源配置和产业链建设中的主体作用。常态化组织企业家赴名校名企开展国际先进知识体系培训、赴海内外开展学习考察活动，建立科技型企业家培养体系。依托企业、基层商会、行业协会，常态化、主题化举办企业家沙龙，搭建本省企业家与政府领导、经济专家、知名企业家面对面互动交流的平台。

三、紧扣创新链完善资金链，打造现代金融“蓄水池”

一是促进科技与金融深度融合。围绕科技型企业全生命周期、科技创新规律，创新体制机制，构建以风投创投、资本市场、投贷联动、知识产权金融为主的新型金融服务体系，增强金融服务实体经济能力。加大对战略性新兴产业种子期、初创期企业的支持力度，强化天使投资引导基金、创业投资引导基金作用，优化基金运作模式。完善科创板上市企业的储备库建设，推动更多战略性新兴产业企业在科创板上市，并加强对拟上市企业的指导与支持，建立企业上市有关事项办理绿色通道。建立完善科技创业投资风险补偿、财政激励支持机制，构建多层次、多渠道的科技创业投资体系，引导各类资本积极投资初创期科技企业和科技成果转化项目。

二是建立多元化融资渠道。积极对接多层次资本市场，完善融资工具组合，结合利率及市场波动，把直接融资与间接融资形成合理搭配，提升资金使用效率。鼓励金融机构创新开发适应战略性新兴产业特点的金融产品和服务，加大对产业链核心企业的支持力度，优化产业链上下游企业金融服务，完善内部考核和风险控制机制。加强金融机构与相关监管部门的合作，积极推动银企战略合作，推动企业积极探索产业基金、应收账款保理、项目融资等多种融资方式。加大对战略性新兴产业企业科创板上市、发行债券的支持力度。突出私募股权基金作为创新资本的战略作用，积极拓宽资金来源，畅通“募、投、管、退”各环节，鼓励“投早、投小、投科技”。支持长期资本、风险资本进入私募股权基金，发挥国有资本引领作用，鼓励社会资本设立私募股权二级市场基金，主要投资硬科技、高端装备制造等领域的股权投资、创业投资基金份额。

三是牢牢守住金融安全底线。推动防范化解金融风险工作转入常态化阶段，增强忧患意识、底线思维，着力消存量、遏增量、防变量，真正把风险隐患防范在未发之时、化解在成灾之前，坚决守住不发生系统性区域性金融风险底线。健全金融风险预防、预警、处置、问责制度体系。督促金融企业切实履行风险防控主体责任，建立健全应急处置机制。压实金融管理部门监管责任，加快建设金融风险监测预警平台，提升金融风险防控信息化水平。落实地方政府防范处置金融风险属地责任，建立地方党政主要领导负责的财政金融风险处置机制。推动金融领域风险研判、决策风险评估、风险防控协同、风险防控责任“四项机制”落地落实，以风险防控实战为导向，全面融入地方金融监管和风险处置各项工作，形成及时发现、准确研判、有效防控、责权明晰的风险防控体系。提高金融突发事件应急处置能力，加强信息整合共享，推动各金融管理部门与属地政府协同联动，提升风险防控一体化水平。

四、聚焦产业链激活人才链，打造全球人才新高点

一是以全球视野集聚高素质人才。大力引进高层次国际化人才与提高存量人才国际化水平相结合，打造国际化人才集聚地。引育一批素质过硬的重大科技基础设施建设人才，培养一批既懂技术又懂市场的科技成果转移转化人才，集聚一批具有创新创业精神的产业人才，为广东战略性新兴产业融合集群发展提供强有力的人才保证。引进以战略科学家为引领的高层次人才。实施战略科学家合伙人计划，围绕人工智能、大数据、5G、生物医药等领域，梳理建立领军人才库，重点筛选出能够突破关键技术的学科带头人、科技领军人才、青年科技人才。探索“科学家+企业家”发展模式，开展培育科学企业家计划，培育一批既懂科学技术又懂经营管理的科学企业家。培育以精工巧匠为代表的高技能人才。支持省内骨干企业等与高等学校共建共管现代产业学院，培养高技能人才。

二是创新人才体制机制。遵循规律积极为人才松绑，突出实绩完善人

才评价体系，加快构建具有全球竞争力的人才制度体系。鼓励国内外各类人才采取柔性流动的方式，来广东从事兼职、咨询、讲学、短期聘用、技术合作、技术入股和投资兴办企业。建立人才驿站制度，在孵化器、加速器等人才聚集区域设立人才引进集体户，放宽社区集体户、公共服务机构集体户的条件限制，为愿到科学城就业创业，但尚未落实落户单位或对档案、户籍、社保等有特殊要求的人才提供落户服务。探索“人才飞地”引才模式，在粤港澳大湾区内开展产业及创新合作，柔性引进人才。构建充分体现知识、技术等创新要素价值的收入分配机制，落实高层次人才工资分配激励政策，鼓励事业单位对高层次人才实行年薪制、协议工资制、项目工资等灵活多样的分配形式。开展赋予科研人员职务科技成果所有权或长期使用权改革试点。

三是以用户思维优化人才生态。提升政府人才公共服务效能，发挥用人单位主体作用，促进人才服务精准化、个性化，充分调动各类人才的积极性和创造性。深化人才创新创业全周期“一件事”改革，整合各级各部门人才服务事项，围绕人才引进、项目申报、政策兑现、生活保障、助力赋能、管理考核等创新创业服务链，重塑业务流程，为人才发展提供全生命周期、全方位服务。大力建设集引进人才、服务人才、赋能人才、引领人才等功能于一体的人才创新创业服务综合体，建立人才诉求“一窗受理”、人才服务“一站供给”、人才发展“一帮到底”的服务闭环，打造展示形象、引进人才的重要门户，服务人才、成就人才的重要平台，团结人才、凝聚人才的重要阵地。积极为外籍人才落实教育、医疗、社保等方面国民待遇。在各类国际性活动、论坛融入人才元素，嵌入人才内容，体现人才导向。

五、优化产业发展软硬环境，构建国际一流产业生态

一是全面提升战略性新兴产业发展的软环境。聚焦科技企业发展的需求，积极探索更多突破性、引领性政策制度创新，打造有利于创新迸发的营商环境，形成更具国际竞争力的创新环境。对接国际高标准营商环境评价体系和市场规则体系，营造世界一流的制造业发展环境。着力优化企业服务和监管，加快构建专业化、国际化企业服务机构，积极推行企业服务过程全透

明、企业情况全知晓、企业诉求全跟踪。塑造崇尚科学的独特精神，弘扬新时代的科学家精神，形成尊重知识、崇尚创新、尊重人才、热爱科学、献身科学的浓厚氛围。邀请国内外科学大师与人文大师开展对话，打造充满科学精神和人文情怀的广东。培育开放包容的创新文化，以吸引人才、激励人才、成就人才为导向，着力塑造自主探索、开放包容的创新文化。形成海纳百川的开放氛围，赋予科研人员更大的研究自主权，探索对前沿基础领域建立长期稳定支持机制，鼓励科技工作者围绕自己专注的方向开展长期研究。倡导敢为人先、勇于探索、宽容失败的文化特质，建立以市场化为主导的科研利益风险分担机制，落实科技创新容错免责政策。优化科技企业注销制度，鼓励支持创业失败的企业家和创业团队再出发。

二是着力强化战略性新兴产业发展的硬环境。提升公共服务和城市空间的品质，建立多元化住房体系。注重提升住宅品质，为各类创新人才提供多样化的居住选择。提供高品质国际社区、科学家社区、人才公寓、创业社区、公共租赁住房等租购并举、租售衔接的住房保障服务。推动各市划设工业用地控制线，充分保障制造业发展空间，全面推动土地资源节约集约利用，鼓励工业用地连片收储开发，推进珠三角村镇工业集聚区升级改造。加快推进建设第五代移动通信、工业互联网、大数据中心和智能计算中心等信息基础设施，以及人工智能、区块链等通用技术能力支撑体系，形成“创新能力+先进算力+通用技术能力”的创新基础设施集群体系。

六、对接产业发展趋势动态，强化需求牵引与市场导向

一是面向市场需求创新场景开放模式。围绕城市、产业和民生需求，围绕市场导向梳理战略性新兴产业市场主体在技术验证、市场验证和模式验证方面所需的场景体系，系统研究各类场景在战略性新兴产业发展中的作用和工作机理，将城市发展需求明确为可感知、可视化、可参与的场景机会清单，并建立常态化的场景清单发布机制，通过“揭榜挂帅”机制激发关键技术创新活力，解决“卡脖子”技术难题。通过建立“场景创新实验室”加快推动新技术、新模式、新业态的市场化应用，以行业示范应用带动十大战略

性新兴产业的产业链、业务链、创新链融合发展，推动省内龙头企业、央企国企开放场景，与创新主体开展联合创新。

二是构建“新场景布局—新赛道形成—新物种企业集聚”机制。基于活跃的创新创业生态，搭建多元化应用场景，培育新物种企业，关注并尊重创业者、投资人和产业组织者的选择，满足新赛道对全新行业规则的迫切需求，并顺势而为抢先布局新赛道，进而引领新兴产业发展，这是培育新兴产业的新逻辑、新理念，也是广东推进战略性新兴产业融合集群发展的重要路径。要加强认知驱动，尊重市场规律的新逻辑、新理念，吸纳科学家、创业者、社会投资人、民间智库等多元力量参与场景赛道选择，发现新场景新赛道、评估新场景新赛道，依托智库对新场景新赛道进行未来研究，提升对新场景新赛道的敏感性和判断力。搭建多元化应用场景，通过设立场景实验室、建设场景创新促进中心，加速实现新赛道中新技术、新产品、新模式的商业化应用，进而快速实现垂直领域的市场拓展。

三是探索引领新场景新赛道相关的制度创新体系。尊重创业者、投资人和产业组织者的选择，满足新场景新赛道对新制度和新治理的要求，进行跟进式选择并顺势而为抢先布局新赛道，建立与新赛道发展相匹配的新经济制度及多元共治模式，打造市场有效、政府有为、企业有利、协同高效的发展环境。

行业篇

第五章

广东新能源汽车产业集群发展研究*

近年来，随着全球能源格局的深刻变革和环境问题的日益严峻，新能源汽车产业已成为全球汽车产业转型升级的重要方向。筚路蓝缕，十年耕耘，在产业链布局、技术创新、政策扶持等方面，我国新能源汽车产业跑出了“加速度”，已初具国际竞争力。其中，广东作为我国经济大省和汽车产业强省，在新能源汽车产业发展方面业已形成了国内领先、国际追赶的行业地位，具备规模优势。

在产业体系方面，广东新能源汽车产业链条完整，涵盖整车制造、动力电池、电机电控、充电设施等各个环节。其中，整车制造是产业链的核心环节，聚集了比亚迪、广汽埃安、小鹏汽车等一批具有较强竞争力的龙头企业。动力电池产业发展迅猛，已形成了以宁德时代、比亚迪、亿纬锂能等为代表的电池产业集群。电机电控产业也在快速发展，涌现出了汇川联合动力等一批优秀企业。充电设施产业规模不断扩大，已建成充电桩超过100万个。

在空间布局方面，广东新能源汽车产业较为均衡，珠三角、粤西、粤北等地区均形成了产业集聚。其中，珠三角地区是广东新能源汽车产业发展的主阵地，聚集了大部分的整车制造企业和零部件企业。粤西地区拥有丰富的锂矿资源，成为动力电池产业发展的重要基地。粤北地区则以新能源汽车整车制造为主。

本章将基于国际国内双重视角，介绍中国和广东新能源汽车产业的发展现状、产业链结构、空间布局、市场结构、市场绩效以及发展趋势等。

新能源汽车，广义上是指采用新型动力系统，完全或主要依靠新型能源

---

* 本章第一执笔人为暨南大学产业经济研究院李鑫铭。

驱动的汽车，包括纯电动汽车（BEV）、插电式混合动力汽车（PHEV）、燃料电池汽车（FCEV）以及其他新能源汽车等各类别产品。狭义上，我国着力发展的是以电为替代能源的纯电动汽车和混合动力汽车，因此本章新能源汽车主要指电动汽车。目前，我国新能源汽车产业已形成从上游关键原材料，到中游核心零部件，再到下游整车制造的完整产业链（见图5-1）。在新能源汽车的内部构件中，电池、电机和电控（简称“三电系统”）构成了新能源汽车的动力总成系统。在纯电动汽车中，“三电系统”约占整车材料成本的50%。其中，电池是“三电系统”中最核心的部件，约占“三电系统”成本的76%，电机约占13%，电控约占11%。。

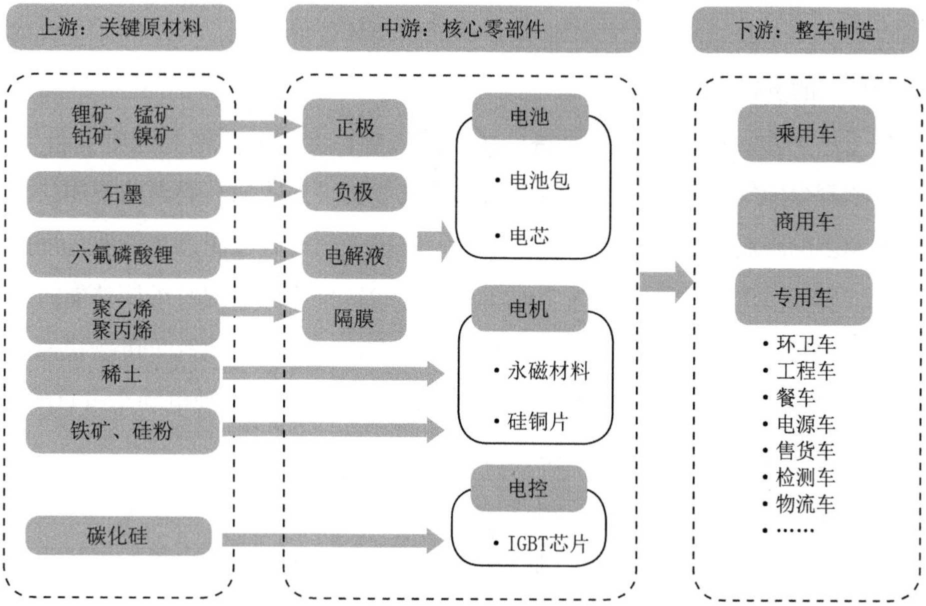

图5-1　新能源汽车产业链构成

第一节　新能源汽车产业发展环境

一、新能源汽车产业宏观环境

广东新能源汽车产业政策扶持力度大，产业基础雄厚，市场需求巨大，以科技创新为驱动，产业链完整，国际合作广泛，已经形成“产业景气度高涨、初具国际竞争力、政策驱动转向市场驱动”的保护屏障，为我国新能源汽车产业的发展奠定了基础。随着新能源汽车技术进步，成本下降，基础设施完善，广东新能源汽车产业将迎来更加广阔的发展空间，为经济社会发展作出更大的贡献。

（一）国际环境：行业具备持续高景气度，全球能源格局深刻变革

随着全球气候变化和环境污染问题日益严峻，传统化石燃料的使用受到越来越多的限制，“碳中和”“碳达峰”奠定了全球新能源汽车产业长期的高景气度，清洁能源正在成为全球能源发展的新趋势。各国纷纷调整能源战略，加大对新能源的开发和利用力度。近年来，全球新能源汽车市场快速增长，2024年1～6月全球新能源汽车销量达到739万辆，其中纯电动车占11%、插电混动占5.8%、混合动力占6.3%，油电混动的占比提升。

全球新能源汽车市场发展不均衡，主要集中在欧洲、北美和中国三大市场。欧洲是全球新能源汽车市场发展较成熟的地区，北美市场发展势头迅猛，中国是全球最大的新能源汽车市场。

（二）竞争环境：欧美车企优势明显，中国依托规模优势及市场优势蓄势待发

欧美车企在新能源汽车领域拥有较强的技术实力和品牌优势，在全球市场占据领先地位。特斯拉是全球新能源汽车市场的领军者，其产品性能和品牌吸引力都处于领先水平。大众、通用、福特等传统车企也纷纷加大在新能源汽车领域的投入，推出了一系列具有竞争力的产品。

销售规模和电动化领先是我国乃至广东新能源汽车产业竞争力增强的重要因素，但我国目前仍存在很多软肋和瓶颈，比如缺乏高端芯片、自动驾驶等关键核心技术，因此绝不能低估发达国家老牌汽车企业和新锐汽车企业特斯拉的实力。

1.中国新能源汽车产业竞争优劣势

中国拥有全球最大的汽车市场，也是全球最大的新能源汽车市场，市场规模为产业发展提供了广阔的空间。2024年1～7月，中国新能源汽车销量达到593.4万辆，占全球的份额超过64.5%。纵向上，我国新能源汽车产业虽然在市场规模与增速上具备优势，但海外市场开拓不足；中国新能源汽车国内市场渗透率较低，说明市场仍未饱和。横向上，我国在产业链建设、电池技术等方面具有优势，但在芯片技术、高端品牌建设等方面仍存在不足（见表5–1）。

表5–1　国内外新能源汽车产业发展概况比较

比较层次	中国发展概况	欧美国家和地区发展概况
市场规模	2024年1～7月，中国新能源汽车销量达到593.4万辆，占全球的份额超过64.5%，连续9年保持全球第一	欧洲的购车优惠促进销量提升；美国新能源汽车销量增速提升，发展空间大
渗透率	2024年7月，新能源汽车国内零售渗透率达到了51.1%，较2023年同期提升15个百分点，比国家计划提前了11年	欧洲市场累计新能源汽车渗透率逐步上升，美国渗透率较低
全球布局	比亚迪、广汽埃安、长城、上汽集团、吉利等中国车企在新能源汽车市场表现强势，销量快速增长，但90%的市场在国内，全球布局能力较弱	特斯拉、大众、通用、福特等车企持续加大新能源汽车研发投入，推出了多款具有竞争力的产品
技术水平	动力电池、关键材料等方面达到全球领先水平，车规级芯片等技术短板突出	动力电池技术相对落后，但在发动机与控制系统、高端变速箱、芯片等领域优势明显
产业链	具有较强优势，在动力电池、电机电控等关键零部件领域拥有较强竞争力	欧洲有传统燃油车制造优势和技术优势，产业链配套相对完善；美国主要产业链配套在海外

续表

比较层次	中国发展概况	欧美国家和地区发展概况
自主品牌	比亚迪、广汽埃安、长城、上汽集团、吉利等中国车企在新能源汽车市场表现强势，销量快速增长，品牌影响力不断提升。2024年自主品牌乘用车零售销量累计份额为57%，相比2023年同期增加7.2个百分点。相较于特斯拉等国际品牌，高端品牌认知度仍偏低	特斯拉、大众等欧美车企在新能源汽车领域拥有较强实力，但其部分车型仍搭载非自主研发的核心部件

2.广东新能源汽车产业竞争优劣势

广东新能源汽车产业规模庞大，是具有龙头优势的产业聚集地，但“整强零弱”仍是突出问题。纵向上，广东在产业规模、电池技术、电动驱动技术、智能控制技术等方面具有较强的技术实力，这使其在新能源汽车产业中具备技术优势。横向上，比亚迪、小鹏汽车等企业发挥龙头效应，形成了具备国内竞争力的优势产业链集群；产业链比较完整，包括电池制造、电动汽车生产、充电设施建设等各个环节，形成了相对完备的产业生态系统，这为企业提供了良好的发展条件。同时，要注意到新能源汽车产业竞争激烈，广东仍存在 “整强零弱”的劣势。企业需不断提升技术创新能力，加强品牌建设，优化产品性能和降低成本，以保持竞争优势并持续发展。

（三）政策环境：国家战略支撑产业发展，政策扶持转向技术革新

1.国际：新能源汽车产业跃升为国家发展战略

新能源汽车产业已成为不少国家未来发展的重点之一，希望在这一领域取得技术领先优势和市场份额。因此，许多国家都出台了一系列政策来支持新能源汽车产业的发展，包括减税优惠、购车补贴、充电基础设施建设等。德国政府实施电动汽车充电基础设施资助计划，旨在支持电动汽车充电基础设施建设。该计划提供资金补贴，鼓励企业和个人投资建设充电桩和充电站。美国政府实施联邦税收抵免计划，鼓励消费者购买新能源汽车，符合条件的购车者可以获得一定额度的联邦税收抵免，以减轻购车成本。欧盟设定了2030年新能源汽车渗透率达到60%的目标，并为新能源汽车产业发展提供资金支持。

2.中国：宏观战略发挥指引作用，政策市场双层驱动

国家宏观战略布局新能源汽车赛道，从早期研发到市场推广都配套了大量资金。我国在新能源汽车研发方面投入了大量的资金补贴，“863计划”重大专项和“十二五”专项规划均对电动汽车的研发给予了支持。与此同时，市场推广同步进行，2009年政府进行公共服务领域试点工作，开启了财政补贴推动新能源汽车市场化运营的先河。

政策补贴从全局把握，从试点走向全国，从公域走向私域，政策向市场化过渡（见表5–2）。自2015年起，产业补贴标准不断调整，呈现出技术门槛不断提高、补贴额度不断退坡的变化趋势，但仍以财税补贴为主导。如今已从政策驱动转变为政策市场双驱动，2022年底 “国补”彻底退出，未来发展将交给市场。

表5–2　中国新能源汽车产业政策一览

时间	政策名称	政策类型
2009年	《关于开展节能与新能源汽车示范推广试点工作的通知》	推广应用政策
2010年	《关于开展私人购买新能源汽车补贴试点的通知》	推广应用政策
2012年	《节能与新能源汽车产业发展规划（2012—2020年）》	产业战略规划
2014年	《关于加快新能源汽车推广应用的指导意见》	推广应用政策
2015年	《关于2016—2020年新能源汽车推广应用财政支持政策的通知》	推广应用政策
2018年	《关于调整完善新能源汽车推广应用财政补贴政策的通知》	推广应用政策
2019年	《产业结构调整指导目录（2019年本）》	产业战略规划
2020年	《新能源汽车产业发展规划（2021—2035年）》	产业战略规划
2021年	《关于2022年新能源汽车推广应用财政补贴政策的通知》	推广应用政策
2021年	《“十四五”工业绿色发展规划》	产业战略规划
2023年	《中华人民共和国工业产品生产许可证管理条例》	推广应用政策

3.广东：关注产业技术路线，抢占智能化发展高地

广东早在“十一五”时期就开始布局新能源汽车相关技术研发和产业化转化，在“十二五”时期首次将新能源汽车产业纳入广东战略性新兴产业和先进制造业重点产业。随后十余年里，广东就区域新能源汽车技术发展路径、产能建设、产业链建设、领先企业培育等方面陆续出台政策（见表5-3），先后提出要积极推进智能网联汽车发展和新技术路线培育。

表5-3　广东新能源汽车产业政策一览

时间	政策名称	政策类型
2013年	《广东省新能源汽车产业发展规划（2013—2020年）》	产业战略规划
2017年	《广东省战略性新兴产业发展“十三五”规划》	产业战略规划
2018年	《广东省人民政府关于加快新能源汽车产业创新发展的意见》	推广应用政策
2019年	《广东省工业和信息化厅关于进一步完善扶持先进装备制造业发展财政政策措施的通知》	推广应用政策
2020年	《广东省发展汽车战略性支柱产业集群行动计划（2021—2025年）》	产业战略规划
2021年	《广东省国民经济和社会发展第十四个五年规划和2035年远景目标纲要》	产业战略规划
2022年	《广东省加快建设燃料电池汽车示范城市群行动计划（2022—2025年）》	产业战略规划
2023年	《广东省促进新型储能电站发展若干措施》	推广应用政策
2024年	《广东省发展汽车战略性支柱产业集群行动计划（2023—2025年）》	产业战略规划

二、新能源汽车产业市场环境

需求端上，随着消费者满意度的提升，插电式混合动力汽车的市场逐渐被打开，我国新能源车企仍以国内市场为主，但国外市场潜力巨大。供给端上，我国自主品牌影响力持续扩大，产品类型更为丰富。而广东作为我国最

大的新能源汽车聚集地之一，凭借地理区位优势，既可辐射全国市场，又可加强海外布局，市场环境可观。

（一）新能源汽车市场火热，在变局中探求稳与进

伴随城市导航辅助驾驶落地，快充等技术优化扩展使用场景，2026年之前，新能源汽车市场占有率将持续快速突破。2025年中国新能源汽车市场占有率将接近50%，2026年将超过50%，占据汽车市场主导地位。2024年7月，新能源汽车国内零售渗透率达到了51.1%，较2023年同期提升15个百分点，比国家计划提前了11年。而燃油汽车市场份额近两年不断受到冲击，行业从“油比电贵”进入了“油电同价”的阶段。随着比亚迪降价，行业开始呈现“电比油低”的特征，新能源汽车正加速替代传统燃油汽车。此外，中汽信科调查指出，消费者对新能源汽车的购买意愿也在上升。

（二）BEV仍是市场主流，PHEV贡献新动力

纯电动汽车仍占据主导地位，插电式混合动力汽车的占比逐步提升。2022年，纯电动汽车销量增速回落，插电式混合动力汽车增长优势显现。2024年1～7月，我国新能源汽车产销量分别完成591.3万辆和593.4万辆，市场占有率达到36.4%。其中，各动力类型新能源汽车的产销量如表5–4所示。

表5–4　2024年1～7月中国各动力类型新能源汽车产销量对比

动力类型	累计产量/万辆	同比增速	累计销量/万辆	同比增速
其中：纯电动	355.9	8.4%	357.0	10.1%
插电式混合动力	235.1	80.1%	236.1	84.5%
燃料电池	0.3	28.0%	0.3	25.5%

数据来源：中国汽车工业协会。

（三）优质供给加速提升，造车企业步入正轨

传统车企电动化加速，品牌知名度逐步提升。传统车企凭借成熟的造车经验和渠道建设赢得了市场信任，广汽埃安、华为问界、极氪等品牌的汽车交付数量屡创新高。2024年1～7月，国产高端品牌乘用车销量达267.1万辆，

同比增长9%。在新能源乘用车中，受车型品种丰富、新车型大量上市、车型价格下探等因素影响，A00级车销量同比明显下降，其他各级别乘用车销量呈不同程度增长，其中D级车由于同期基数低，销量涨幅最大。销量仍主要集中在A级车和B级车上，分别为185.3万辆和183万辆。

（四）乘用车自主品牌强势提升，出口保持高景气度

2024年1～7月，传统燃料汽车出口255.4万辆，同比增长34.6%。新能源汽车出口70.8万辆，同比增长11.4%。其中，纯电动汽车出口55.4万辆，同比下降4.6%；插电式混合动力汽车出口15.4万辆，同比增长1.8倍。在整车出口前十的企业中，从增速上来看，比亚迪出口23.8万辆，同比增长1.4倍；长城汽车出口24万辆，同比增长58.8%，长安汽车出口32.6万辆，同比增长57.9%。

第二节　新能源汽车产业链SCP范式研究

一、新能源汽车产业发展概况

我国已经具备完整的产业链体系，新能源汽车产业上游的动力电池关键材料均实现国内生产。工业和信息化部表示，我国已建立了结构完整、有机协同的新能源汽车产业链供应链体系，涵盖基础材料、零部件、整车、制造装备等环节，生产供应了全球约70%的正极材料、85%的负极材料、66%的隔膜、62%的电解液以及60%左右的动力电池，为全球汽车产业电动化转型注入了强大动能。

我国在锂电池领域取得了重大突破，成为全球最大的锂电池生产和应用市场之一。广东的一些企业如比亚迪，在电池技术领域具有领先地位，持续推动着电池技术的创新和进步。中游的动力电池、驱动电机可实现国内自主配套，下游的充电桩、换电站等补能基础设施不断跟上。广东孕育出比亚迪、广汽埃安、小鹏汽车等整车龙头企业，以及新宙邦、德方纳米、欣旺达等关键环节的龙头企业。

总体来说，广东乃至全国在新能源汽车产业的发展上都取得了显著成就，技术实力雄厚，市场需求旺盛，政策支持力度大，这些都为未来新能源汽车产业的持续发展奠定了坚实基础。

二、产业链市场结构

上游市场集中度较高，在现有技术路线中，以锂离子动力电池系统为主。中游最核心的是“三电系统”，动力电池龙头企业市场占有率高，电机市场参与者众多，电控的市场集中度持续提升。在下游环节中，我国自主整车品牌占领全球市场，国内竞争较为激烈。

（一）上游关键原材料竞争格局

新能源汽车产业链上游主要包括电池、电机、电控等关键原材料及零部件供应。动力锂电池是一项兼具高成本和高附加值的核心零部件，其成本占整车成本的30%～40%。电池材料主要包括正极材料、负极材料、电解液、隔膜等。其中，正极材料是电池成本最高的材料，占电池成本的20%～30%。

锂矿行业维持寡头竞争格局，矿石资源热度不减，海外龙头企业加快兼并重组进程。2023年，赣锋锂业、智利矿业化工、美国雅保、天华新能、盛新锂能、天齐锂业仍然为全球产能规模最大的前六家企业，六家企业产能规模占到全球的58.3%，寡头竞争格局不改。为整合资源，提高竞争优势，海外龙头企业加快兼并重组进程。2023年，Allkem和Livent宣布合并成立新公司Arcadium Lithium，合并成功后Arcadium Lithium将取代赣锋锂业，成为碳酸锂全球产能第三大企业，并取代天齐锂业，成为全球第六大锂盐生产企业。虽然锂盐价格出现下滑，但矿山资源热度不减，国内企业仍在抢夺四川锂辉石矿山资源。

我国锂矿资源储量较低，对外依存度超过70%。制造动力电池的其他两种主要金属——钴矿和镍矿的对外依存度均高达90%。近年来，我国获取新能源汽车产业关键原材料的难度在加大。一方面，西方国家通过多边平台开展关键矿产资源外交，西方矿业巨头加大力度与我国企业竞争矿产资源。另一方面，锂矿等关键矿产资源丰富的国家不断出台加强审查、投资限制、就地生产等政策，加大了我国企业对上游锂矿的掌控难度。

中国碳酸锂、镍板、硫酸钴价格趋势如图5-2所示。

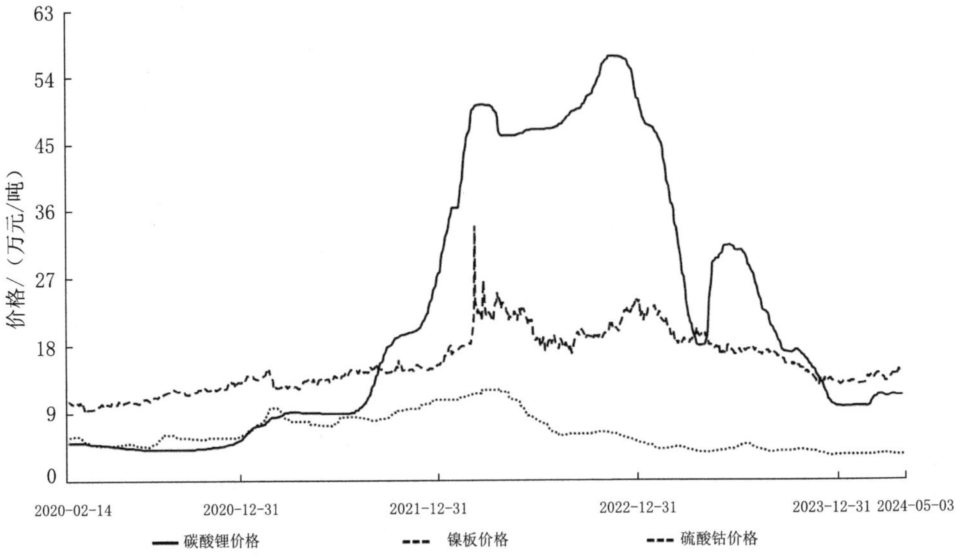

图5-2　中国碳酸锂、镍板、硫酸钴价格趋势

资料来源：Wind。

（二）中游核心零部件竞争格局

1.动力电池

近年来，我国动力电池销量呈现积极增长态势（见图5-3）。2024年1～2月，我国动力电池和其他电池合计销量为94.5GWh，同比增长26.4%。其中，动力电池销量为83.9GWh，占比为88.8%，同比增长31.3%；其他电池销量为10.6GWh，占比为11.2%，同比下降2.3%。

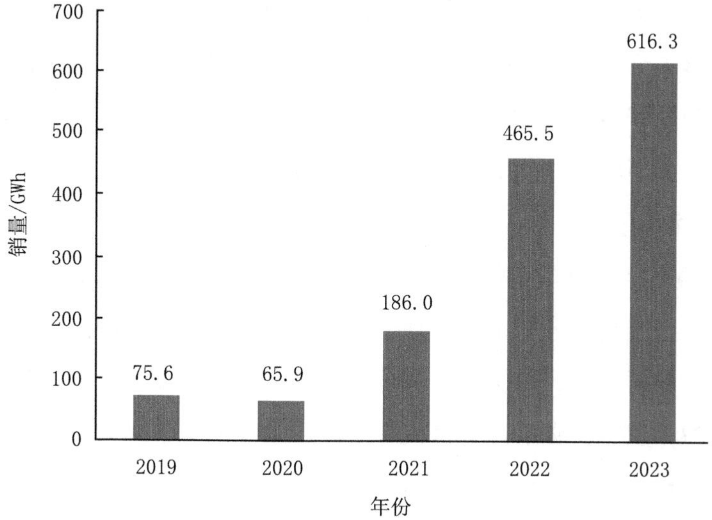

图5-3　2019—2023年中国动力电池销量统计

数据来源：中国汽车动力电池产业创新联盟、中商产业研究院。

2024年1～2月，动力电池前十企业装车量合计48.21GWh，占比为96.81%。其中，宁德时代动力电池装车量最高，达25.77GWh，占比为51.75%。比亚迪、中创新航分别排名第二和第三，动力电池装车量分别为9.16GWh、2.88GWh，占比分别为18.39%、5.79%（见图5-4）。

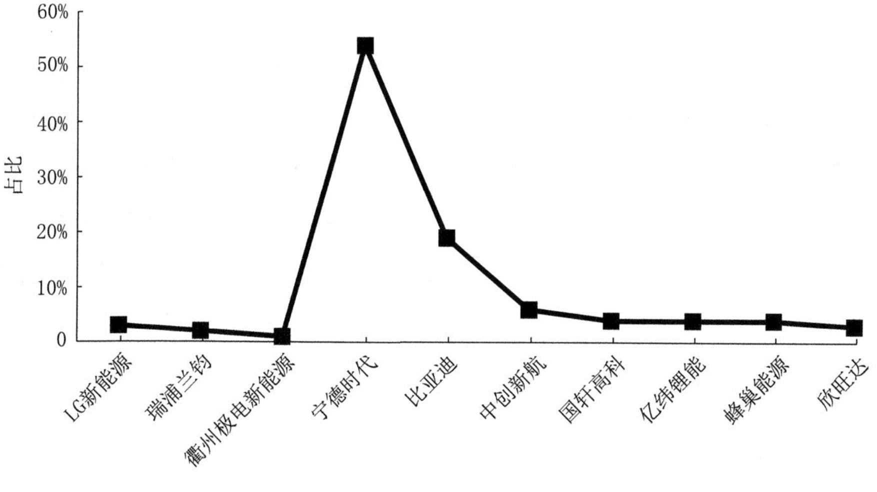

图5-4　2024年1～2月中国动力电池装车量前十企业装车量占比

数据来源：中国汽车动力电池产业创新联盟、中商产业研究院。

动力电池市场格局持续优化，宁德时代稳坐行业龙头位置。从国内市场来看，2024年第一季度宁德时代市场占有率超过50%；第二梯队以比亚迪、中创新航和国轩高科为主，亿纬锂能和蜂巢能源迎头赶上；第三梯队市场占有率较低，差距明显。从全球市场来看，市场份额集中在头部企业，宁德时代稳坐全球第一。

得益于原材料成本整体下行，2023年动力电池企业整体盈利表现相对稳定。从产业链利润分配来看，动力电池利润占整个新能源汽车产业链的比重较2022年有所提升，但企业之间分化较为明显，头部企业的优势进一步扩大。自2023年以来，碳酸锂价格大幅波动，呈现明显下降趋势。同时，锂电池上游其他环节亦由于供需错配出现价格下行。综合作用下，锂电企业成本持续优化，其中头部企业凭借显著的技术优势和规模优势，在2023年取得了不错的业绩。

2.驱动电机和电控

全球驱动电机行业集中度高，形成寡头垄断的市场格局。比亚迪和特斯拉依靠整车销售优势，持续扩大市场份额。2024年1～6月，新能源乘用车驱动电机装机量超过480万套。从配套格局来看，车企自研趋势明显，弗迪动力、特斯拉、蜂巢易创、蔚来动力科技等车企控股企业的合计市场份额超过50%；在电控top10中，有弗迪动力、特斯拉等车企控股企业。

从供应格局来看，主机厂在动力电池供应上暂未掌握绝对主导权之际，试图从PACK（电池包）、BMS（电池管理系统）等部件上进行把控，这不失为一种较好的策略。2024年1～2月新能源汽车BMS、PACK装机量top10企业如图5-5、图5-6所示。2024年1～6月，新能源乘用车PACK装机量超过403万套，其中top10榜单中车企自制份额超过50%；BMS配套目前仍相对依靠电池厂或从第三方采购，车企也正在加强BMS自主创新能力，其中top10榜单中车企自制份额接近50%。

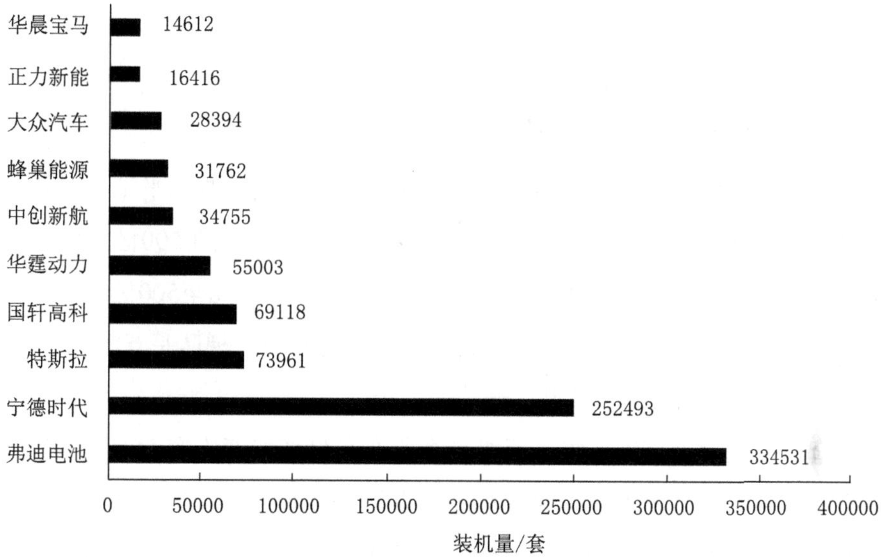

图5-5　2024年1～2月新能源汽车BMS装机量top10企业

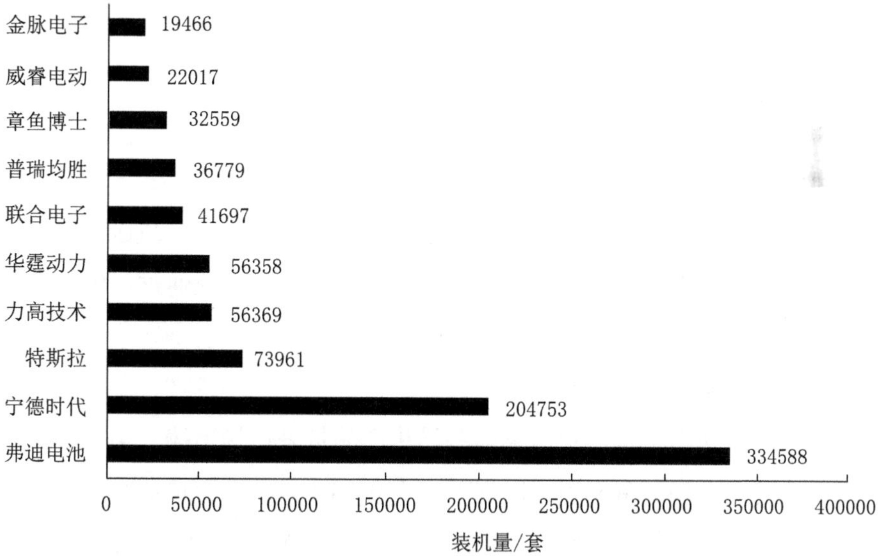

图5-6　2024年1～2月新能源汽车PACK装机量top10企业

在IGBT模块[①]中，市场主要参与者为国外芯片巨头，包括英飞凌、意法

① IGBT模块是电机控制器的发展关键，是逆变器最核心的部件，占电机控制器成本的37%左右，是汽车动力系统的“心脏”。

半导体等企业，但2022年上半年，比亚迪半导体、斯达半导体、中车时代等国内供应商成为国内汽车主要供应商。

（三）下游整车竞争格局

中国品牌崛起，占领全球新能源汽车市场。根据营收水平来看，我国新能源汽车行业竞争主要分为三大梯队：第一梯队是营收在500亿元以上的企业，包括比亚迪、上汽集团；第二梯队是营收在100亿元至500亿元之间的企业，包括蔚来、广汽集团、理想、吉利、华为等；第三梯队是营收在100亿元以下的企业，包括长安、长城、奇瑞等。

值得关注的是，近年来，手机系企业在布局新能源汽车方面具有较大的优势，主要原因是当下新能源汽车已不再是只装有锂电池的或其他新型动力来源的汽车，而是集新能源与智能化于一体的新能源智能汽车。因此，手机系企业纷纷依托自身的智能化水平开始布局新能源智能汽车市场，进入方式主要是跟传统车企合资设立新能源智能汽车品牌。

三、产业链市场行为

市场参与者通过产能扩张、定价、研发等行为，以期提升市场份额，获得超额利润。部分企业面对旺盛的市场需求，不断进行产品迭代、横向兼并、产能扩张，以实现盈利和提升市场占有率；也有企业通过一体化扩张、专注技术创新等行为获得成本优势和技术优势。

（一）产品差异化

整车产品切实结合用户需求，差异化产品带来市场追捧。例如，微型车和低速电动车市场竞争激烈，以五菱宏光MINI EV、奇瑞QQ冰激凌、长安奔奔E-Star等为代表的经济型新能源汽车价格低廉，配置实用，主要满足基本出行需求；A级轿车和SUV市场是新能源汽车的主力市场，竞争最为激烈，自主品牌和合资品牌都有优势车型，以价格适中、配置均衡、兼顾性价比的比亚迪秦PLUS EV、小鹏P5、广汽埃安AION S为代表；价格较高、配置丰富、性能强劲、注重品质与体验的中高端车型和价格昂贵、配置顶级、性能卓越的豪华级车型则分别以特斯拉Model 3、蔚来ES6、小鹏P7和特斯拉Model S、保时捷Taycan、奥迪e-tron为代表。

随着技术进步和规模效应提升，新能源汽车价格持续下降，将有更多的消费者能够享受新能源汽车带来的便利，并且产品不断升级，在性能、配置、续航里程等方面取得突破，为消费者提供更加优质的体验。

（二）产能扩张

国内对新能源汽车需求的增长，得益于生产的规模化和自动化、供应链的精细化，以及要素市场和终端产品市场的激烈竞争对成本和价格的压低。与传统制造商相比，中国新能源汽车制造商向市场交付的汽车价格要便宜30%～50%。自2021年以来，各公司融资规模屡创新高，支撑行业大规模产能扩张。

2016—2024年中国新能源汽车产量如图5-7所示。综合各方面分析和研判，中国的新能源汽车产能发展空间尚存。2024年第一季度，中国新能源汽车的产销量分别同比增长了28.2%和31.8%，市场占有率达到了31.1%，市场持续扩大，呈现“三分天下有其一”的态势。2024年4月，中国新能源乘用车市场批发、零售渗透率双双超过50%，首次超过燃油车。这是继2023年我国新能源汽车出口销量超过日本位居世界第一、自主品牌汽车市场占有率超过合资品牌两大突破之后的又一个里程碑。同时，国际能源署（IEA）的测算显示，要实现碳中和目标，全球新能源汽车销售量到2030年需要达到约4500万辆，这一数字是2022年的4.5倍。这意味着全球对新能源汽车的需求将会大幅增长，而当前的产能还远远不能满足市场需求。

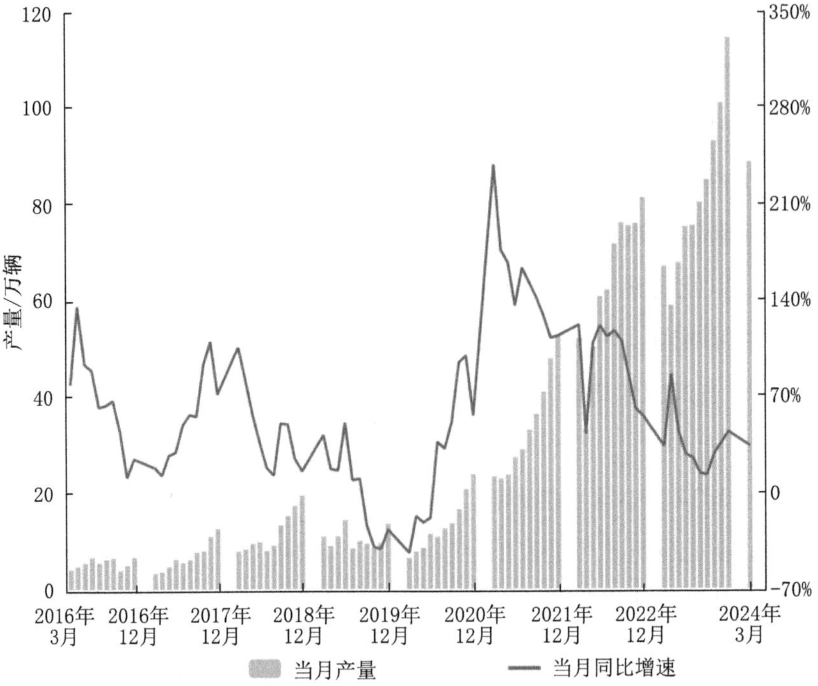

图5-7　2016—2024年中国新能源汽车产量

数据来源：Wind。

中国汽车工业协会数据显示，从全球汽车工业的普遍规律来看，汽车的产能利用率在70%～90%是合理的，而中国汽车工业的产能利用率并没有明显低于这个范围。此外，中国新能源汽车产业的技术创新和成本优势也促进了全球新能源汽车市场的竞争和进步。中国已形成了完整的产业生态，正在推动全球汽车产业链的重构。

2023年，中国新能源汽车出口达到120.3万辆，同比增长77.6%，展现了中国新能源汽车在国际市场上的竞争力。2024年，中国新能源乘用车销量达到1105万辆，同比增长40.2%，市场渗透率达到47.6%。中国新能源汽车市场仍然保持着较高的增长速度。中国新能源汽车产业方兴未艾，业内普遍预计，到2025年、2026年，新能源汽车在新车销量中的占比将稳定越过50%的关口，成为消费者购车主流选择。中国虽在新能源汽车电动化转型的“上半场”略占先机，但是在智能化“下半场”竞争方面，因欧美汽车制造功底深厚、科技研发实力强劲，全球竞争局势胜负难料。中国要想从汽车大国成为真正的汽车强国，还需过这一关。

（三）纵向一体化

新能源汽车产业链上下游企业通过投资、合作等方式，打通产业链各个环节，形成上下游协同发展的产业生态系统。各企业通过一体化可以降低交易成本，提高生产效率，降低产业链风险，保障供应链稳定，提升技术研发能力、产品竞争力，增强市场掌控力，扩大市场份额。

特斯拉从电池、电机、电控等核心零部件到整车制造、销售、服务等全产业链均有布局；比亚迪拥有电池、电机、电控、芯片等核心零部件业务，并涉足整车制造、充电设施、轨道交通等领域；宁德时代是全球最大的动力电池企业，并向上游原材料、下游整车制造等领域延伸，通过规模效应累积，叠加智能控制技术对产线效率的提高，拉开了与二线厂商的成本差距。

（四）定价行为

车企定价两头主导，动力电池环节具有较强的议价能力。主导市场新能源汽车价格的势力有两股，一股是整车企业，另一股是核心技术企业。从上游供应商议价能力来看，新能源汽车上游供应商主要是原材料与零部件企业，原材料端技术密集程度较高，同时核心资源锂矿较为稀缺，此外，汽车芯片也长期面临需求大于供给的情况，因此供应商议价能力相对较强。从下游消费者议价能力来看，下游是个人消费者，消费力分散，不能形成大范围的统一采购，同时，新能源汽车行业集中度较高，龙头企业如比亚迪、特斯拉等如果涨价，则将带动新能源汽车行业整体迎来涨价潮。从现有企业竞争来看，新能源汽车行业的竞争程度较为激烈，行业头部效应明显，如果想在市场中争取一席之位，难度较高。从潜在进入者的角度来看，新能源汽车行业属于技术密集型、资金密集型产业，初创品牌的前几年，企业或将一直处于亏损状态。除比亚迪可自产自供电池之外，宁德时代占据了60%以上的市场份额，这给予了宁德时代更大的议价权。

（五）研发行为

行业整体注重研发投入，中游电池和电路系统企业的研发投入占比位于行业前列。大部分企业的研发费用逐年递增，行业整体较为注重技术创新。从各环节来看，上游正负极材料企业的研发费用占比较小，而中下游各行业由于技术壁垒高、更新换代快、需求带动、市场竞争激烈等因素，如制造电池的宁德时代、制造电路系统的汇川技术和制造整车的比亚迪等大部分企业的研发投入逐年递增。

龙头企业研发能力不断增强，研发投入领跑整个行业。宁德时代和比亚迪的研发投入规模不断增大，2023年分别达到了183.56亿元、399.17亿元。其中，宁德时代的研发投入占比在5%左右，其应用市场已经覆盖汽车动力、储能锂电和轻型动力。

四、产业链市场绩效

（一）竞争力：本土重点企业崛起，市场占比迅速提升

2024年7月，国内乘用车市场零售销量为172.0万辆，同比下降2.8%，环比下降2.6%。其中，新能源乘用车零售销量为87.8万辆，同比增长36.9%，环比增长2.8%，国内零售渗透率为51.1%，实现首次月度突破50%。

从2024年7月新能源乘用车厂商零售销量榜单来看，前十名的车企均为常见品牌，分别为比亚迪、吉利汽车、理想汽车、特斯拉、长安汽车、上汽通用五菱、赛力斯汽车、奇瑞汽车、广汽埃安、零跑汽车。其中，广汽埃安是唯一一家销量同比下滑的车企。

自主品牌市场占有率有所提升，相关产品获国际认可。市场份额层面，比亚迪2024年1～7月新能源汽车销量达170.02万辆，成功超过特斯拉近140万辆（见表5-5）。赛力斯汽车则颇具看点，7月销量同比增长826.7%至3.96万辆；前7月同比增长631.5%至22.01万辆。赛力斯汽车销量的增长离不开核心品牌——AITO问界。技术突破层面，我国制造的电池能量密度、充放电循环寿命等技术指标得到大幅提升。

表5-5　2024年1～7月国内新能源汽车销量top10企业

排名	企业名称	月销量/万辆	同比增长	市场份额
1	比亚迪	170.02	22.7%	34.1%
2	吉利汽车	36.35	107.1%	7.3%
3	特斯拉	32.45	-0.3%	6.5%
4	长安汽车	30.81	80.3%	6.2%
5	上汽通用五菱	25.40	19.8%	5.1%
6	理想汽车	24.00	38.5%	4.8%
7	赛力斯汽车	22.01	631.5%	4.4%
8	广汽埃安	19.42	-23.7%	3.9%
9	奇瑞汽车	15.23	205.2%	3.1%
10	长城汽车	14.02	31.4%	2.8%

数据来源：中国汽车工业协会。

（二）盈利能力：行业利润整体可观，龙头企业持续发力

1.上游企业盈利能力

得益于需求的刺激，锂行业相关产品的价格高位上涨，企业盈利能力大幅提升。近几年，国内龙头企业的净利率甚至超过了50%，天齐锂业表现亮眼，毛利率和净利率保持领先，但锂产品价格的持续上涨使得中下游的动力电池企业、整车企业承压。而钴企业如华友钴业、寒锐钴业受到铜钴等主力矿种价格下行的影响，利润空间有所下滑。

2.中游企业盈利能力

动力电池行业盈利水平不一，龙头企业占领利润高点。宁德时代的营收和净利润领跑整个行业，2023年分别达到4009.17亿元和441.21亿元；天能动力、均胜电子及亿纬锂能等腰部企业营收体量总体偏小，2023年分别为838.91亿元、557.28亿元和487.84亿元，利润率相差也较大。总体来说，各企业营收能力都有明显上升，增收态势明显。

宁德时代具备规模、技术、成本端的垄断优势，营收快速上涨。随着国内外动力电池市场的持续增长，宁德时代不断加强产能布局，产销量快速增长。

正极材料行业营收有所下降，盈利能力小幅回落。盈利能力略有下滑，主要是因为原材料价格波动，高价库存对收益产生了消极影响，但行业的出货量仍比较稳定。

隔膜行业盈利能力可观，头部效应明显。头部企业在技术、融资、扩产等方面的优势为其带来了稳定的盈利能力，龙头企业恩捷股份和星源材质的净利率保持在20%左右。

电解液行业盈利能力回落，头部企业具备优势。天赐材料的液体六氟磷酸锂成本优势明显，新宙邦的一体化布局带来的成本优势也逐渐显现，两家企业的净利率均稳定在12%以上。

上述三个行业的盈利能力如表5-9所示。

第三方电机供应商市场份额被挤占，盈利前景并不可观。特斯拉和比亚迪均自供电机，挤占了大部分市场；第三方供应商蓝海华腾和正海磁材分别在2020年和2019年扭亏为盈，但净利率却长期处于低位（见图5-8）。

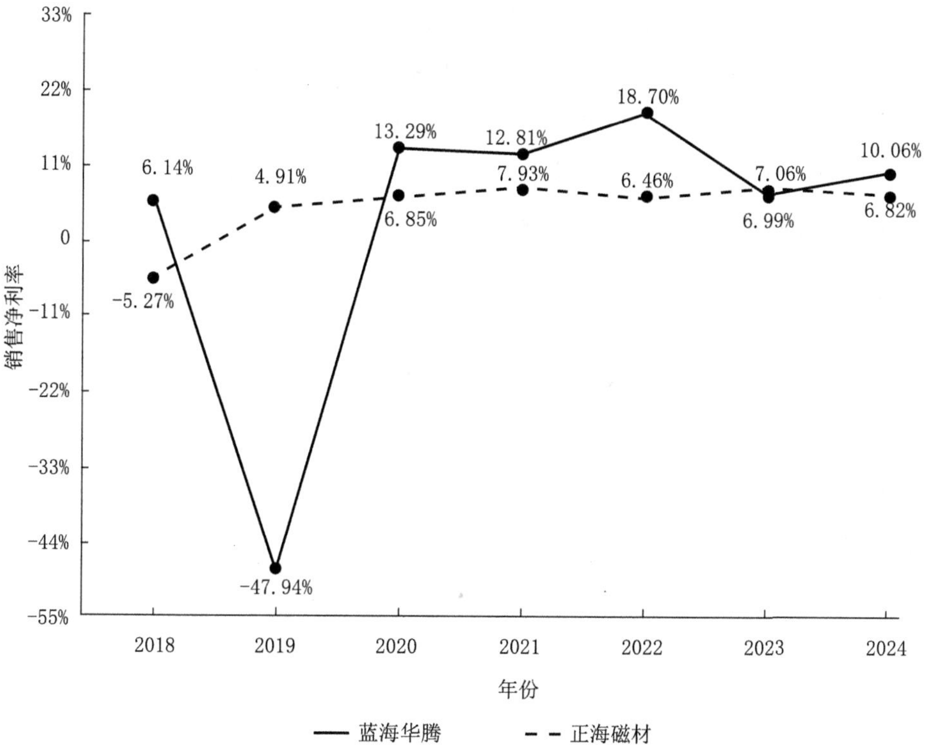

图5-8 2018—2024年蓝海华腾和正海磁材销售净利率对比

数据来源：Wind。

3.下游企业盈利能力

传统车企营收体量巨大，利润空间具备保障。比亚迪采用自主研发设计、整车及核心零部件一体化的生产模式，具备成本优势和抗风险能力，利润率大幅提升。此外，长城汽车部分车型不再拖累毛利率，吉利汽车销量快速上升，也驱动着企业营收的增长。新兴车企亏损扩大，如何提升盈利能力成为未来发展的难点。受到成本上涨、行业竞争加剧、研发投入过大等因素的影响，头部企业在近几年出现了大幅亏损，毛利率有所下降。如今市场上还有新进入者，新兴车企的发展之路值得我们关注。值得注意的是，理想汽车在新兴车企内部脱颖而出，2023年总营收实现近2倍增长，达1238.5亿元，净利润扭亏为盈，毛利率也有所提升。

（三）价值链：价值链分布不均，竞争变得愈发激烈

价值链分布不均，技术垄断势力和核心资源厂商挤占了大部分利润空间。上游元器件IGBT、中游电机电控的利润水平相对较高，其中IGBT环节的毛利率高达30%～37%，电机电控环节的毛利率达25%～40%；而常规部件、内饰外饰等环节的毛利水平、附加值较低（见图5-9）。

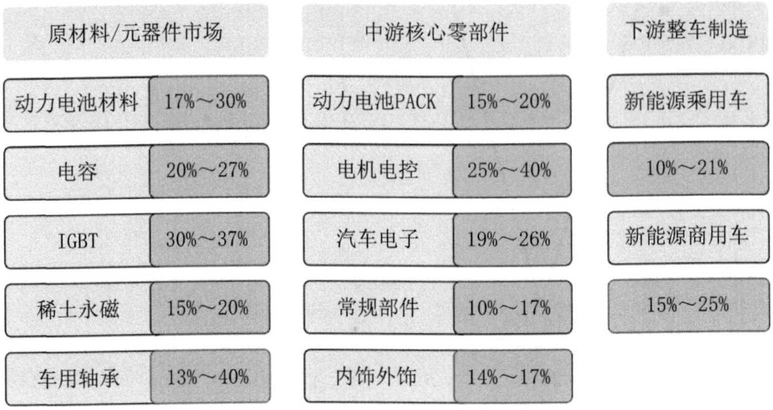

图5-9　新能源汽车产业价值链分布

资料来源：前瞻产业研究院。

（四）创新绩效：自主研发能力向上突破，汽车专利继续聚焦新能源

2023年，中国汽车专利公开量为32.73万件，同比下降9.65%。激烈的市场竞争加快了企业高质量创新步伐，企业围绕核心技术的专利布局，促进了高价值专利的不断产出。2023年，汽车行业继续聚焦电动化、智能化、网联化发展趋势，智能网联汽车与新能源汽车的专利公开量合计占汽车专利公开量的51.65%。其中，智能网联汽车专利公开量同比增长9.35%，占比达到26.05%，首次超过新能源汽车，呈现蓬勃发展态势；新能源汽车专利公开量同比增长1.76%，占比为25.60%，保持稳步增长态势。

2022年和2023年中国新能源汽车专利公开量创新主体top10如表5-6所示。

表5-6　2022—2023年中国新能源汽车专利公开量创新主体top10

排名	2022年情况			2023年情况		
	企业名称	专利公开量/件	同比增长率	企业名称	专利公开量/件	同比增长率
1	中国一汽	9076	54.80%	长安汽车	9322	27.82%
2	东风集团	7584	12.31%	中国一汽	9074	-3.48%
3	长安汽车	6187	121.92%	东风公司	7892	-6.65%
4	长城控股	6042	57.43%	长城控股	6888	13.91%
5	上汽集团	5336	17.10%	上汽集团	5618	-17.35%
6	吉利控股	4789	68.04%	吉利控股	5066	-2.20%
7	广汽集团	3846	36.92%	比亚迪	3757	14.75%
8	奇瑞汽车	3149	5.28%	广汽集团	3450	-14.20%
9	比亚迪	2972	3.84%	奇瑞汽车	2936	-6.35%
10	北汽集团	2494	-24.13%	理想汽车	2565	75.20%

资料来源：《2022中国汽车专利数据统计分析》《2023年中国汽车专利数据统计分析》。

第三节　新能源汽车产业空间布局

一、我国新能源汽车产业空间布局

（一）我国新能源汽车产业空间发展概况

新能源车企集中分布在东部沿海城市。截至2024年3月，我国存续的新能源汽车相关企业共有110多万家，广东以12.47万家排全国第一，山东和湖北分列第二位和第三位（见图5-10）。从上市公司地区分布来看，广东数量较多，其中不乏广汽集团、比亚迪、小鹏汽车等龙头企业。

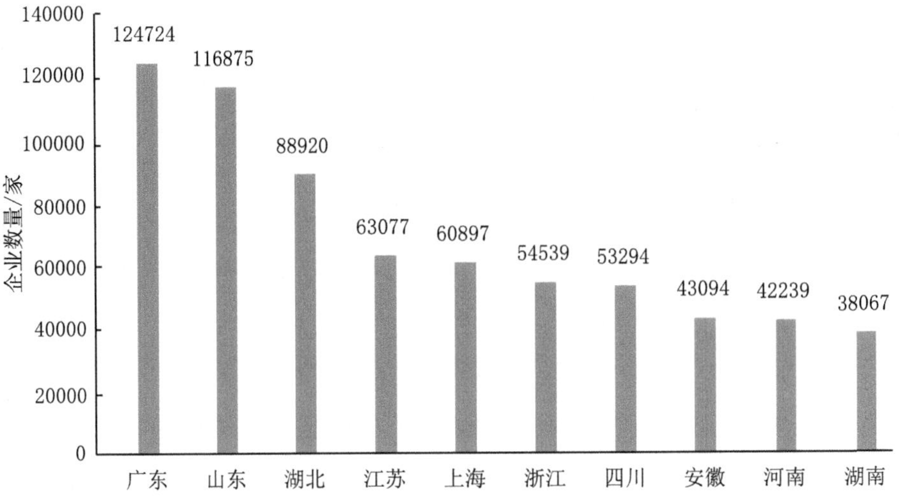

图5-10　中国新能源汽车相关企业数量top10省（区、市）

数据来源：企查查。

（二）我国新能源汽车产业链布局

1.动力电池环节空间布局

我国动力电池企业主要集中在华东、西南、华中地区。其中，华东地区凭借整车厂集中、产业配套完备、人才聚集度高、政策支持力度大、营商环境良好等优势，成为动力电池厂商布局的核心区域。同时，电池产业的投资重点正在向西南地区转移，西南地区的动力电池产能增长迅速，其原因在于西南地区在锂资源、绿电、土地及人力成本等方面具有优势。

作为新能源汽车的核心组件，动力电池的需求随着新能源汽车市场的繁荣持续攀升。在此背景下，广东省内涌现了众多专注于动力电池研发与生产的新兴企业。通过天眼查查询，2023年广东成立的与动力电池相关的企业达4633家，占全国比例的8.98%，数量占比超出第二位的安徽1.13个百分点，显示出广东在动力电池产业的活跃度与集聚效应。同时，在各大企业加大研发投入的推动下，动力电池各方面技术得到了进一步创新突破。

2.整车制造环节空间布局

整车制造环节初步形成六大产业集群（见表5-7），产值约占全行业的

80%。其中，长三角和珠三角地区发展尤为迅速，不仅规模大，而且产业链配套较为完善。

表5-7　中国新能源汽车整车制造环节产业集聚情况

产业集群	重点城市	产业发展情况
东北集群	长春、沈阳	拥有完整的传统汽车产业链，配套企业集中，以传统燃油车为主。近年来向新能源转型，但速度相对较慢，转型升级压力大
中部集群	武汉、襄阳、长沙	传统汽车工业基础好，新能源汽车产业投资活跃，整车生产基地密布
成渝集群	成都、重庆	产业政策吸引了大批车企投资，如吉利汽车、比亚迪等大型车企
长三角集群	上海、常州、合肥、芜湖、杭州	聚集了100多个年工业产值超过100亿元的产业园区，超过14个城市已经拿到或规划有新能源汽车项目，涉及新能源汽车项目超过20个
京津冀集群	北京、天津、保定	传统造车产业规模大
珠三角集群	广州、深圳	传统汽车工业基础雄厚，具备经济优势、政策开放、创新能力等有利因素

二、广东新能源汽车产业空间布局

广东新能源汽车产业的空间布局较为密集，已经成为国内最具代表性的产业聚集地之一。广东形成了以广州、深圳为核心，佛山、东莞、肇庆等地为关键产业链环节提供配套的空间布局，具备整车制造、规模发展等方面的优势，但在核心零部件配套、区域协同发展等方面还存在明显劣势。

（一）广东的空间地位

长三角地区和珠三角地区是我国新能源汽车产业链最为密集的两个区域。相较于长三角地区，广东有独特优势，在整车环节、智能网联发展、产业聚集等方面具有优势，但在区域分工协作、零部件配套、优质车企引入等方面仍存在短板（见表5-8）。

表5-8 长三角地区与广东新能源汽车发展情况对比

类别	长三角地区发展情况	广东发展情况
产业链	产业链配套完整，从原材料到零部件再到整车均有布局，宝钢等优质供应商集聚	具有涵盖电池、电机、整车、智能网联等环节的完整产业链，具有技术和整车发展优势
投资环境	资本积累快，关键零部件和智能驾驶相关企业竞逐资本市场，投资规模大	新能源汽车推广普及度高，投资规模位于全国前列，但不如长三角产业集群
产能情况	规划产能超过300万辆，是全国零部件产能中心，零部件集团中国总部齐聚上海	销量位于全国前列，发展目标是2025年新能源汽车产能超300万辆
产业集聚	江苏是国内最大的动力电池制造基地，上海拥有中国最大的汽车生产集群之一	广汽集团吸引大批零部件企业入驻，比亚迪带动深圳坪山形成国家级新能源汽车产业基地
龙头企业	拥有57家新能源整车企业，聚集了特斯拉、蔚来动力科技、威马汽车、爱驰汽车、智己汽车、上汽集团等知名车企	车企引入数量仍需提升，但拥有比亚迪、欣旺达、亿纬锂能、汇川技术等各环节龙头企业

（二）广东新能源汽车产业空间发展概况

广深是新能源汽车产业主要聚集地，各地区依托区位优势分工协作。目前已经形成了广州、深圳、佛山核心集聚区，以东莞、中山、惠州、肇庆等为代表的关键零部件及新材料配套区。“十四五”期间，广东将以广州、深圳、珠海、佛山、肇庆、东莞、惠州、湛江、茂名、汕尾、云浮等市为依托，加快新能源汽车发展步伐。截至2024年6月，广东（九市）新能源汽车相关企业地域分布如图5-11所示。

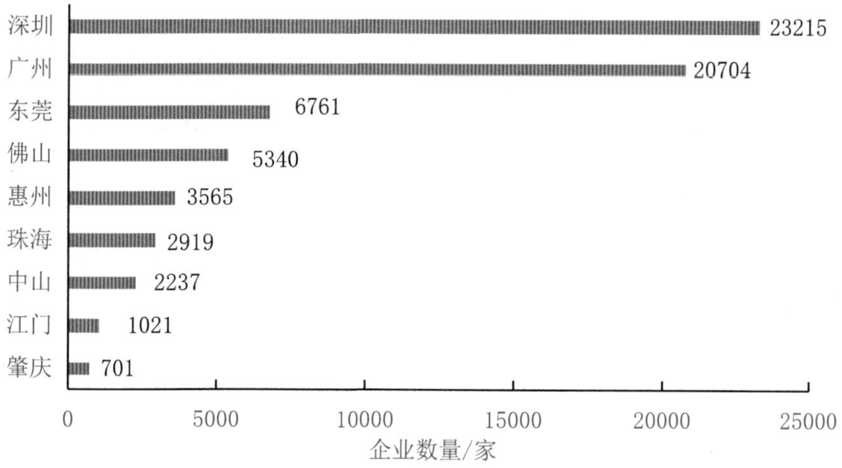

图5-11　广东（九市）新能源汽车相关企业地域分布（截至2024年6月）

数据来源：企查查。

（三）广东新能源汽车产业链空间布局

广东新能源汽车产业链空间布局如表5-9所示。

表5-9　广东（部分市）新能源汽车产业链空间布局

城市	产业链概况	产业园统计
深圳	产业链配套齐全，整车制造分布区域广	坪山区新能源汽车产业园区，龙岗区新能源汽车产业双创基地，华丰国际新能源汽车产业园，深汕制造城
广州	智能网联新能源汽车产业链“三电系统”齐全，整车制造企业居全国前列	广州东部（增城）汽车产业基地，花都汽车城，番禺汽车城，从化明珠工业园，南沙国际汽车产业基地
佛山	“三电”基础好，推广氢能汽车	佛山新能源汽车产业园
东莞	动力电池独占鳌头，关键零部件研发	东莞松山湖科技产业园，东益智能汽车产业园，祥鑫新能源工业园，东莞东部新能源汽车城
珠海	涵盖整车及关键零部件制造	珠海高新技术产业开发区，新青科技工业园，三灶科技工业园
惠州	具有电池全产业链优势产业集群；电池产业成为主导产业	大亚湾新兴产业园，欣旺达惠州新能源产业园，固翔新能源汽车产业园
肇庆	涵盖整车及零部件制造	小鹏智能汽车配套零部件产业园，宁德时代肇庆基地，肇庆（高要）汽车零部件产业园，大旺新能源智能汽车产业城

续表

城市	产业链概况	产业园统计
江门	涵盖汽车全产业链，以动力电池为主	江门新能源汽车产业园，新会智造产业园凤山湖园区，台山工业新城

（四）广东重点企业的空间布局

从广东重点企业的空间布局来看，广州和深圳聚集了较多的新能源汽车领先企业（见表5-10）。此外，各个地级市都有较为完整的新能源汽车产业链。

表5-10　广东（部分城市）新能源汽车重点企业空间布局

城市	重点企业统计
深圳	集创云天、沃尔核材（电池材料），伟之冠、比克电池、沃特玛（动力电池），欣旺达、飞捷士（电机电控），比亚迪、宝能汽车、开沃汽车（整车制造），创维汽车智能、顺络电子（汽车电子），车电网络、汇能新能源（充换电服务），乾泰技术（动力电池回收）
广州	清大绿能、鹏辉能源（动力电池），三晶电气、奥迪安、湘龙高科（电机电控），瑞立科密（汽车电子），广汽乘用车、小鹏汽车、广汽埃安、广汽本田、北汽广州（汽车整车），南方电网、霍斯通、奥动新能源（充换电服务）
佛山	德方纳米、鑫能科技、亿纬锂能（动力电池），华韩汽车、朗特电机（电机电控），祥鑫汽车（汽车电子），北汽福田、五龙汽车、长江汽车（汽车整车），奇正电气（充换电服务）
东莞	天邦电子、万邦化工、赛普克电子、力朗电池（动力电池），新思路汽车系统（电机电控）
珠海	赛纬电子（动力电池），横琴谷驰（IGBT），英搏尔电气（电机电控），格力钛新能源、中兴智能（整车制造），云充科技（充换电服务），中力新能源（动力电池回收）
惠州	德广隆能源、天骄锂业、亿纬锂能（动力电池），科力尔、昊美电机（电机电控），中京电子、华阳集团（汽车电子），特来电（充换电服务），恒创睿能（动力电池回收）
肇庆	巨石新能源、百汇达、安道拓（汽车零配件），宁德时代（动力电池），小鹏汽车（整车）
江门	思比电子、优美科长信（动力电池），安泰电子（汽车电子），杰马科技（充电桩）

资料来源：前瞻产业研究院。

第四节　新能源汽车产业发展趋势研判

一、全国新能源汽车产业发展趋势概况

自进入21世纪以来，全球汽车产业迎来了百年未有之大变局。在这场以绿色化和智能化为核心的产业革命中，中国新能源汽车产业从依赖政策扶持的萌芽阶段，快速演进为全球市场的领军力量。根据中国汽车工业协会数据，2023年，我国新能源汽车产销量突破940万辆，出口销量首次超过日本位居世界第一，渗透率达31.6%，标志着产业已进入“市场驱动”与“技术引领”并举的新发展阶段。这场变革不仅重构着国内汽车产业格局，更通过技术输出和产能合作影响着全球碳中和的发展路径。接下来从政策、市场、技术、产业链、竞争格局和产业发展六大维度，全景解析中国新能源汽车产业的最新发展脉络。

（一）政策扶持与制度设计“双轮驱动”

在新能源汽车产业发展的早期阶段，政策调控始终是推动行业爆发的关键引擎。自2009年“十城千辆”示范工程启动至今，中国构建了全球最完善的新能源汽车政策体系。尽管始于2009年的购车补贴政策在2022年底完全退出历史舞台，但政策的制度框架已转向更具持续性的长效机制。“双碳”目标的提出，将发展新能源汽车上升为国家战略，《新能源汽车产业发展规划（2021—2035年）》明确到2025年新能源汽车渗透率在20%左右，2035年纯电动汽车成为市场主流的技术路线。更具深远意义的是，双积分制度自2018年实施以来，通过将企业燃料消耗量与新能源汽车积分绑定，倒逼传统车企加速转型。2023版双积分新政规定2024年新能源汽车积分考核比例提升至28%，这种市场化调节机制正倒逼合资品牌加快技术本土化进程。

在地方政策层面，差异化创新正在形成新的刺激网络。深圳率先实施新能源物流车全天候路权，武汉推出公共充电桩建设补贴，上海从2023年起

停发插电混动车型绿牌，显示出地方政府正从单纯消费激励转向使用场景优化。特别值得注意的是，北京、广州等地开展自动驾驶商业运营试点，上海打造车路协同示范区，意味着政策支持重点正在向智能化新基建领域转移。这种“中央定方向、地方创场景”的政策组合，为产业升级提供了持续动能。

（二）市场扩张呈现“量质双升”特征

中国新能源汽车市场已连续9年蝉联全球最大单一市场，而2023年的结构性转变尤为显著。一线城市中高端市场与三、四线城市下沉市场呈现“双轮驱动”格局：30万元以上车型占比从2020年的12%提升至23%，而五菱宏光MINI EV等微型车在县域市场的渗透率突破40%。这种哑铃型消费结构折射出消费者对新能源汽车的认知正从“政策驱动型购车”转向“需求导向型消费”。更具里程碑意义的是，2023年新能源汽车私人消费占比达到82%，意味着新能源汽车开始真正成为家庭消费的主流选择。

全球化布局成为新增长极。2023年，中国新能源汽车出口120.3万辆，较2020年增长8倍，出口单价从1.8万美元提升至2.5万美元，产品结构持续优化。比亚迪ATTO3在泰国市场月销破3000辆，蔚来ET5拿下德国年度最佳车型，标志着中国品牌开始进入汽车工业核心市场。但欧盟发起的反补贴调查、美国《通胀削减法案》对动力电池供应链的限制，也给全球化进程蒙上阴影。当前车企采取的“产地销”模式，如比亚迪泰国工厂、长城汽车巴西电池厂建设，正通过本地化生产化解贸易壁垒风险。

（三）技术突破构建核心竞争力

动力电池领域的技术迭代持续加速。宁德时代2022年发布的第三代麒麟电池，系统能量密度达到255 Wh/kg，搭配800 V高压平台可实现充电10分钟续航400千米。钠离子电池实现装车应用，中科海钠与江淮钇为合作的车型续航突破250千米，在成本端较锂电降低30%，为A0级车型提供了新选择。在更具革命性的固态电池研发方面，卫蓝新能源已完成360 Wh/kg半固态电池量产装车，全固态电池实验室样品能量密度突破400 Wh/kg，预计在2027年左右实现产业化。

智能驾驶技术则成为产品差异化的关键战场。2023年被业界定义为“城市NOA元年”，小鹏XNGP、华为ADS2.0等系统实现覆盖45个城市的导航辅助驾驶。这种从高速场景向城区复杂路况的突破，使得整车EE架构加速向中央计算平台演进。值得关注的是，大模型技术开始重塑智能座舱体验，如蔚来NOMI GPT实现多模态交互，理想“智能空间2.0”具备学习用户习惯的能力。这些技术突破推动新能源汽车从单纯的交通工具向“第三生活空间”转变。

（四）产业链重构下的生态博弈

供应链安全成为产业核心议题。在锂资源领域，天齐锂业通过控股澳大利亚泰利森实现锂精矿自给率超过100%，赣锋锂业在阿根廷的Mariana锂盐湖项目年产2万吨氯化锂。这种海外资源布局配合国内四川甲基卡等锂矿开发，构建起多层次供应体系。动力电池回收网络建设加速，邦普循环废旧电池处理能力达12万吨级，推动镍钴锰综合回收率提升至98%。在车规芯片环节，地平线征程5芯片实现量产装车，黑芝麻智能华山系列芯片算力突破196 TOPS，但7 nm以下制程的高算力芯片仍依赖进口。

商业模式创新重塑产业生态。蔚来在2023年底已建成拥有2316座换电站、3594座充电站的补能网络，其“车电分离”模式使电池资产化运营成为可能。吉利换电重卡在港口运输场景的规模化应用，标志着换电模式在商用领域通过可行性验证。更具前瞻性的变化来自能源系统整合，特斯拉V3超级充电站配备Powerpack储能系统，广汽埃安布局“光伏-储能-充电”一体化示范站，展现出车企向能源服务商转型的野心。

（五）竞争格局加速分化重组

市场集中度持续提升的特征显著。2023年中国销量top10车企市场占有率达到86%，比亚迪以32%的份额绝对领跑，而年销不足万辆的13个品牌面临出清。合资品牌的电动化转型明显滞后，大众系新能源车占比仅为17%，日系品牌更是不足5%。新势力的生存状态“冰火两重天”：理想凭借年交付量突破30万辆实现盈利，而威马等品牌已进入破产重整程序。跨界竞争进入深水区，华为通过HI模式赋能多家车企，小米汽车的首款产品SU7预订量突破5万辆，数字科技企业的入局正在改写传统供应链规则。

全球化竞争方面，中国品牌面临双重压力：一方面要应对特斯拉持续降价的挤压——其Model Y通过零部件本土化将起售价降至25万元；另一方面要破解欧洲市场的准入壁垒，如比亚迪通过在匈牙利建厂规避关税，长安汽车与泰国国家石油公司合资生产右舵车型。这种“技术输出+本地化生产”的组合策略，将是中国车企突破贸易保护主义的关键。

（六）产业发展的痛点与破局之道

在高速发展的背后，新能源汽车产业仍面临三大深层挑战。首先是产能结构性过剩，当前行业规划产能已达4000万辆，而2025年国内需求预计在1500万辆左右，产能利用率不足问题突出。其次是技术创新风险，固态电池、氢燃料电池等技术路线的博弈仍在持续，重资产投入易导致技术押注失误。最后是基础设施配套缺口，充电桩数量虽突破780万台，但高速公路场景下仍存在节假日充电排队现象，农村地区覆盖率不足20%。

在破局路径上，行业需要构建“技术—产业—市场”的正向循环。技术端要建立高校-企业协同创新平台，通过国家实验室攻克核心材料与工艺瓶颈；产业端要推动兼并重组，提升集中度，引导低效产能退出；市场端要加快建立动力电池碳足迹标准，推动绿色电力在供应链中的应用。此外，智能网联汽车立法进程需要提速，当前L3级自动驾驶上路法规仅在深圳、上海等地试行，亟待国家层面建立统一的事故责任认定框架。

二、广东新能源汽车产业发展趋势概况

（一）位居前列，市场潜力蓄势待发

广东新能源汽车产业链完备，2023年产量继续狂飙突进。据国家统计局数据，2023年，广东新能源汽车产量达253.18万辆，稳居全国第一，是第二名上海的1.97倍，占全国总量的26.8%；产量同比增长83.3%，领先全国53个百分点。这充分体现出广东在新能源汽车制造业中的主导地位。

广东着重发展新能源汽车和锂电产业，拥有比亚迪、广汽集团、亿纬锂能、欣旺达等行业翘楚。比亚迪作为全球新能源汽车的领军者，在电动汽车、电池技术等方面的成就备受瞩目。广汽集团则通过新能源子公司积极拓

展新能源乘用车市场。亿纬锂能和欣旺达在锂离子电池研发与生产上具有显著优势，为新能源汽车提供核心动力支持。

在产业创新与建设方面，广东也取得显著成就。广汽埃安智能生态工厂荣膺全球唯一新能源汽车“灯塔工厂”，深汕比亚迪汽车工业园、小鹏汽车广州工厂等重大项目顺利完工并全面启动生产，肇庆小鹏智能智造研究院正式投入运营。这些标志性项目的建成，无疑为广东新能源汽车产业链的优化升级注入了强大动力。

（二）政策发力，广东汽车产业再加速

为加速壮大广东汽车产业，广东省工业和信息化厅厅长涂高坤在广东省十四届人大二次会议上表示，广东将从四个方面发力，推动汽车产业高质量发展。一是统筹推进汽车产业集群建设，落实《广东省发展汽车战略性支柱产业集群行动计划（2023—2025年）》，推动行动计划各项工作任务落地见效。二是巩固和扩大新能源汽车产业领先优势，支持比亚迪、广汽埃安、小鹏汽车等自主品牌汽车做大做强，引导传统燃油合资企业加快向新能源转型。三是落实《广东省汽车零部件产业“强链工程”实施方案》，发挥整车企业引领带动作用，加强重点汽车零部件项目建设，打造安全可控的产业链配套体系。四是支持整车企业加快国际化布局，拓展海外市场，扩大整车出口规模。

汽车产业是广州第一大支柱产业，为进一步巩固广州新能源汽车产业综合优势，《广州市发展和改革委员会关于印发广州市2024年重点建设项目计划的通知》提出，2024年，在智能与新能源汽车产业方面，广州将建成东风日产四期、广汽本田新能源车产能扩建等项目，推动小鹏科技园、采埃孚汽车电子工厂、广汽自主电驱产业化建设等项目加快建设，加快形成“4+3+2”汽车产业发展格局。

同时，在汽车“新四化”（网联化、智能化、电动化、共享化）浪潮以及“双碳”目标的推动下，广州新能源汽车产业发展突飞猛进。2023年7月3日，广汽集团旗下埃安品牌工厂迎来具有历史意义的重要时刻，中国第2000万辆新能源汽车在这里成功驶下生产线；同年，通过创新智能化、数字化生

产方式，广汽埃安智能生态工厂入选全球唯一新能源汽车“灯塔工厂”。

（三）突破关键技术领域，持续投入芯片、驱动系统

广东一批自主品牌新能源汽车企业，如比亚迪、广汽埃安等，在电池、电机、电控等核心技术方面取得了较大的突破。此外，省内还拥有众多新能源汽车研发机构和零部件供应商，为产业发展提供了强有力的支撑。

广东在新能源汽车产业赛道上跑出“加速度”，既依托于厚实的传统汽车工业基础，更得益于完整产业体系的超前布局。截至2023年7月，广东规模以上整车制造企业超过25家，规模以上零部件和配件企业超过900家，新能源汽车产业涵盖整车生产、“三电系统”、其他零部件及关键材料等环节，并在芯片、操作系统、智能座舱、自动驾驶解决方案、激光雷达等领域都有企业布局。广州、深圳、肇庆等地集聚新能源汽车核心企业，东莞、中山、惠州等地关键零部件及新材料配套项目不断落地，初步建立了完整的新能源汽车产业体系。

三、广东新能源汽车产业发展的突出问题

（一）整强零弱，部分领域对外依赖大

在产业链和供应链上，零部件环节仍是制约因素，供应链抗风险能力仍需加强。广东在整车制造和产业链完整度方面具备优势，但在零部件配套上还存在问题。同时，在供应链上仍存在“卡脖子”现象，如车载芯片、部分电池材料、电机电控等依旧依赖进口。

合资企业占比仍然较大，自主品牌相比世界一流企业仍有不小差距，汽车产业链、价值链尚未达到全球高端水平。汽车零部件产业规模与整车生产规模不相匹配，零部件配套体系需要进一步完善，对汽车产业集群支撑保障能力有待提升。新能源、智能网联汽车核心关键零部件受制于人，动力系统、底盘控制、高级驾驶辅助系统等车用关键芯片被国外巨头垄断。

（二）前瞻技术存在国际差距，创业投资相对谨慎

在核心技术和创投环境上，关键技术与国际龙头还存在差距，创投活力有待加强。广东在自动驾驶、驱动电机等核心技术方面过度依赖外资龙头企

业，存在结构性产能过剩和高端产能不足的风险。此外，机构创投集中于扩张期企业，对一些具备发展潜力的企业投资较为谨慎。

（三）全球化布局进展缓慢，产品竞争力有待提升

在海外布局和产品竞争上，出口量虽然有所提升，但出海速度和规模还难以和国际巨头抗衡，未来之路光明而曲折。此外，广东的新能源汽车产业在产品竞争力上仍有不足，多条产品线虽然在国内赢得了广阔的市场，但在高端产品供给层面还远远不足。

（四）协同优势不明显，部分区域规模体量难以提升

在产业布局和协同发展上，除广深以外，广东其他地区缺乏龙头企业的带动，无法发挥"链主"带动作用，龙头企业的规模和体量远不及预期。同时，广东各区域的新能源汽车产业布局还需进一步优化，产业联动实现优势互补的效能还需提升。

第五节　广东新能源汽车产业集群发展对策建议

一、加强关键核心技术研发，提升产业基础能力

一是围绕纯电动汽车、插电式混合动力（含增程式）汽车、氢燃料电池汽车，布局整车技术创新链，积极支持传统燃油汽车企业转型发展新能源汽车，强化整车集成技术创新。推动企业研发新一代模块化高性能整车平台，突破车身一体轻量化技术、底盘一体化技术、线控底盘集成化技术、多能源动力系统集成技术、基于域控制器的新型电子电气架构，以及以能量管理为核心的智能控制技术。

二是加快构建和完善关键零部件技术和产品供给体系。围绕车用芯片与基础软件、动力电池与管理系统、驱动电机与电力电子、网联化与智能化、氢气制造与储运等先进共性技术，新体系动力电池、电驱动系统、燃料电池系统等核心部件，以及动力电池正负极材料、电解液、隔膜、全固态电池和

智能驾驶操作系统等重点领域，提升研发能力。

三是加强创新平台、公共服务平台建设。支持产业链上下游企业、高等院校和科研院所加强产学研结合，整合优势资源，组建跨行业、跨领域技术创新、含测试评价的创新联合平台和公共服务平台，开展协同攻关，培育具有共性、牵引性和前瞻性的重大技术和产品。探索搭建新能源汽车数字化仿真分析平台，实现新能源汽车适配开发、性能测试和组装生产的全流程大数据共享服务。

二、推动“龙头+配套”发展，促进产业“链群集聚”、互融共生

一是支持广汽集团、比亚迪等龙头骨干企业发展新能源及智能网联汽车，并充分发挥大型整车企业引领支撑作用，吸引带动一批优质新能源汽车零部件上下游企业做大做强，实现有序竞争、错位发展。

二是鼓励“整零”合作，促进优势零部件企业与整车骨干企业在研发、设计、生产制造、配套等层面深度合作，建立整车与零部件企业互为支撑与互为影响、上下游企业协同创新、大中小企业融通发展的产业布局。

三是以广州、深圳、珠海、佛山、肇庆、东莞、惠州、湛江、茂名、汕尾、云浮等市为依托，打造一批各具特色的产业集聚区。广州加快新能源汽车生产基地建设。深圳以坪山区为核心建设国家级新能源汽车产业基地。珠海以金湾区为核心，重点发展新能源整车制造、锂电池材料、动力总成、充电设备以及新能源汽车关键零部件。佛山依托南海区、高明区，加快新能源汽车制造、燃料电池关键零部件制造和氢能汽车推广应用。肇庆依托大旺产业转移工业园和粤港澳大湾区生态科技产业园等载体，发展新能源汽车制造。东莞依托松山湖等载体平台，建设燃料电池汽车材料和关键零部件研发创新中心。惠州依托大亚湾新兴产业园，增强新能源汽车的配套能力。湛江加快建设粤西地区大型汽车产业园区。茂名依托氢能源产业基地，着力打造涵盖氢能、燃料电池、燃料电池汽车等领域的综合性产业基地。汕尾依托陆河工业区等，加快发展新能源客车及零部件制造项目。

三、丰富拓展市场应用场景，推动产业跨界融合发展

一是推动新能源汽车与交通融合发展。加快建设涵盖前端信息采集、边缘分布式计算、云端协同控制的新型智能交通管控系统，强化城市交通管理，发展一体化智慧出行服务。推动智能与新能源汽车在港口作业、城市物流配送、市政环卫等特定领域的推广应用，打造智能绿色物流运输体系。加快打造智能汽车应用场景，探索智能汽车在园区、景区、机场、火车站、港口、停车场等特定区域和接驳公交、环卫清扫等特定行业的商业化应用。

二是推动新能源汽车与能源融合发展。深入推进新能源汽车与电网能量互动示范，统筹新能源汽车充放电、电力调度需求，综合运用峰谷电价等政策，实现新能源汽车与电网能量高效互动，降低新能源汽车用电成本，提高电网调峰调频、安全应急等响应能力。促进新能源汽车与风力发电、光伏发电等可再生能源高效协同，引导建设综合能源补给站，探索创新运营模式，实现油、气、电、氢一体化供给服务。

三是推动新能源汽车与信息通信融合发展。基于汽车感知、交通管控、城市管理等信息，构建“人—车—路—云”多层数据融合与计算处理平台，开展特定场景、区域及行业的示范应用，促进新能源汽车与信息通信融合应用服务创新。

四、完善基础设施配套保障，支撑产业提质增效

一是推动加氢、充换电基础设施建设。合理规划布局建设加氢站，积极探索“油气电氢服”综合能源站模式。健全高速公路、城市道路、停车场等充电设施网络，满足新能源汽车便捷充电需求。建立新能源汽车充电桩信息共享平台，实现不同品牌充电桩的互联互通，提升充电桩利用效率。建立健全充电基础设施运营管理机制，提高充电服务质量，保障充电安全。建立健全动力电池回收利用体系，加强废旧动力电池回收处理，实现资源循环利用。

二是推进智能基础设施建设。实施一批自动驾驶“新基建”工程，推进

交通信号灯、交通标志标识、交通管理及信息发布系统等实施数字化、智能化改造。实施一批智慧道路建设工程，构建集感知、通信、计算等能力于一体的城市级智慧化道路基础设施环境。

三是推动汽车后市场高质量发展。优化面向新能源汽车全产业链全生命周期的保险及金融服务，鼓励企业打造集汽车采购中心、交付中心、金融中心于一体的总部基地，推动建设汽车后市场生态圈。

五、加强国际化开放合作，提升产业全球竞争力

一是积极参与国际新能源汽车标准制定，提升广东在新能源汽车产业的国际话语权和影响力。支持企业牵头或参与制定汽车行业国际标准、产品标准、技术规范等，提高国际话语权，占领新能源和智能网联汽车技术标准体系高地。

二是鼓励企业开拓海外市场，积极参与国际新能源汽车竞标项目，提升广东新能源汽车产业的国际竞争力。抢抓“一带一路”、粤港澳大湾区建设等机遇，推动广东汽车产业拓展国际市场。鼓励支持企业面向全球加快引进汽车设计公司、研发机构、研发团队和优势技术等各类创新资源，推动研发技术的国际化。鼓励龙头骨干企业设立海外研发和生产基地，开展国际产能合作，完善海外营销和服务体系，打通国内国际两个市场，利用国内外资源，提升广东在全球汽车产业链体系中的竞争力和影响力。

第六章
广东人工智能产业集群发展研究*

人工智能产业链分为硬件设施、数据设备、算法模型、通用技术、智能终端和行业应用这六个环节（见图6–1）。从产业链的城市集中度分布来看，中游的通用算法和领域技术环节集中度更高，主要集中在一线城市。深圳、北京和上海三城的中游产业份额占比平均高达40%。下游行业应用的集中度最低，"AI+"的赋能方式主要围绕各城市的原生禀赋展开。从中国人工智能产业的区域分布来看，位于发展第一梯队的分别是深圳、北京和上海，此外，进入前十的城市还有杭州、广州、苏州、武汉、南京、合肥和西安。

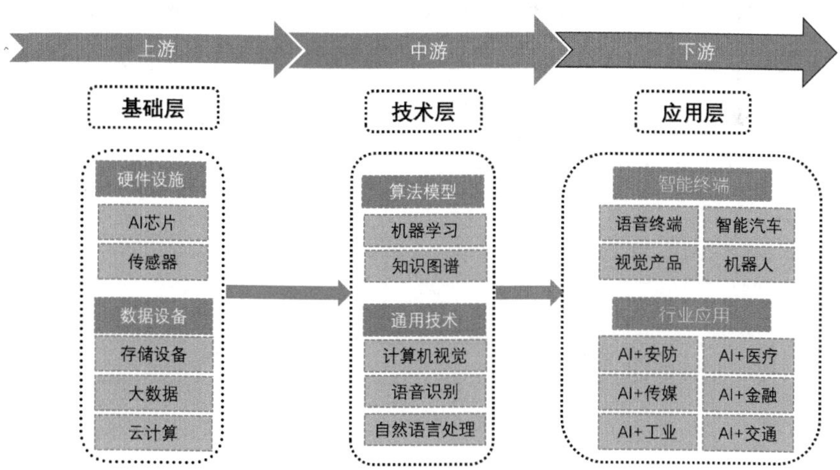

图6–1　人工智能产业链

* 本章共同执笔人为暨南大学产业经济研究院赖众莹和过天赐。

第一节　人工智能产业发展环境

一、人工智能产业宏观环境

（一）人工智能迈入全新阶段，生成式人工智能引起关注热潮

2023年生成式人工智能爆发式增长。根据GitHub开源人工智能软件库的用户数量统计，2023年的生成式人工智能项目数量是2022年全年的两倍多，开发者从前几年多数使用TensorFlow、PyTorch等机器学习库构建项目，变为现在更多地使用LLM（例如ChatGPT API）。生成式人工智能技术正极大地推动着全球生成式人工智能项目的个人贡献，其贡献增长率达到了148%。与此同时，生成式人工智能项目总数同比增长248%。值得注意的是，在开发者社区中，美国、印度和日本表现出领先地位，中国香港、英国和巴西紧随其后。

尽管2023年全球人工智能私人投融资总体下降，但生成式人工智能领域的私人投融资却急剧增加（见图6-2），从2022年的3.6亿美元增长到20.4亿美元，增长近5倍。领先的生成式人工智能参与者，如OpenAI、Anthropic、Hugging Face和InflectionAI等公司都获得了大额融资支持。

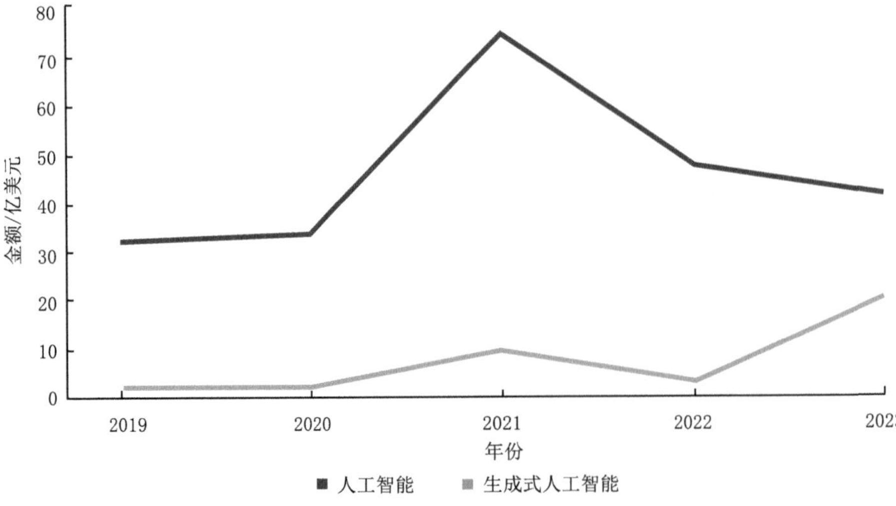

图6-2　2019—2023年全球人工智能私人投融资金额

资料来源：CB Insights。

（二）对人工智能的需求预计将转向社交和情感

在过去的几十年里，人工智能在语言处理、数学计算和逻辑推理方面取得了显著进展。尽管计算机在数据分析和模式识别上超越了人类，但在理解和表达情感方面的能力仍显不足。虽然情感智能计算系统的开发曾被视为一项短期内难以实现的挑战，但随着聊天机器人等技术的普及，人类对类似人类的互动表现出了强烈的兴趣。因此，人工智能的下一步发展将聚焦于情感智能的提升。

神经科学的进步揭示了大脑如何激发不同的情绪反应，这为机器情感的发展提供了理论基础。如果思维是一个有序的逐步过程，人工智能机器同样可以通过编程来展现不同的情绪，实现意识的层次化。情感智能的引入显著增强了人工智能系统的适应性和即兴反应能力，使其能够提供更接近人类的实时情感反应。而机器缺乏固有情感的特性，反而使其成为实现高情感智能的理想平台。正如托马斯·查莫罗–普雷穆季奇（Tomas Chamorro–Premuzic）所言，高情感智能意味着能够控制冲动和情绪，以理性行事，减少情绪干扰。这一理念为人工智能在情感领域的进步提供了新的视角。人工智能情感领域部分企业及相应产品如表6–1所示。

表6–1　人工智能情感领域部分企业及相应产品

企业	情感智能产品	产品推出时间	产品主要功能
United We Care	Stella	2023年	以29种语言运行，提供实时情绪模式分析，评估准确率高达85%，并为个人提供调节情绪反应的工具
NuraLogix（纽洛斯）	Anura	2023年	一款远程医疗的新产品，利用30秒的自拍来收集一系列详细的用户数据，其中包括心率和血压等生命体征，以及压力和抑郁水平等用于精神健康诊断的数据
Sonia（索尼娅）	Sonia	2023年	通过智能手机应用提供人工智能驱动的认知行为疗法，以帮助那些因成本、羞耻感和心理健康专业人士的有限可用性而无法获得心理治疗服务的人群

（三）技术开源推动全球人工智能不断迭代，迅速发展

人工智能领域的科学家们在算法模式识别上虽然取得了显著进展，但步伐还不够大。面对这一挑战，谷歌、Meta和OpenAI等技术巨头选择拥抱开放源代码的策略，推动知识产权共享。

深度学习正是在这种共享文化中诞生的。2015年11月，谷歌率先开源了TensorFlow，随后在2016年12月进一步开放了DeepMind的代码库，为全球开发者提供了宝贵的资源。OpenAI和Meta紧随其后，分别推出了Universe平台和开源了人工智能硬件设计，进一步丰富了社区的资源库。2017年，百度加入了这一行列，宣布开源其自动驾驶平台Apollo，推动了自动驾驶技术的发展。到了2022年，西门子也推出了Xcelerator平台，加速了多个行业的数字化转型。

（四）逆全球化抑制合作，中国人工智能发展受阻

逆全球化趋势对人工智能领域的国际合作产生了消极影响。特别是美国对中国的持续打压，自拜登政府上台以来，频繁出台限制中国的政策和议案，对中国高科技企业如TikTok、华为实施不公平的市场封锁。这种政策违背了自由市场经济原则，破坏了全球技术链、产业链和价值链的构建，对中国人工智能产业的发展构成了重大挑战。

人工智能产业的发展本应超越国界，由全球性企业推动。然而，一些“超级明星”企业与政府部门结盟，增强其在数字经济中的垄断地位，这在一定程度上抑制了中国人工智能初创企业的成长。例如，Meta的CEO马克·扎克伯格呼吁美国科技公司“维护美国价值观以应对中国的威胁”；谷歌前CEO埃里克·施密特警告美国在人工智能领域可能落后于中国。

在这种背景下，中国人工智能产业发展面临重重障碍。美国发起的“技术冷战”威胁人工智能产业供应链，对中国人工智能产业的发展基础造成损害。实证研究显示：中国人工智能硬件产业的比较优势指数自2013年达到高点后逐渐下降；软件产业的贸易竞争力指数也出现下滑。以人工智能芯片为例，中美贸易摩擦导致的加税对全球消费电子供应链构成巨大挑战，限制了人工智能技术链和产业链的全球构建。

此外，美国挑起的新一轮“科技军备竞赛”将人工智能领域推向了竞争

的前线。2016年，美国制定了国家人工智能战略，随后英国、德国、法国和俄罗斯等国相继出台相关战略，人工智能领域的竞争日趋激烈。尽管全球都在追求人工智能创新，但只有少数国家具备引领技术开发和促进技术外溢的资源、专业知识和政策。许多专家认为，人工智能将成为新时代军备竞赛的关键领域。

中国人工智能产业的发展既面临挑战，也蕴含着巨大的机遇。中国政府已明确表示，到2030年将努力成为人工智能领域的世界领导者。2019年，美国政府启动了美国人工智能计划，旨在确保美国在该领域的领导地位。

二、人工智能产业政策环境

（一）国际篇：人工智能产业发展加速，引发安全治理关注热潮

全球多个关键国家和地区纷纷颁布了一系列针对人工智能领域的战略性文件和规划，这些政策主要关注增强资金投入和专业人才的培育，推动国际合作与开放交流，以及建立和完善相关的监管体系和行业标准（见表6-2）。这标志着全球人工智能产业的发展正步入一个快速实施和应用的新阶段。

各国加强投资和战略引领。具体来看：美国在人工智能研究与开发领域显著加大了投资力度；欧盟正在积极推动新的人工智能法规提案，以期形成更加健全的法律框架；英国则致力建立人工智能创新中心，以促进技术创新和产业发展；日本正在加强人工智能技术的应用，并加速数字化转型的步伐；新加坡对人工智能研究领域进行了额外的资金投入，并推动政府服务的数字化转型；而中国则特别强调将人工智能技术与现有传统产业相结合，以促进产业升级和经济结构的优化。

表6-2　英国、美国和欧盟关于人工智能产业的政策

国家/地区	政策文件	年份	建设重点
英国	《机器人技术、自动化和人工智能》	2016	打造世界人工智能创新中心
	《美利坚合众国和大不列颠及北爱尔兰联合王国关于人工智能研发合作的宣言》	2020	
	《人工智能在公共部门的应用指南》	2020	
	《国家人工智能战略》	2021	
	《人工智能战略》	2022	
	《促进创新的人工智能监管方法》	2023	
美国	《国家人工智能研究与发展战略计划》	2016	加大对人工智能产业的投资力度
	《国家人工智能研发战略规划（2019）》	2019	
	《2020—2021人工智能和量子信息科学研发概要》	2020	
	《网络与信息技术研发计划和国家人工智能计划办公室总统2022财年预算补编》	2021	
	《2022年芯片与科学法案》	2022	
	《国家人工智能研究与发展战略计划》2023年更新版	2023	
欧盟	《人工智能协调计划》	2018	推进新的人工智能立法提案
	《可信赖人工智能的道德标准》	2019	
	《人工智能白皮书——通往卓越与信任的欧洲道路》	2020	
	《2030数字指南针：欧洲数字十年之路》	2021	
	《人工智能法案》	2024	

各国就人工智能安全问题展开积极探索（见表6-3）。2024年2月8日，美国成立人工智能安全研究所联盟（AISIC），旨在支持安全、可靠且值得信赖的人工智能的开发和部署；2024年5月21日，欧盟理事会正式批准《人工智能法案》，对人工智能应用进行风险级别分类，能够以风险等级针对性地监管各类人工智能技术。

表6-3　各国关于人工智能安全问题的法案

国家/地区	倡议名称	年份	重点内容
欧盟	《欧盟人工智能法案》	2018	提出要逐步建立适当的伦理和法律框架
	《人工智能法案》	2024	将风险加以区分，围绕四类人工智能系统构建，分别为：不可接受的风险、高风险、有限风险以及最低风险。其中前三类风险将受到法案的监管
美国	《保持美国在人工智能领域的领导地位》	2019	要求美国国家标准与技术研究所领导制定人工智能系统的适当技术标准
	《人工智能风险管理框架》	2024	目标在于为设计、开发、部署和应用人工智能系统的组织提供参考，使之能够在控制多样性风险的同时，促进可信赖、负责任人工智能系统的开发与应用
日本	《人工智能战略2022摘要》	2021	运用人工智能技术推动数字化管理，提高效率和便利性；与友好国家合作，共同制定和推广人工智能技术的伦理规则等
联合国教科文组织会员国	《人工智能伦理问题建议书》	2021	指导签署国制定适当地运用人工智能的伦理框架
中国	《新一代人工智能治理原则——发展负责任的人工智能》	2019	更好协调人工智能发展与治理的关系，确保人工智能安全可靠可控，推动经济、社会及生态可持续发展，共建人类命运共同体
	《中华人民共和国个人信息保护法》	2021	保护个人信息权益，规范个人信息处理活动，促进个人信息合理利用
	《中国关于加强人工智能伦理治理的立场文件》	2022	中国现结合自身在科技伦理领域的政策实践，参考国际社会相关有益成果，从人工智能技术监管、研发、使用及国际合作等方面提出主张

（二）中国篇：顶层设计驶入深水区，生成式人工智能成焦点

中国在人工智能领域的政策演进可以划分为三个主要阶段，分别为初始阶段（2012—2014年）、发展阶段（2015—2017年）和成熟阶段（2018年至今）。初始阶段（2012—2014年）标志着政策的萌芽，其间政府开始制定针对人工智能技术应用的专项政策规划，例如2012年科技部发布的《智能制造科技发展“十二五”专项规划》，标志着政策制定的初步尝试。随后进入发展阶段（2015—2017年），人工智能被提升至国家战略层面，政府密集发布政策文件，进行宏观层面的规划与布局，确立了人工智能作为未来领先战略

技术的地位，如2017年国务院发布的《新一代人工智能发展规划》。最后是成熟阶段（2018年至今），政策集中于促进相关产业的数字化转型，涵盖了智能网联汽车、智能制造及智慧健康养老等多个领域。

中国通过产业政策的规范引导、基础建设的加强和产业扶持三管齐下，推动了人工智能的全方位深入发展。自2019年起，中国的政策制定紧密跟随技术与产业的发展步伐，经历了从试点探索到框架建设，再到产业化发展和场景化应用的多个阶段，有效促进了人工智能技术的规范化应用（见表6–4）。到了2023年，生成式人工智能为该领域带来了重大突破，相关政策迅速响应，从数据和算力的基础建设到产业扶持，形成了一套综合的政策体系。2023年，中国印发了《生成式人工智能服务管理暂行办法》，旨在规范和引导生成式人工智能产业与服务的发展。该办法强调了发展与安全的平衡，鼓励技术创新应用，并要求对人工智能生成内容进行明确标识，同时规定了数据来源的合法性。此外，《算力基础设施高质量发展行动计划》和《中共中央 国务院关于构建数据基础制度更好发挥数据要素作用的意见》从数据和算力两个维度加强了人工智能发展的基础。前者提出了到2025年的量化发展目标，后者则提出了建立数据产权、流通交易、收益分配和治理的制度。《新产业标准化领航工程实施方案（2023—2035年）》则特别强调了对生成式人工智能及元宇宙产业的扶持，聚焦于新兴产业和未来产业的标准化工作，确立了包括生成式人工智能与元宇宙在内的“8+9”新产业标准化重点领域，并通过完善新产业生命周期管理及标准的确立，建立了新产业标准化体系，加强了科技创新体系的建设。

表6-4　中国人工智能产业政策整理

政策文件	年份	重点内容	所处阶段
《国家新一代人工智能创新发展试验区建设工作指引》	2019	到2023年，布局建设约20个试验区	初试点
《国家新一代人工智能标准体系建设指南》	2020	建设涵盖基础共性、支撑技术与产品、基础软硬件平台、关键通用技术、关键领域技术、产品与服务、行业应用、安全/伦理八大模块的人工智能标准体系	建体系
《"十四五"数字经济发展规划》	2021	提出要建立数据要素市场体系、提升产业数字化和数字产业化水平、普惠数字化公共服务、完善数字经济治理体系等目标	促产业
《关于加快场景创新以人工智能高水平应用促进经济高质量发展的指导意见》	2022	提出着力打造人工智能重大场景，提升场景创新能力，推动场景开放，加强场景创新要素供给	推落地
《生成式人工智能服务管理暂行办法》	2023	明确适用范围，提出管理规则，作出多项促进发展和规范服务的规定，并明确监督和法律责任	—

（三）广东篇：谋划长远战略布局，引领中国人工智能产业

通过政策引导和平台建设，促进人工智能领域创新创业活动。2018年，广东省人民政府发布了《广东省新一代人工智能发展规划》，标志着广东在人工智能领域的创新创业活动日益活跃，涌现出一批在国际舞台上受到广泛关注和认可的领军企业。广东在该规划中提出对新一代人工智能产业进行系统性的战略布局，强调了时间与空间维度的协调发展，并特别强调了人工智能开放创新平台的建设。广东明确了构建开放协同的创新平台体系的目标，并加速了人工智能在智能机器人、智能医疗等15个领域的多场景示范应用。

构建一个充满活力、创新驱动的人工智能产业生态，强调发挥龙头企业示范作用。随着《广东省新一代人工智能创新发展行动计划（2022—2025年）》和《广东省人民政府关于加快建设通用人工智能产业创新引领地的实施意见》（简称"通用人工智能发展22条"）等政策文件的出台，广东在现有发展的基础上，提出了务实可行的重要行动和关键目标。广东计划到2025年，将开源开放共享创新平台建设成为引领人工智能发展的标杆，并形成高

端引领、开放共享、自主可控、基础夯实的人工智能一流创新生态，智能算力规模达到全国第一、全球领先的水平。“通用人工智能发展22条”明确了人工智能核心产业规模和企业数量的目标、定位，并提出推动建设一批重点产业园区和产业基地，发挥人工智能领军企业的示范引领作用，不断丰富应用场景，推动成果应用，形成产业引领的良好支撑。

突破底层技术，加强大模型创新应用是发展方向。广东省政府工作报告强调了人工智能作为引领新一轮科技革命和产业变革战略技术的重要性，提出要抢抓风口机遇，发挥省内算力设施、产业规模、数据要素和应用场景等优势，统筹技术研发、产业培育、安全性评价及行业治理等工作，集中力量突破底层技术，鼓励大模型行业创新应用，打造通用人工智能产业创新引领地。

加快搭建人工智能顶层设计框架，减少发展不确定性带来的风险。虽然人工智能仍处于起步阶段，存在不少不确定性，但及时实施有效的产业政策对于预防激励不当、投资过度和产能过剩至关重要。广东要将人工智能打造成持续增长的动力，就需要建立一套全面的产业、经济和社会政策体系。这包括加速构建人工智能的顶层设计，从政策、资金、技术积累和市场潜力等方面支持产业发展，推动人工智能技术、产业和应用的进步。同时，要与“中国制造2025”战略相结合，协调软硬件产业的发展，加强标准化工作，制定人工智能发展蓝图和产业生态图谱，引导资本向关键领域投资。广东还应按照国家人工智能2.0战略，有序推出促进数据共享、加速算法和产业联盟发展的法规政策，以促进技术研究和应用的健康发展。此外，建立人工智能协同创新平台，整合创新资源，对接全产业链技术，加速科技转化，降低创新门槛，营造良好的创新生态。最后，研究制定针对人工智能中小企业和初创企业的财税优惠政策，通过税收优惠和研发费用加计扣除等措施，支持人工智能企业的成长。

广东人工智能产业政策如表6–5所示。

表6-5　广东人工智能产业政策

政策文件	年份	重点内容
《广东省新一代人工智能发展规划》	2018	重点推进人工智能开放创新平台建设。明确要构建开放协同的创新平台体系，加快人工智能在智能机器人、智能医疗等15个领域多场景示范应用
《广东省新一代人工智能创新发展行动计划（2022—2025年）》	2022	依托全国一体化算力网络粤港澳大湾区国家枢纽节点韶关数据中心集群、国家超级计算广州中心、国家超级计算深圳中心等超算平台，以及广州人工智能公共算力中心、横琴先进智能计算平台、“鹏城云脑”等智算平台，研究探索广东省人工智能一体化算力网络，为广东企业和科研院所提供公共算力服务和应用创新孵化支持
《广州南沙深化面向世界的粤港澳全面合作总体方案》	2022	推进互联网协议第六版（IPv6）行业应用示范、下一代互联网算力服务等业务发展
《广东省人民政府关于加快建设通用人工智能产业创新引领地的实施意见》	2023	打造通用人工智能算力生态。研发具有通用性、可编程性的高端训练、推理芯片，多模态、多精度计算的算力芯片，探索可重构、算存一体的新型体系架构研究。开发高效易用的开源人工智能芯片编译器与工具链等基础软件，支持自主人工智能芯片与国产通用服务器的适配

三、人工智能产业市场环境

（一）智能算力产业规模高速增长，模型应用需求带动人工智能基础数据服务市场

2023年，中国人工智能基础数据服务市场规模为37亿元。由上层大模型应用带来的数据需求正改变着人工智能基础数据服务的工作结构，以传统NLP任务为主的分词、词性标注等工作被慢慢取代，且数据服务厂商更加拥抱融合大模型范式的全流程、自动化工作流，将业务重心开拓到大模型训练数据集、RLHF微调、提示词生产、偏见数据库和评测服务等采集生产工作中去。预计2028年，中国人工智能基础数据服务市场规模将达到117亿元（见图6-3）。

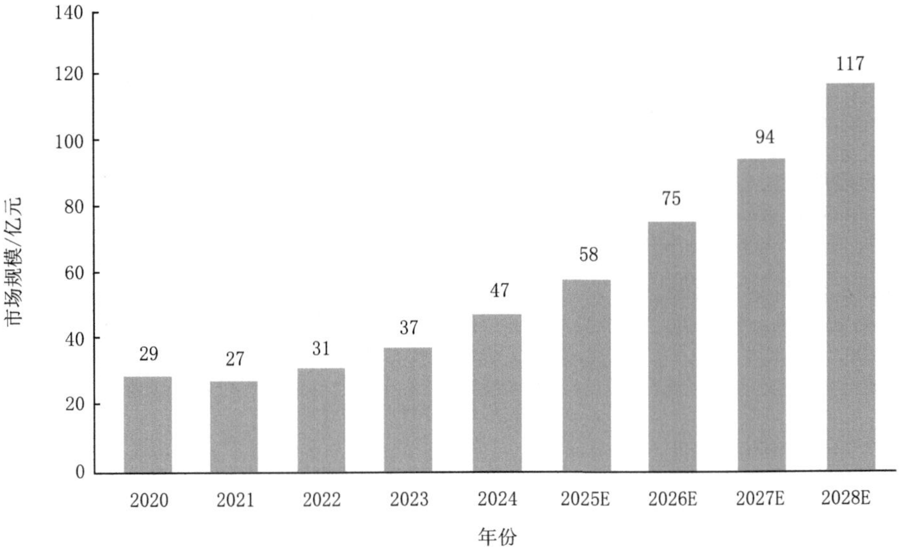

图6-3　2020—2028年中国人工智能基础数据服务市场规模

资料来源：艾瑞咨询。

在大模型训推需求影响下，2023年中国智能算力市场规模相较于2022年完成大比例跃升。一方面人工智能芯片的单卡算力呈倍数增加，另一方面以训练场景为主的服务器载卡数量从原来的24卡逐步升级到48卡。随着中国各地智能算力产业的投入建设，大模型在边缘侧及端侧的算力释放，2028年中国智能算力市场规模或将达到34174亿元（见图6-4）。

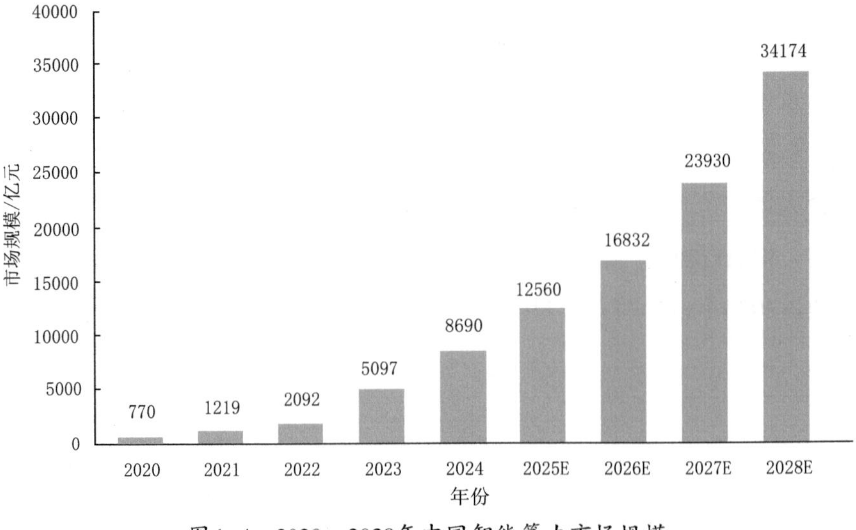

图6-4　2020—2028年中国智能算力市场规模

资料来源：艾瑞咨询。

人工智能芯片的强劲需求，将驱动全球人工智能市场规模持续成长。人工智能计算服务器搭载的算力芯片主要包括GPU、ASIC和FPGA等类型，以英伟达H100为代表的GPU供不应求。根据Statista数据，2023年全球人工智能芯片市场规模为534.5亿美元，约占全球芯片总市场规模的12.7%，较2022年提升3.4个百分点。预计未来几年人工智能芯片仍将保持快速增长，2023—2027年年均复合增长率有望超过22%。

（二）算力需求持续增长，人工智能领域迎来硬件和软件协同发展的时代

虽然软件一直是人工智能领域的耀眼明星，但硬件市场也展现出强劲的增长势头。预计2024年到2032年，人工智能软件和硬件的收入将以迅猛的速度增长（见图6-5），分别实现23%和24%的年均复合增长率。业界众多专家已经认识到，发展硬件对于人工智能公司而言是一个巨大的竞争优势。萨姆·奥尔特曼指出，虽然公司至今一直集中精力于开发更先进的人工智能算法，但接下来的增长动力将转向对硬件的创新与完善。与此同时，像英伟达、英特尔、高通、AMD等行业巨头以及众多初创企业，都在积极开发专门的芯片，旨在使机器学习和深度学习过程更迅速、成本效益更高、性能更强。

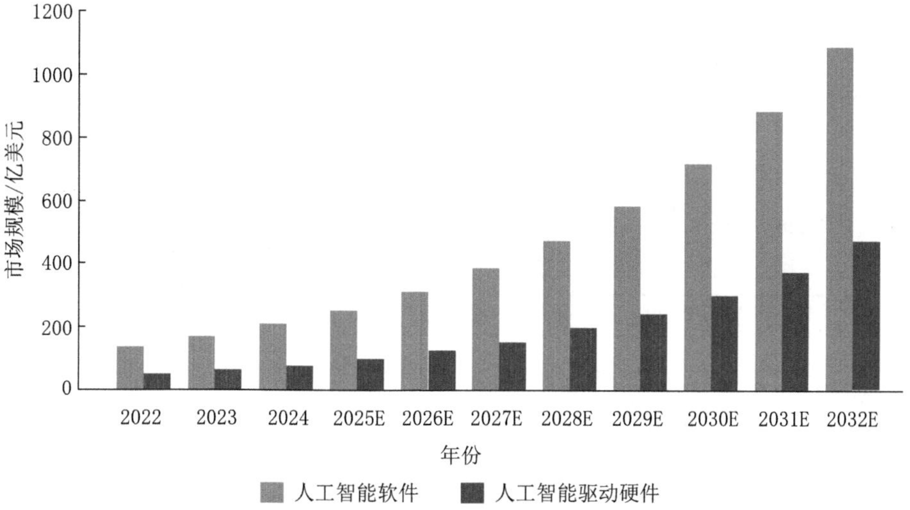

图6-5 人工智能软件和硬件市场规模趋势预测

资料来源：Precedence Research。

人工智能头部企业正推动硬件创新以适应云计算发展需要。得益于GPU提供的庞大并行处理架构，GPU能够高效地同时处理大规模的高维数据集，这是传统的CPU难以匹敌的。这种处理能力是深度学习和人工智能应用的关键，为实现快速、精确的模型训练提供了坚实的基础。然而，由于GPU最初并非专为神经网络训练设计，其在内存带宽、数据吞吐量以及计算精度方面遭遇了挑战。为了解决这些问题，谷歌、Graphcore、英特尔和Scortex等公司正在推动硬件创新，开发具有更大内存带宽，更高计算密度、能效比和性能的芯片。

（三）下游各领域对大模型需求走高，人工智能产业规模将持续增长

人工智能能够赋能经济社会发展各领域，对大模型的需求持续走高。相关数据显示，2023年全球人工智能产业规模达7078亿美元，同比增长19.3%。

大模型带来的底层技术革新将为中国人工智能产业的规模增长带来更多存量扩张与增量空间。据艾瑞咨询测算，2023年中国人工智能产业规模已达到2137亿元，2028年中国人工智能产业规模将达到8110亿元（见图6-6）。

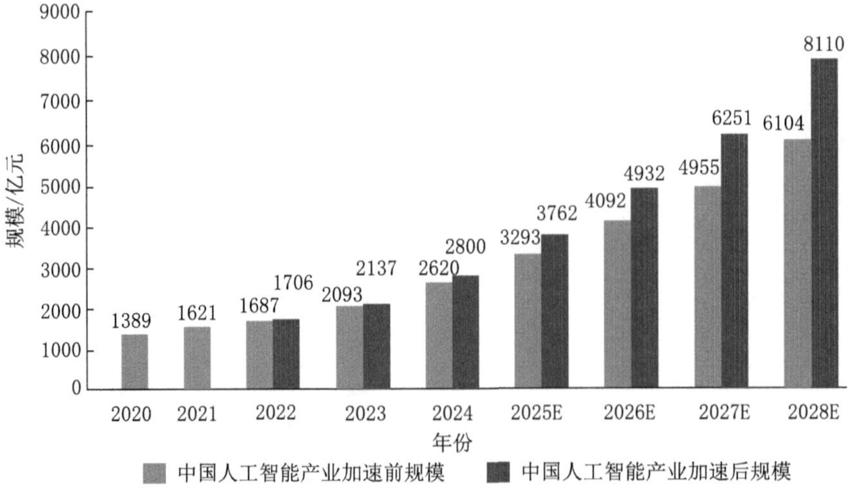

图6-6　2020—2028年中国人工智能产业规模

资料来源：艾瑞咨询。

（四）广东持续发力，旨在打造“通用人工智能最强省”

广东具有坚实的人工智能发展基础。2018年印发的《广东省新一代人工智能发展规划》显示，2017年广东人工智能核心产业规模约为260亿元，约占全国的1/3，带动机器人及智能装备等相关产业规模超2000亿元，人工智能核心产业及相关产业规模均居全国前列。《广东省人民政府关于加快建设通用人工智能产业创新引领地的实施意见》（以下简称《意见》）新闻发布会透露，2022年全省人工智能核心产业规模达1500亿元，产业基础扎实。

广东算力位于全国第一梯队，数字经济连续多年全国第一。中国信通院发布的《中国算力发展指数白皮书（2023年）》显示，广东、北京、江苏、浙江、山东、上海排名前六，位于第一梯队，算力发展指数超过40，这种狂飙代表着广东数字经济的繁荣。作为中国数字经济第一大省，广东数字经济规模连续多年全国第一，2022年数字经济增加值为6.41万亿元。

广东强调发展智能算力，期望打造“通用人工智能最强省”。根据2023年底印发的《意见》，广东正在算力、算法和数据等方面继续发力，到2025年有望实现智能算力规模全国第一，核心产业规模突破3000亿元，目标直指打造“通用人工智能最强省”。

第二节　人工智能产业链SCP范式研究

人工智能产业链上游代表性企业主要包括寒武纪、景嘉微、大族激光、万集科技、美林数据及讯鸟软件等，主要为中下游客户提供基础设备和服务；中游企业主要为人工智能构建技术路径，代表性企业有商汤科技、科大讯飞、阿里巴巴、腾讯控股及百度集团等；下游企业是人工智能产业的应用层，包括长安汽车、小鹏汽车、美的集团、川机器人、蓝思科技及精伦电子等。

2022年，在人工智能下游应用领域中，智慧城市和企业智能管理的占比较高，分别达到12.16%和12.10%。智能制造、智能营销与新零售、智能网联汽车的占比都在8%左右，分别为8.89%、8.41%和8.07%。随着人工智能技术在不同产业的应用逐渐加深，人工智能已深刻重构着社会生产、分配、交换、消费等各个环节，并持续催生新技术、新产品、新产业，推动社会进入智能经济时代。

一、人工智能产业链市场结构

（一）上游基础层竞争格局

人工智能产业链上游为硬件设施和数据设备，包括芯片、传感器、大数据、云计算服务等，为人工智能提供数据服务和算力支持。在国家计算力指数排名中，美国位居第一，拥有全球最多的超大规模数据中心，这是美国计算力的基础保障。中国排名第二，人工智能计算力领先全球。日本、德国和英国分别位列第三、第四和第五。在计算平台方面，全球市场基本上被亚马逊、谷歌、阿里巴巴、腾讯和华为等公司占据。

1.人工智能芯片：市场基本由美国企业主导，中国厂商市场份额较低

在人工智能芯片领域，国际市场主要由外国芯片巨头主导。全球范围内主要从事人工智能芯片生产的公司包括英特尔、英伟达、高通和谷歌等。美国的大型企业凭借在芯片领域多年的领先地位，迅速进入人工智能领域并积极展开布局，目前已成为该行业的引领者。不同应用市场中人工智能芯片的竞争格局如表6-6所示。

表6-6　不同应用市场中人工智能芯片的竞争格局

细分市场	头部企业
云端训练	英伟达
云端推理	英伟达、英特尔、谷歌、赛灵思、寒武纪、华为、阿里云、百度云
设备端推断	恩智浦、寒武纪、安霸、高通、微软、地平线、景嘉微

英伟达向人工智能企业提供GPU，在全球人工智能芯片市场占据主导地

位。人工智能芯片根据技术架构，可分为GPU、FPGA、ASIC及类脑芯片。GPU具有并行计算、高效能和高并发等优势，因此在人工智能、机器学习及数据挖掘等领域得到广泛应用。近年来，GPU市场主要由英伟达主导，其市场份额达到98%，呈现一家独大的势头（见图6-7）。

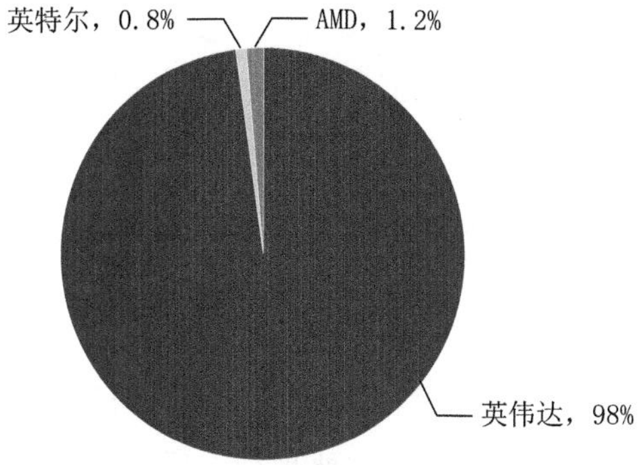

图6-7　2023年三大GPU厂商市场份额

资料来源：富国银行。

AMD和英特尔奋起直追，英伟达的主导地位受到挑战。英伟达的人工智能芯片价格高昂，且存在供应不足的问题，迫使一些客户选择其他的替代产品。目前，AMD和英特尔都在开发能够替代英伟达产品的芯片。英特尔的Gaudi 3与英伟达H100相比有1.7倍的优势，AMD的MI300X芯片已达到H100的1.1倍。英伟达的大客户微软宣布，将向云计算客户提供AMD芯片作为英伟达芯片的替代品。因此，随着AMD和英特尔持续在人工智能芯片市场发力，它们的市场份额将会逐步提升。在微软等巨头的强力支持下，AMD较为薄弱的软件生态有望取得长足进步，AMD将对英伟达形成强有力的挑战。

中国人工智能芯片产业起步较晚，技术上与世界先进水平还存在着较大的差距，且集中度也较低。随着人工智能及芯片技术的不断成熟，云计算、消费电子、无人驾驶及智能手机等下游产业的产业升级速度不断加快，中国人工智能芯片产业正处于高速发展时期。华经产业研究院的统计数据显示，2022年中国人工智能加速卡出货量约为109万张，其中英伟达在中国人工智能加速卡的市场份额为85%，华为的市场占有率为10%，百度的市场占有率为2%（见图6-8）。

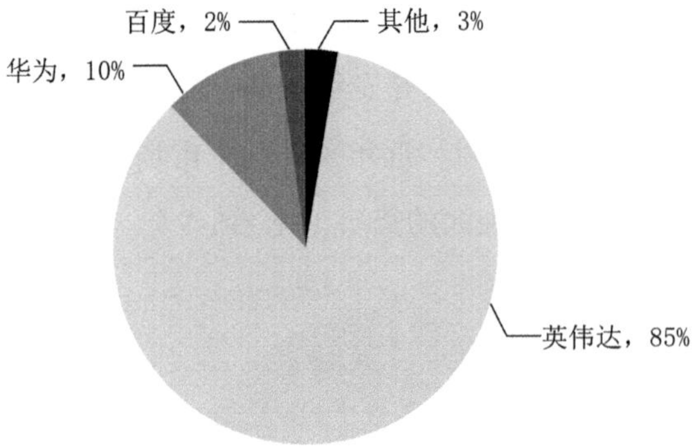

图6-8　2022年中国人工智能芯片市场集中度情况

资料来源：华经产业研究院。

2.智能传感器：国外市场集中度较高，中国供给不足

北美占据全球智能传感器市场主要地位，欧洲和日本次之。全球传感器市场分布多地，北美、欧洲和亚太地区是主要的集中地。2023年，北美地区以43.3%的市场份额占据领导地位（见图6-9），这得益于其在技术发展和市场应用方面的先进性，尤其是美国和加拿大的显著贡献。亚太地区则以其快速增长成为市场的新焦点，日本和韩国等国家在技术创新和市场拓展上表现出色，推动了整个区域的快速发展。

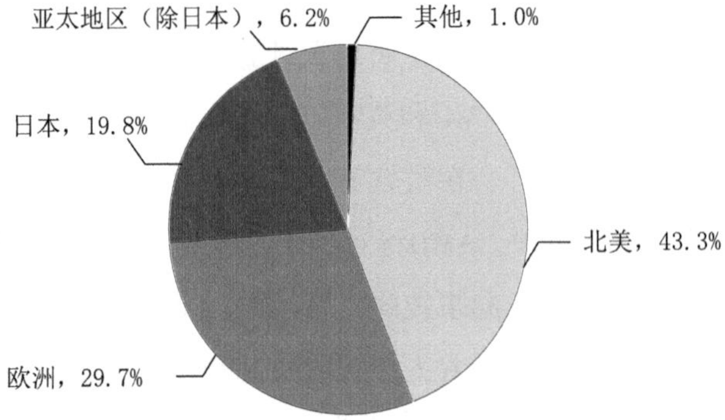

图6-9　2023年全球传感器行业区域竞争格局

资料来源：华经产业研究院。

智能传感器制造行业逐步进入成熟阶段，中国供给能力不足，艾默生、西门子、博世、意法半导体及霍尼韦尔等跨国公司占据超过60%的市场份额（见图6-10），特别是高端产品几乎全靠进口补给，80%的芯片依赖国外，剩余的份额也只集中在几家上市公司手中。

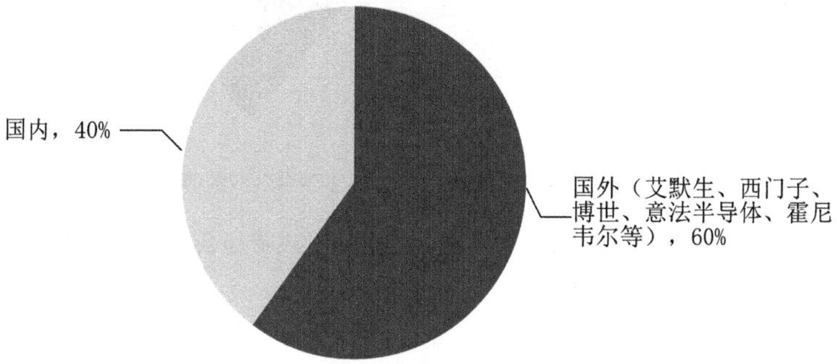

图6-10　2020年中国智能传感器市场集中度

资料来源：前瞻产业研究院。

3.云计算：公有云市场形成一超多强格局

人工智能大模型的高频算力需求正推动云计算产业的发展。人工智能大模型需处理大量数据，对云服务商的存储和资源管理提出了新要求。Gartner的Sid Nag指出，云服务提供商在生成式人工智能领域的IaaS（基础设施即服务）产品进步将带动SaaS（软件即服务）和PaaS（平台即服务）增长。

全球IaaS市场形成一超多强格局，前五大厂商所占份额超80%。2023年IaaS市场规模增至1400亿美元，年增长率为16.2%。亚马逊稳居首位，微软、谷歌、阿里巴巴和华为紧随其后。2023年亚马逊市场份额略降至39%，微软增至23%，谷歌增至8.2%（见图6-11）。

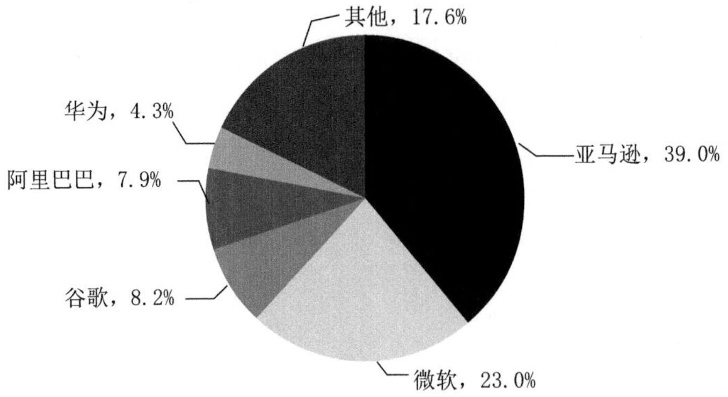

图6-11　2023年全球IaaS市场集中度

资料来源：Gartner。

中国公有云IaaS市场呈现一超多强的态势，阿里云长期占据榜首，加上华为云、天翼云、移动云、腾讯云，这几家的市场份额已占70%。

（二）中游技术层竞争格局

中游是人工智能产业的技术核心，包括通用技术、算法模型和开发平台三个方面，涵盖了机器感知、自然语言理解、机器学习、知识图谱和基础开源框架等核心技术，核心三大基础技术是机器视觉、智能语音和机器学习，其中机器视觉的市场份额为37%，智能语音为22%。

1.智能语音：全球市场相对集中，中国市场较为分散

全球智能语音市场呈现出寡头垄断格局，少数跨国巨头占据了主要市场份额，头部企业优势明显。据华经产业研究院等机构的数据，2022年，在全球智能语音市场中，Nuance、谷歌、苹果、微软和科大讯飞等头部企业占有90%以上的市场份额。其中，Nuance已于2022年3月被微软以197亿美元收购，因此微软实际占有全球智能语音市场43.6%的份额（见图6-12），远超于其他第二梯队厂商。

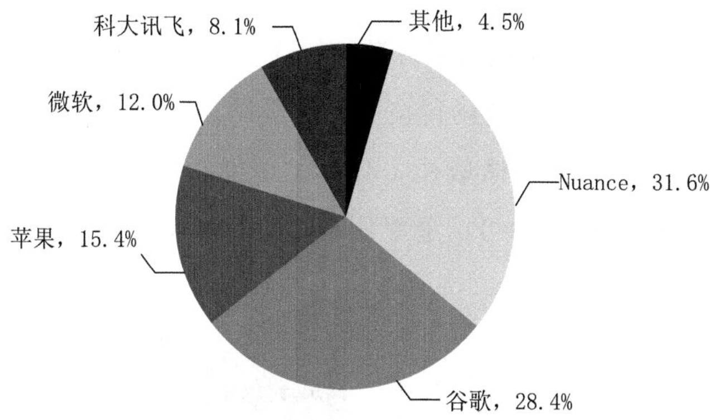

图6-12 2022年全球智能语音人工智能市场集中度

资料来源：华经产业研究院。

相较于全球市场由欧美巨头主导的寡头格局，中国智能语音市场呈现出本土企业主导、集中度更高的特征，国产龙头企业占据了绝对主导地位。数据显示，2022年，科大讯飞在中国语音人工智能市场的份额高达40%，远高于其在全球市场的8.1%，百度以34%的市场份额位列第二，两家企业合计占据超过70%的市场份额，形成明显的双寡头格局。同时，国际企业苹果和Nuance在中国市场的份额分别为14%和6%，远低于它们在全球市场的占比，体现了国际巨头在中国市场面临较强的本土竞争压力。小i机器人等新兴本土企业亦开始崭露头角，尽管份额相对较小（3%），但反映了中国市场的多样化趋势（见图6-13）。

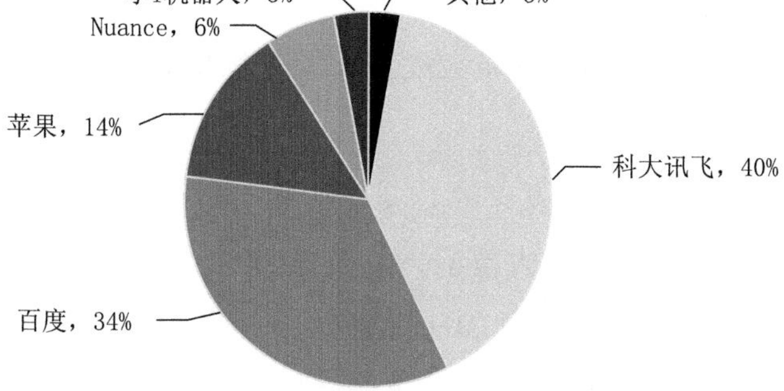

图6-13 2022年中国智能语音人工智能市场集中度

资料来源：华经产业研究院。

2.计算机视觉：市场格局分散，市场竞争加剧

中国的计算机视觉市场格局分散，排名前六的企业占据了53%的市场份额。具体而言，2022年，商汤科技（市场份额23.1%）位于榜首，这也是其连续五年居首，随后是海康威视（8.3%）、创新奇智（8.1%）、旷视科技（8.0%）、云从科技（3.3%）、智慧眼科技（2.2%）（见图6–14）。

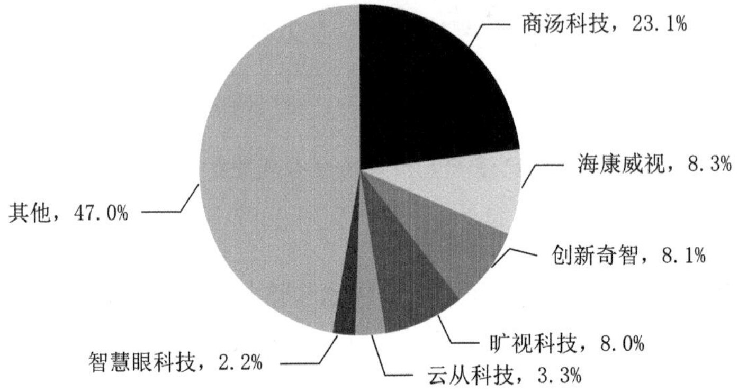

图6–14　2022年计算机视觉人工智能市场集中度

资料来源：IDC。

海康威视和云从科技取得技术突破，市场格局或将调整。云从科技在计算机视觉领域取得显著成绩，刷新多项世界纪录，尤其在PA100K数据集上准确率高达92.89%。海康威视也在人工智能技术上取得突破，建立了千卡并行训练中心，2022年研发投入增长18.94%，推动技术与产品创新。这些技术进步可能引发市场格局的调整。

3.机器学习：ChatGPT引领生成式人工智能发展，中国形成多元化竞争格局

中美两国在基础大模型发布量上领先全球，共占90%。截至2023年5月，中国发布了79个10亿级参数大模型，美国有100个，全球共202个。OpenAI和谷歌在国际市场形成双龙头，Meta紧随其后，垂类特色厂商如Anthropic、Cohere和Hugging Face等也在人工智能市场扮演重要角色。

全球十大最具价值生成式人工智能企业如表6–7所示。

表6-7　全球十大最具价值生成式人工智能企业

企业	市值/亿美元	所获投融资金额/亿美元	所属国家
OpenAI	29.00	11.30	美国
Scale	7.30	6.03	美国
Anthropic	5.00	1.10	美国
Hugging Face	4.50	3.95	美国
InflectionAI	4.00	1.50	美国
Cohere	2.20	4.45	加拿大
Dialpad	2.20	4.50	美国
ASAPP	1.60	4.00	美国
Cresta	1.60	1.51	美国
Jasper	1.50	1.31	美国

资料来源：Albeat。
注：数据统计时间为2023年9月。

中国市场的大模型发展迅速，但市场格局尚未明确。自ChatGPT走红后，中国头部科技企业、新兴创业公司、传统人工智能企业以及高校研究院纷纷加大投入。目前，中国大模型尚在研发初期，市场竞争激烈，性能和易用性正接受市场检验，正处于“百家争鸣”的状态。预计市场格局的明确还需时间。

SuperCLUE大语言模型排行榜中国前十位如表6-8所示。

表6-8　SuperCLUE大语言模型排行榜中国前十位

模型	机构	版本
Qwen2-72B-Instruct	阿里巴巴	官方开源：Qwen2-72B-Instruct
DeepSeek-V2	深度求索	官方公开发布的API版本：DeepSeek-Chat的V2版
GLM-4-0520	智谱AI	官方公开发布的API版本：GLM-4-0520

续表

模型	机构	版本
SenseChat5.0	商汤	官方公开发布的API版本：SenseChat5.0
AndesGPT	OPPO	官方小范围内测API的6月版本
山海大模型4.0	云知声	官方小范围内测API的6月4.0版本
Moonshot（Kimi）	月之暗面	官方网页版产品Kimi，6月版本
360gpt2-pro	360	官方小范围内测API的6月V2版本
Doubao-pro-32k-0615	字节跳动	字节公开发布的API版本：Doubao-pro-32k-240615
Baichuan4	百川智能	官方公开发布的Baichuan4的API版本

资料来源：SuperCLUE。

（三）下游应用层竞争格局

融合创新进入新阶段，应用层各行业全国市场占有率较低。人工智能技术已渗透至19个应用领域，包括智慧城市、企业智能管理及智能制造等。2022年，智慧城市领域占比最高，达12.16%；其次是企业智能管理（12.10%）和智能制造（8.89%）；智能营销与新零售及智能网联汽车分别以8.41%和8.07%的占比位列第四和第五（见图6-15）。人工智能正成为推动产业发展的主流力量，下游应用场景多样，企业差异化发展，市场集中度低。

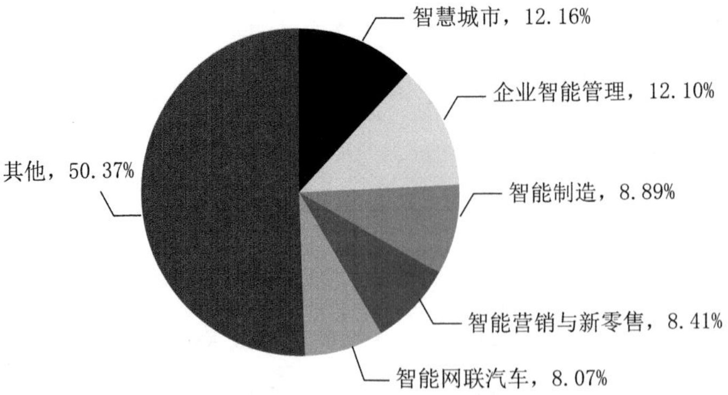

图6-15　2022年中国人工智能下游应用领域占比统计

资料来源：人工智能战略院。

1.智慧城市：市场集中度较低，头部企业差异化竞争

中国智慧城市人工智能市场呈现低集中寡占型竞争格局。2022年市场规模为53.2亿元，同比下降4.2%。商汤科技以16.5%的市场份额位居第一，百度以12.4%的份额位居第二，科大讯飞以5.9%的份额位居第三，云从科技和城云科技分别以5.7%和1.9%的份额位列第四和第五（见图6–16）。这些企业在技术研发和市场拓展方面表现突出，为中国智慧城市建设提供了关键技术支持和解决方案。

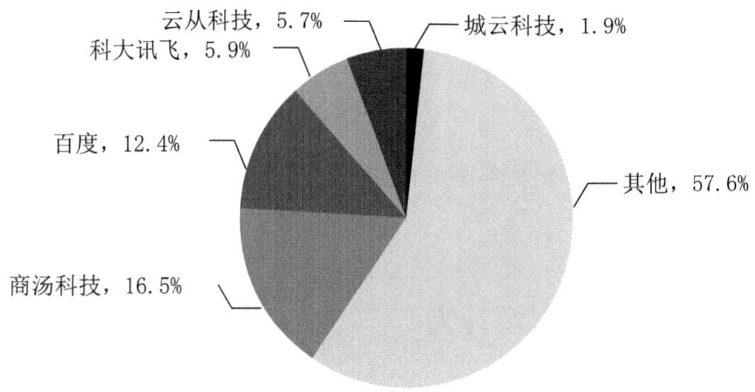

图6–16　2022年中国智慧城市人工智能平台市场集中度

资料来源：IDC。

2.智能机器人：制造业是智能机器人的主要发展方向，日本占据主导地位

亚洲成为智能机器人增长的主要地区，制造业是智能机器人的主要应用方向。根据国际机器人联合会（IFR）发布的《2023年世界机器人报告》，2022年全球新安装55.3万台工业机器人，中国占一半以上，其次是日本、美国、韩国和德国。亚洲占新安装量的73%，显示其在增长中的关键作用。自动化潜力因行业而异，制造业最高，教育服务类较低。自动化发展受多种因素影响，包括开放性、成本、劳动力、监管和效益。

中国是机器人消费大国，但日本占市场主导地位。中国机器人产业化尚处初期，而日本和欧洲在核心零部件方面已实现自主化，美国在人工智能领域领先。2022年，在全球工业机器人市场中，ABB、库卡、发那科和安川电

机等企业占有57.1%的市场份额（见图6-17）。日本是全球最大的工业机器人制造国。

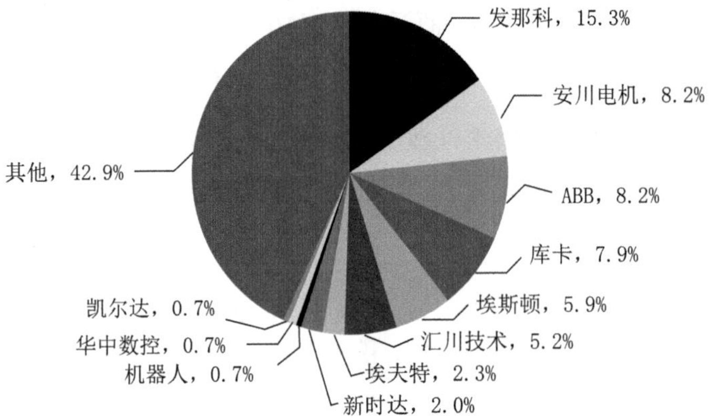

图6-17　2022年全球工业机器人市场份额

资料来源：头豹研究院。

二、人工智能产业链市场行为

市场参与者通过融资、研发等行为，以期提升市场份额，获得超额利润。

（一）融资并购

1.国际篇：上中下游风投走势分化，生成式人工智能投资规模逆势增长

人工智能风险投资阶段后移特征明显，上中下游风投走势分化。2023年，全球人工智能初创公司融资总额约为425亿美元，比2022年的473亿美元下降10%；人工智能领域的融资交易量约为2500笔，创下了自2017年以来行业新低。

人工智能私人投资整体下降，但生成式人工智能的投资激增。2023年生成式人工智能投资金额达到20.4亿美元。生成式人工智能领域的主要参与者OpenAI、Anthropic、Hugging Face和InflectionAI等，都获得了一轮可观的融资。

美国处于领先地位，尤其是在人工智能私人投资方面。2023年，美国的

人工智能私人投资金额达到67.2亿美元（见图6–18），是第二大投资国中国的约8.7倍。自2022年以来，中国和欧盟（包括英国）的人工智能私人投资金额分别下降了44.2%和14.1%，而同期美国的人工智能私人投资金额则显著增长了22.1%。

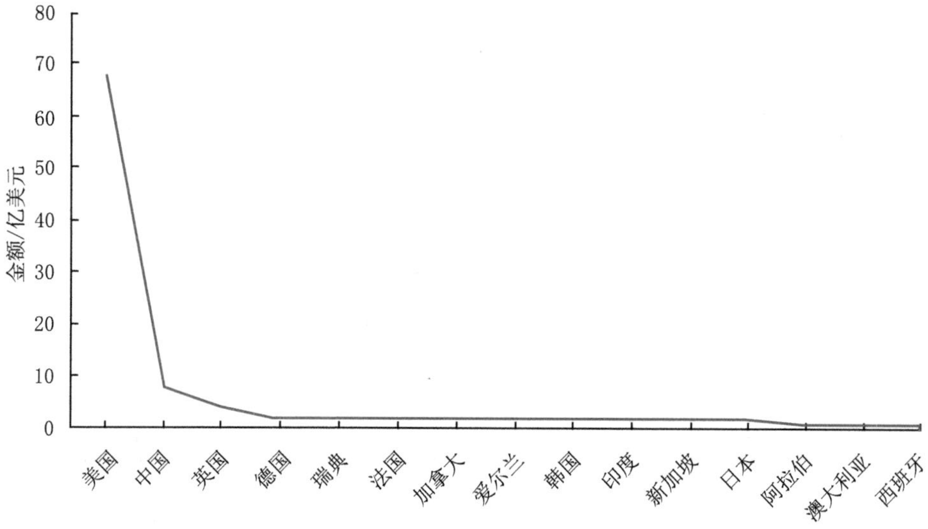

图6–18　2023年各国人工智能私人投资金额

资料来源：Quid。

2.中国篇：投资者重拾信心，人工智能产业投融资活动回温

中国人工智能产业投融资活动在2022年进入相对冷静期，从2023年开始逐渐回温（见图6–19）。2014—2017年，中国人工智能产业受行业发展和资本市场环境变化等宏观环境因素影响，投融资活动快速增长，并在2017年达到顶峰，尽管之后有所回落，但整体水平仍然较高。2018—2021年，投资金额持续增长，2021年达到4966亿元的高点。然而，2022年投资数量和金额均有所下降，投资金额降至1916亿元，投资数量为1105起。到了2023年底，投资数量和投资规模均有所上升，投资数量为1115起，投资金额达到3485亿元。

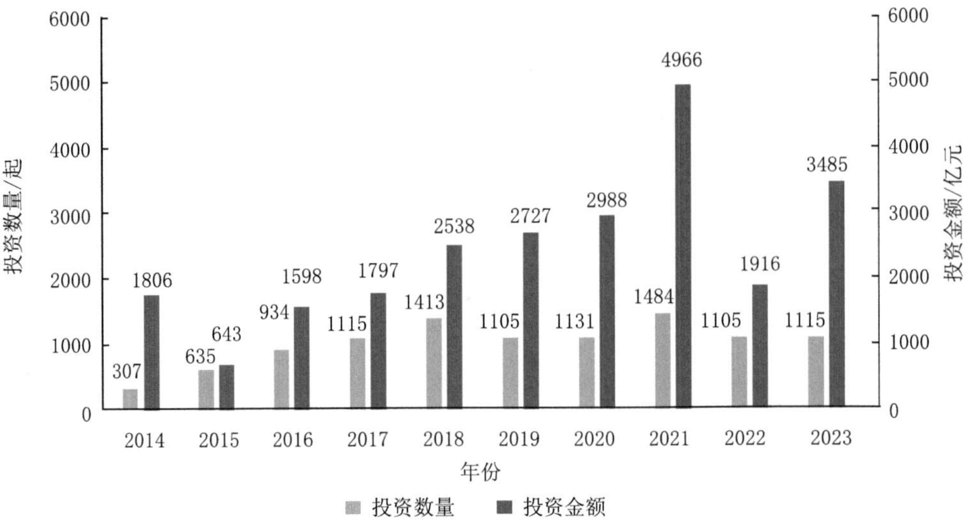

图6-19　2014—2023年中国人工智能产业投资情况

资料来源：IT桔子。

从产业链结构来看，投资者近几年更青睐基础层而更少关注技术层和应用层，其中对AIGC（人工智能生成内容）的投资在2022年ChatGPT横空出世后猛增（见图6-20）。

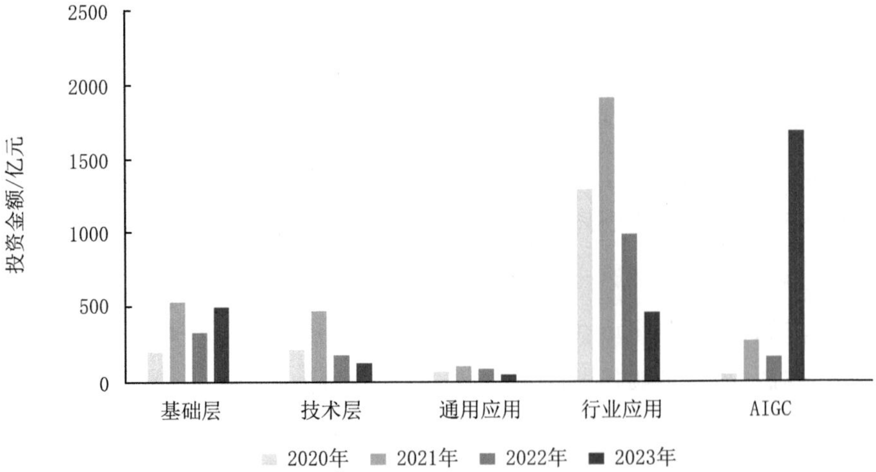

图6-20　2020—2023年人工智能上中下游领域投资金额

资料来源：IT桔子。

人工智能技术已广泛渗透到社会各个领域，其中生活服务、智慧医疗、智能制造、智能汽车投资事件较多（见图6-21），2023年这四个领域的投资事件数量占人工智能全部投资事件的70.9%。

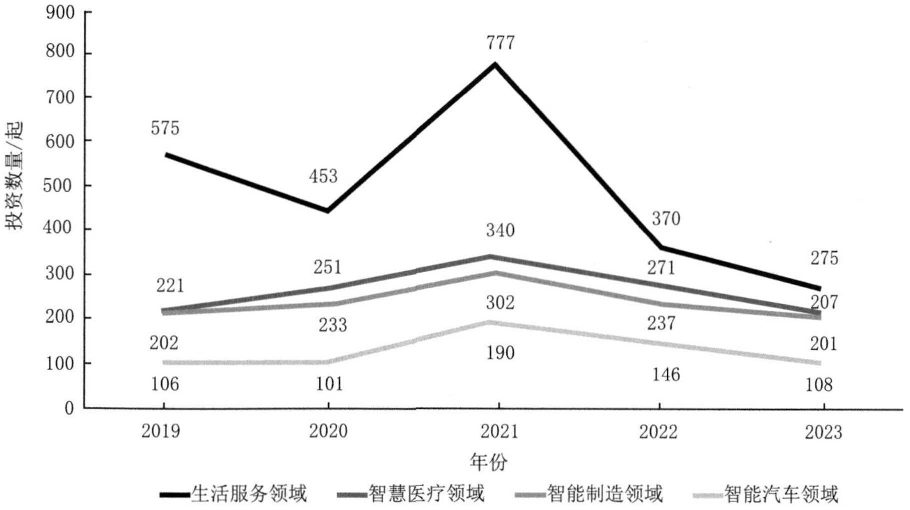

图6-21　2019—2023年人工智能应用领域投资事件数量

资料来源：IT桔子。

3.广东篇：广东投融资持续活跃，人工智能产业引力强

2016年至2024年7月，广东人工智能领域累计发生投融资事件1305起，位居全国前列。2023年，广东人工智能产业共有96个项目获投，融资92.89亿元，占全国的13.7%（见图6-22）。《人工智能国家级专精特新分析报告》指出，2018年至2023年9月，广东国家级专精特新人工智能企业共有633笔融资，总额为1195.23亿元，全国领先。其中，广州云从科技获57.63亿元融资，成为“AI四小龙”之一。

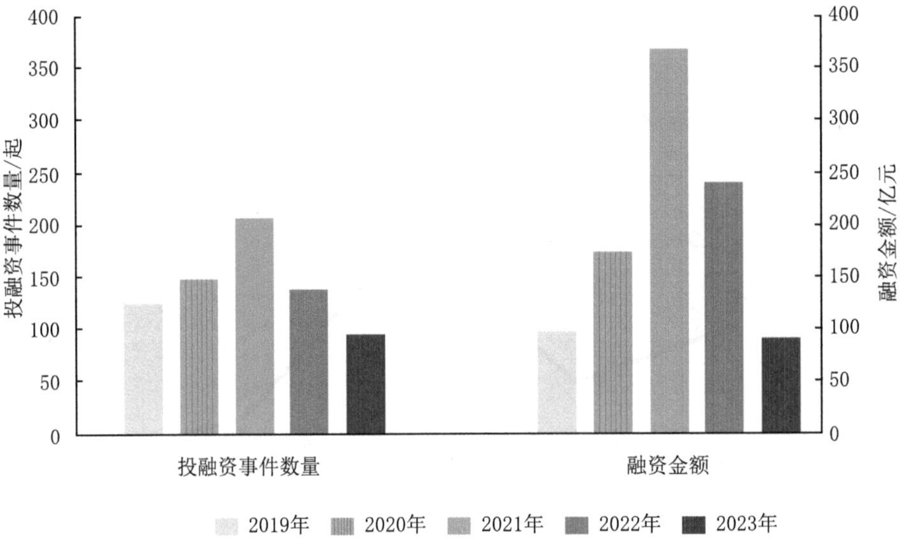

图6-22　2019—2023年广东人工智能产业投融资情况

资料来源：IT桔子。

（二）研发

1.全球人工智能行业整体注重研发投入，芯片研发投入占比位于行业前列

人工智能产业链企业研发投入呈现结构性差异，技术层研发强度高，头部平台型企业依托规模效应在投入总量上领跑但占比较低。从绝对规模看，全栈平台企业优势明显，以2019—2023年的数据来看：阿里巴巴均超过430亿元，百度维持在183亿～250亿元，远超多数企业；国际巨头如微软2023年研发支出达295.10亿美元，英伟达达86.75亿美元，凸显全球龙头的资源壁垒。

在研发强度方面，技术层企业规模虽小但投入占比高。2023年，商汤科技研发费用占营业收入的比重达102%，远光软件达25%，科大讯飞达18%，均高于应用层企业。2019—2023年的数据显示，芯片企业寒武纪的研发费用占比（122%～209%）明显高于英伟达（14%～27%），反映了后发企业的追赶压力；应用层企业如海康威视、康耐视，研发费用占比多在10%～17%之间，更注重效率控制。

2.龙头企业创新活跃度居高，呈现积极的创新投入态势

中国龙头创新企业均展现了较强的战略重视及创新投入，创新质量、创新规模和创新活跃程度等全面发展。从人工智能企业的核心技术布局来看，百度、腾讯、阿里巴巴和华为等头部企业在人工智能核心技术布局广泛，而平安科技、京东和小米等公司则聚焦应用层技术。《新一代人工智能专利技术分析报告》显示，百度、腾讯、阿里巴巴近三年专利申请占比显著，体现了积极的创新投入态势，华为在海外专利方面尤为突出。以上四家企业的专利创新潜力如图6–23所示。

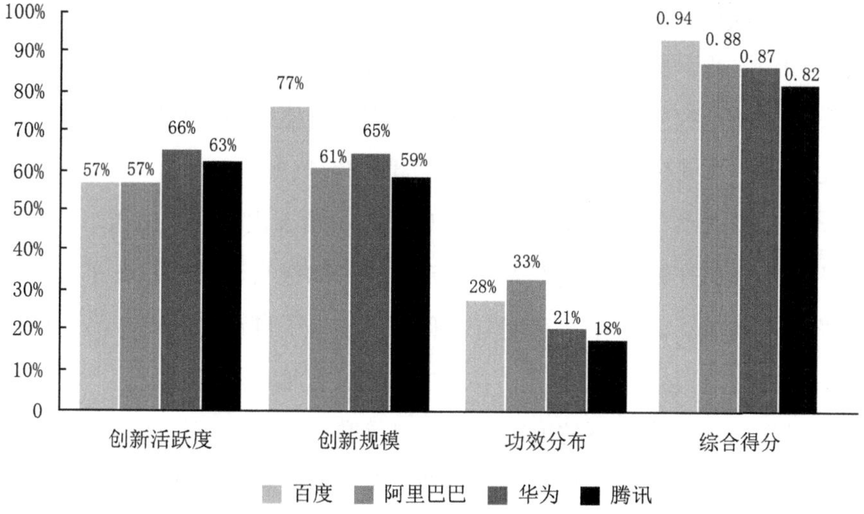

图6–23　新一代人工智能基础层和模型层代表性企业专利创新潜力综合分析

资料来源：《新一代人工智能专利技术分析报告》。

3.企业案例：百度调整其结构以适应人工智能的进步

作为中国人工智能领域的领军企业之一，百度近年来显著加大了研发投入。公司联合创始人兼首席执行官李彦宏透露，2015年百度将15%的收入投入到人工智能研究中，而到了2023年，这一比例已增至近22%。2019—2023年的五年间，百度在人工智能领域的研发支出累计超过了90亿美元，这不仅使其成为中国在该领域研发投资最多的公司，也使其在全球排名中位列前茅。其中，百度研发的PaddlePaddle深度学习框架成为中国最大的深度学习平台，服务于全球超过800万用户和22万多家企业。

为了聚焦人工智能业务并优化资源配置，百度采取了一系列战略性调整。2017年8月，百度出售了外卖业务百度外卖，并在2018年5月扩大了实用应用程序和移动广告业务。百度还成立了一个新的全球业务部门，专注于人工智能驱动服务，例如推荐引擎PopIn和键盘应用Simeji。2023年6月，百度再次宣布将剥离其在携程的股份，价值约4.7亿美元，这一举措旨在增强公司的现金储备，支持其在人工智能领域的持续创新和发展。百度目前的人工智能项目包括：

①深度学习实验室：目标是整合政府、行业领导者和学术界的资源，以提高国家在深度学习和人工智能方面的整体研发能力。主要关注的领域包括视觉感知、语音识别、生物识别和人机交互。

②西雅图研究中心：2017年10月，百度在华盛顿州西雅图开设了一个研究中心，以扩大其在人工智能和云计算方面的影响力。

③自动驾驶汽车：2021年6月，百度推出了第五代机器人出租车“阿波罗月球”，每辆汽车的生产成本为48万元，仅为L4级自动驾驶汽车平均成本的三分之一。此外，2021年，百度与吉利合作推出了自动驾驶汽车品牌JIDU。JIDU最初的启动资金为3亿美元，在2022年初又筹集了4亿美元。

④数字人：百度旗下的度晓晓和曦灵等数字人平台应用于客户服务、金融、娱乐、旅游和政府等行业。公司消息称，曦灵在自然语言处理方面的准确率为98%，在嘴型合成方面的准确率为98.5%。

（三）进入壁垒

人工智能产业的进入壁垒是技术壁垒、政策壁垒以及资金壁垒。

1.技术壁垒：核心技术的掌握和集成

首先，人工智能领域的技术壁垒体现在对机器学习尤其是深度学习等核心技术的掌握上。例如，百度通过建立深度学习实验室，不仅积累了大量的专业知识，还开源了PaddlePaddle等深度学习平台，形成了强大的技术基础和专利组合。这些技术的研发和创新需要大量的资金投入、高端人才以及先进的计算资源，对新进入者构成了显著的门槛。

其次，技术壁垒还表现在数据的积累和处理能力上。在人工智能中，数据是训练模型的关键，企业需要有能力获取、处理和分析大量数据。例如，百度利用搜索引擎积累的海量数据，为人工智能技术提供了强大的数据支撑。同时，企业还需要具备高效的数据处理技术和算法，以确保从数据中提取有价值的信息，进一步提升模型的性能。

最后，技术壁垒还涉及跨学科集成能力和快速的产品迭代。人工智能是一个多学科交叉领域，需要企业整合计算机科学、数学、统计学等多个领域的知识。此外，技术的快速迭代要求企业持续进行研发投入，以适应不断变化的市场需求和技术进步。企业文化和技术团队的创新能力在此过程中发挥着至关重要的作用，如谷歌的DeepMind通过持续的技术创新，不断推动人工智能技术的发展。

2.政策壁垒：面临数据、算力和算法三层限制

（1）跨国数据流动的监管。

数据是人工智能发展的关键要素，而跨国数据流动是国际合作的基础。不同国家对数据保护和隐私的监管要求存在差异，如美国《加州消费者隐私法案》（CCPA）和欧盟《通用数据保护条例》（GDPR），导致了数据跨境传输的复杂性和不确定性。此外，数据本地化法规要求企业将数据存储在用户所在国，这限制了数据的跨境流动。例如，俄罗斯要求所有收集自其公民的数据必须存储在俄罗斯境内的服务器上；欧盟的GDPR对数据保护提出了高标准，要求企业在处理个人数据时必须遵守严格的规则，这限制了数据的自由流动，增加了企业的合规成本。

（2）芯片和半导体出口管制政策。

美国政府实施芯片和半导体出口管制政策，以限制关键技术流向可能影响美国国家安全或军事现代化的国家。这些政策特别关注先进计算芯片和半导体制造设备，通过《先进计算芯片更新规则》和《半导体制造物项更新规则》，美国商务部工业与安全局（BIS）对这些技术和设备实施了严格的出口控制。例如，英伟达和AMD被要求停止向中国出口高性能GPU芯片，同时，BIS将多家中国企业加入“实体清单”，直接限制了这些企业与美国供应商的交易。

（3）算法保护与出口管制严格，影响全球人工智能技术流动与应用。

算法的知识产权保护成为关键议题。例如，中国最新修订的《中国禁止出口限制出口技术目录》将一些人工智能算法列为限制出口技术。同样，美国对某些可能用于军事用途的算法实施出口管制。OpenAI公司宣布自2024年7月9日起将限制非支持国家和地区的API服务，包括中国内地、中国香港、俄罗斯、伊朗和朝鲜。这一决定显著影响了这些地区对OpenAI技术的接入，给依靠这项技术的企业和开发者带来了严重后果。这不仅是技术出口管制的体现，也反映了国家安全的考量，旨在限制敏感技术的国际流动。

数据安全和算法透明度也逐渐成为监管的核心内容。在中国实施的《互联网信息服务算法推荐管理规定》要求算法服务提供者在法律法规框架内进行操作，确保算法的透明性与公正性，且需尊重社会公德和伦理标准。这一举措显示了监管机构对算法可能造成社会影响的深入关注，以及对行业运营的严格监管。

针对共谋、定价、自我优待等算法垄断多样化特征，反垄断监管也相应调整。以谷歌与欧洲反垄断案件为例，谷歌因被指控其搜索算法存在垄断行为而遭受欧盟的重罚，此案凸显了算法在商业活动中的重要性，以及监管方对其行为的严密审查。为响应反垄断要求，谷歌不得不调整搜索算法，以确保合规，这不仅改变了公司的运营策略，还增加了法律风险。

2023年各国针对人工智能的监管政策如表6-9所示。

表6-9　2023年各国针对人工智能的监管政策

时间	国家	政策	主要内容
2023年1月	美国	《人工智能风险管理框架》	旨在指导组织降低人工智能系统开发与部署中的安全风险，避免偏见和负面后果，提高系统的可信度，保护公民权利。该框架是非强制性的，包含风险管理的方法和人工智能系统构建的考量

续表

时间	国家	政策	主要内容
2023年3月	美国	《版权登记指南：包含人工智能生成材料的作品》	明确了版权保护仅适用于人类创造力的产物，人工智能生成作品需含人类作者贡献，版权申请者需披露人工智能使用情况，并对作品的人类创作部分提出权利要求
2023年8月		《关于解决美国对受关注国家的特定国家安全技术和产品投资的行政令》	授权财政部审查投资者在特定国家安全技术和产品领域的对外投资活动，特别是针对可能增强受关注的国家军事和军民两用技术能力的投资
2023年10月		《加强对先进计算半导体、半导体制造设备和超级计算物项出口到有关国家的限制》	旨在限制对某些国家的先进计算半导体等关键技术的出口，以保护国家安全和外交政策利益
2023年3月	英国	《促进创新的人工智能监管方法》	提出了五项监管原则：安全性和稳健性、透明度和可解释性、公平性、问责制和管理、可竞争性和补救性
2023年7月	中国	《生成式人工智能服务管理暂行办法》	旨在促进生成式人工智能健康发展和规范应用，维护国家安全和社会公共利益
2024年12月	欧盟	《人工智能法案》	采用基于风险的方法，为人工智能系统的开发、市场的投放和使用制定了统一规则，同时明确禁止某些违背欧盟价值观、特别有害的人工智能的做法

3.资金壁垒：研发初期的高成本以及持续的资金需求

人工智能领域的资金壁垒主要体现在模型训练的高成本上。2017年Transformer模型的训练成本约为900美元，但随着模型规模扩大，2019年RoBERTa Large模型的训练成本飙升至16万美元。到了2023年，GPT-4和Gemini Ultra模型的训练成本分别高达7800万美元和1.91亿美元，反映了高性能计算资源的需求和云计算价格的上升。

资金壁垒还体现在持续的资金需求上。人工智能市场竞争激烈，算力和数据是企业持续创新的关键，需要高昂的训练成本和持续的资金投入。然而，高昂的投入并不总能及时带来对等的收益，如Anthropic 2023年的支出是营收的10倍以上。科技巨头——如谷歌凭借资本和云计算基础掌握市场主导权，而人工智能初创企业在缺乏资金或技术支持的情况下，很难持续生存。例如，Inflection AI在推出AI个人助理一年后几乎没有收入，最终在2024年3月底关闭原有业务并并入微软，凸显了资金壁垒对人工智能初创企业的挑战。

三、人工智能产业链市场绩效

（一）盈利能力

1.上游基础层盈利能力

上游基础层盈利能力按照2023年企业营业收入可以分为两大阵营，首先是以英伟达和AMD为代表的海外龙头企业，其次是以国产领先企业为代表的内资公司。①海外龙头企业：2023年，英伟达和AMD的营业收入分别为269.74亿元和226.80亿元，远高于其他3家可比公司的营业收入，处在行业的绝对龙头位置。②内资公司：2023年，用友网络、寒武纪和奥迪威的营业收入分别为97.96亿元、7.09亿元和4.67亿元（见表6-10）；综合比较来看，英伟达、寒武纪和AMD主营芯片，用友网络侧重云计算，奥迪威侧重智能传感器等硬件制造，各公司间存在一定的差异化竞争，在各自领域较为领先。

从盈利能力看，2023年，芯片行业的代表性企业英伟达、AMD和寒武纪的毛利率均处于上游的领先地位，分别为56.93%、46.12%和69.16%；而奥迪威的毛利率较低，只有38.07%。从净利率来看，寒武纪的净利率远低于其他企业，这可能是寒武纪持续增长的研发费用，以及为了进行智能芯片市场推广及生态建设所产生的销售费用所致。

表6-10 2022—2023年人工智能基础层代表性企业盈利能力

企业	2022年			2023年		
	营业收入/亿元	销售毛利率	销售净利率	营业收入/亿元	销售毛利率	销售净利率
奥迪威	3.78	35.15%	14.09%	4.67	38.07%	16.68%
AMD	236.01	44.93%	5.59%	226.80	46.12%	3.77%
用友网络	92.62	56.37%	2.46%	97.96	50.73%	-9.63%
英伟达	269.14	64.93%	36.23%	269.74	56.93%	16.19%
寒武纪	7.29	65.76%	-182.55%	7.09	69.16%	-124.54%

资料来源：Wind。

2.中游技术层盈利能力

2023年，除商汤科技、阿里巴巴和百度外，其他企业的营业收入和销售毛利率都有一定幅度的上调（见表6-11）。其中微软和谷歌的营业收入、销售毛利率以及销售净利率较高，位于中游的高位，而商汤科技和科大讯飞的较低，尤其商汤科技的净利率在2022年和2023年都为负值，处于长期亏损状态。计算机视觉领域龙头商汤科技的盈利水平远低于中游其他企业，经营利润持续亏损与它外包的商业模式高度相关，高度定制化导致高成本，因此其毛利率下降幅度较大。

综合来看，微软和谷歌在营业收入、销售毛利率和销售净利率方面表现较好，具有较强的盈利能力；而商汤科技和科大讯飞在这些指标上表现相对较弱；其他企业的盈利能力处于中间水平。

表6-11　2022—2023年人工智能技术层代表性企业盈利能力

企业	2022年			2023年		
	营业收入/亿元	销售毛利率	销售净利率	营业收入/亿元	销售毛利率	销售净利率
微软	1982.70	68.40%	36.69%	2119.15	68.92%	34.15%
百度	134.60	16.00%	16.00%	123.68	13.00%	6.00%
阿里巴巴	8530.62	36.76%	5.52%	8686.87	36.72%	7.55%
谷歌	2828.36	55.38%	21.20%	3073.94	56.63%	24.01%
华为	642.34	44.00%	7.00%	704.17	46.00%	15.00%
远光软件	21.25	55.69%	16.00%	23.89	57.21%	15.15%
商汤科技	38.09	66.75%	-159.98%	34.06	44.07%	-190.57%
科大讯飞	188.20	40.83%	2.67%	196.50	42.66%	3.14%

资料来源：根据Wind、企业年报整理。

（二）价值链分布

人工智能产业链上中下游紧密联系，价值链分布不均。上游为人工智能基础层，有硬件设施环境和数据设备环境，芯片、传感器、存储设备、数据库和云计算等是核心的基础环境。中游是技术层，也是人工智能的底层框架，分为算法和通用的数据库，底层框架的价值在5%～50%不等。下游是应用层，载体产品有机器人等，实现人工智能的对外呈现，主要应用场景有智能驾驶、智能家居、智慧医疗和智能客服等。

根据人工智能各产业链环节的毛利率状况可知，目前，基础层中基础设施企业毛利率适中，数据服务类企业毛利率较高，整体维持在44%以上的水平；技术层中应用技术企业毛利率适中，算法理论与平台框架企业整体毛利率较高，处于23%以上的水平；应用层企业毛利率整体较高，解决方案企业和产品服务企业毛利率整体维持在35%以上的水平。

对于人工智能的产业链条来说，中游的算法与技术毫无疑问是创新价值、产业价值最高的环节。从总排名与重点城市的产业结构分布关联来看，在高价值环节巩固强链，是城市产业链整体提升的核心策略。

（三）创新绩效

中国已成为全球人工智能技术创新的关键竞争者，人工智能创新链日益完善，基础层和模型层创新活跃。截至2023年底，中国新一代人工智能基础层和模型层公开专利达6.2万件，有效专利近2万件，审中专利3.5万件。2017—2023年中国新一代人工智能基础层和模型层技术专利申请数量如图6-24所示，年均复合增长率为39.4%。自然语言处理和计算机视觉为发展最快、应用最广的技术分支。

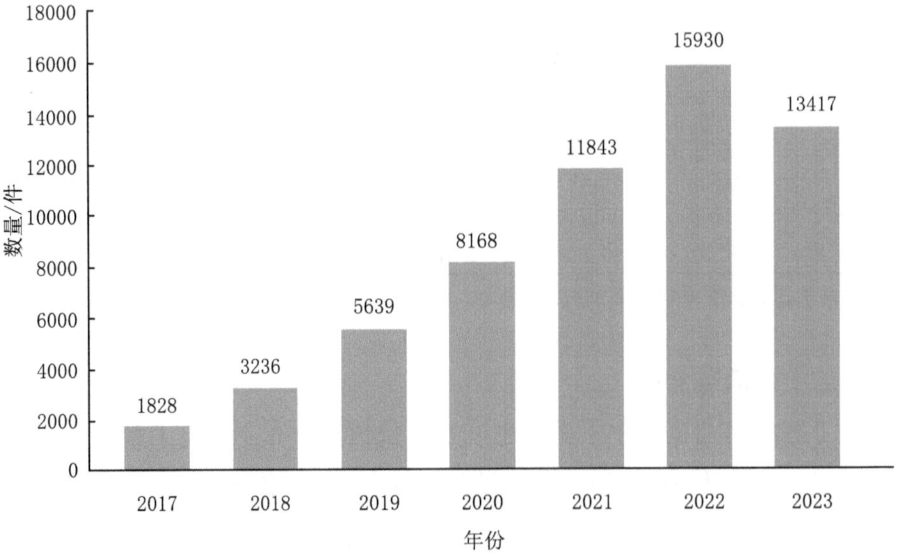

图6-24　2017—2023年中国新一代人工智能基础层和模型层技术专利申请数量

资料来源：《新一代人工智能专利技术分析报告》。

中国龙头企业百度、腾讯、华为等成为人工智能全栈创新的领军者，专利申请量行业领先（见图6-25）。《新一代人工智能专利技术分析报告》显示，中国在新一代人工智能专利申请上已形成主导优势，百度、华为、腾讯、阿里巴巴等企业凭借高质量数据、算力和算法成为人工智能创新的中坚力量。百度利用文心大模型和飞桨平台，构建了自主可控的人工智能技术创新生态，截至2023年底，百度新一代人工智能专利申请量约为1432件，位居全国第一。

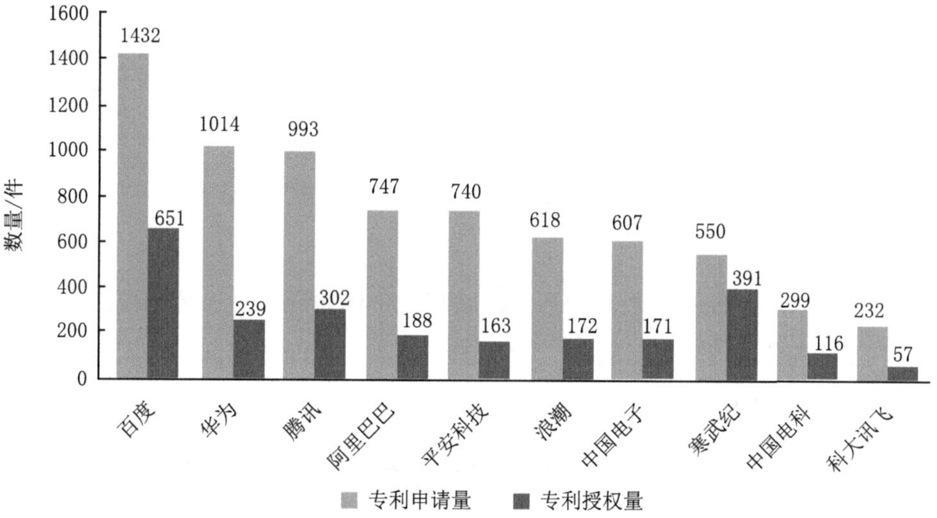

图6-25　中国新一代人工智能领域专利申请与授权量top10企业

数据来源：《新一代人工智能专利技术分析报告》。

第三节　人工智能产业空间布局

一、全球人工智能产业空间布局

（一）美国人工智能企业数量位居全球首位，中国紧随其后

全球人工智能企业数量由爆发式增长转入稳步增长。2016—2019年全球人工智能企业经历爆发式增长，年增量超3000家，2017年达到顶峰，为3714家，2019年后增速放缓，2022年增量与2013年相近（见图6-26）。截至2023年6月底，全球人工智能企业总数达3.6万家。

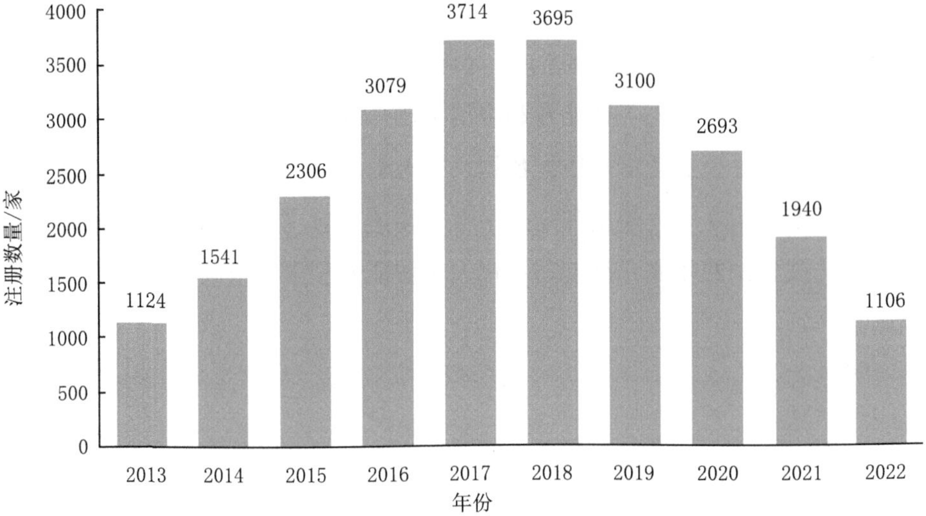

图6-26　2013—2022年全球新增人工智能企业注册数量

数据来源：Crunchbase、中关村产业研究院、毕马威。

美国人工智能企业数量位居全球首位，中国紧随其后，英国位居全球第三。亚洲的印度、日本、韩国，北美的加拿大，欧洲的德国、法国等国家也具有较好的基础，位居第二梯队。

（二）中美在全球人工智能独角兽企业发展上平分秋色

截至2023年6月底，全球人工智能领域独角兽企业总数为291家，遍布20国。美国以131家独角兽企业占全球45%，中国有108家，占37%，以色列、英国、加拿大分列其后（见表6-12）。

表6-12　各国人工智能独角兽企业数量（截至2023年6月30日）

国家	企业数量/家
美国	131
中国	108
其他国家	15
以色列	8
英国	8

续表

国家	企业数量/家
加拿大	6
印度	5
法国	4
德国	3
新加坡	3

数据来源：Crunchbase、中关村产业研究院、毕马威。

（三）美国人才数量领跑全球，创新实力居首位

美国人工智能核心层学科领域的高校实力强劲，人才数量大。全球前100的人工智能核心层科研院所中，美国占55所，中国以14所居次席（见图6-27）。美国人工智能人才数量全球领先，截至2023年6月，人工智能全球2000位最具影响力学者榜单中美国有1131人次，中国有277人次（见图6-28）。这显示美国在人工智能科研和人才培养方面占据显著优势。

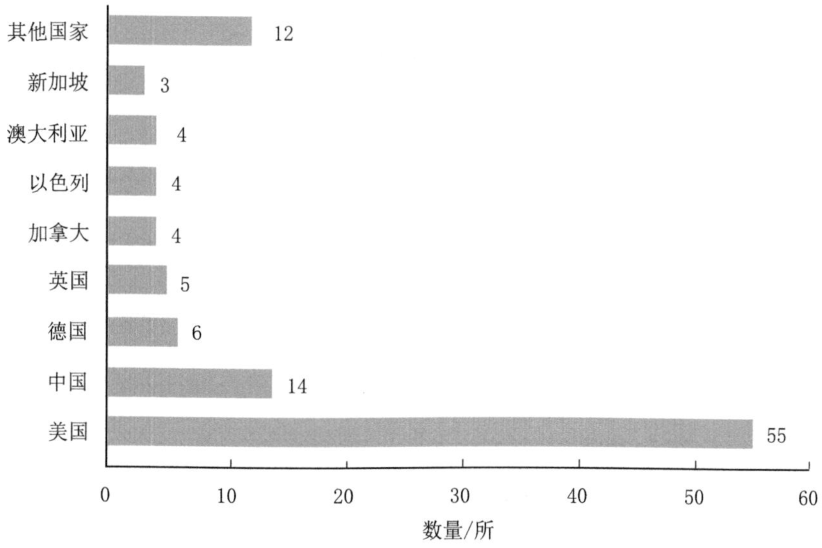

图6-27　各国拥有的top100人工智能核心层科研院所数量（截至2023年6月30日）

数据来源：CSRankings、中关村产业研究院、毕马威。

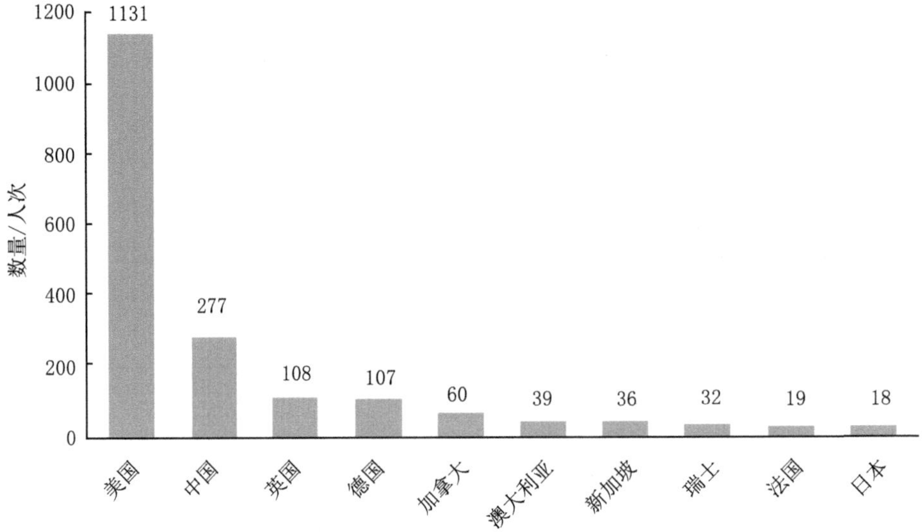

图6-28　全球人工智能领域顶尖人才国家分布情况（截至2023年6月30日）
数据来源：AMiner、中关村产业研究院、毕马威。

美国城市人工智能创新力遥遥领先。从2023年全球人工智能最具创新力城市500强榜单来看，美国上榜城市数量最多，为143个（见图6-29）。再从全球前十上榜城市来看，美国占据4位，其中旧金山湾区、纽约分别位居全球第一和第三；中国仅北京和上海上榜，其中北京位居全球第二，上海位居全球第八。

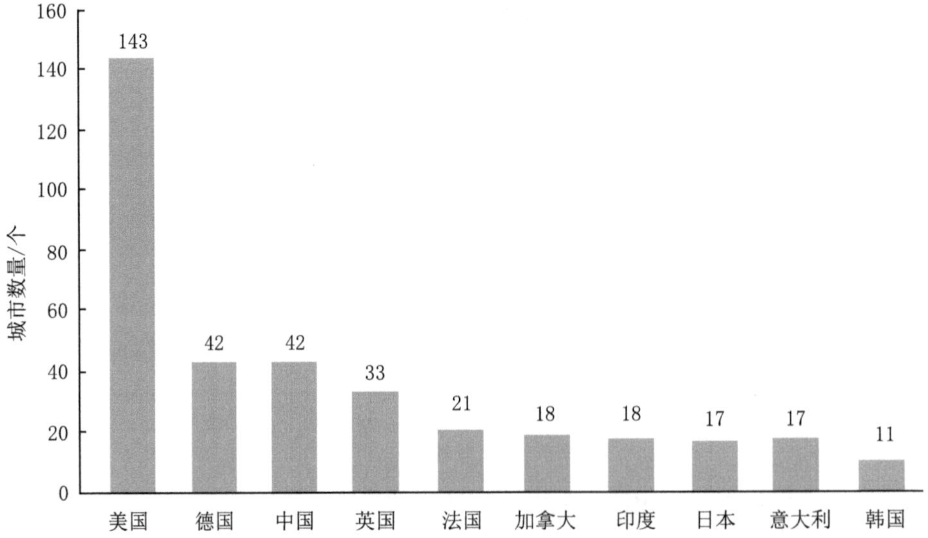

图6-29　2023年全球人工智能最具创新力城市500强数量最多的10个国家
数据来源：AMiner。

二、中国人工智能产业空间布局

北京、广东和上海构成了中国人工智能产业集群价值网络的三大核心。北京内部技术合作占比10.87%，排名第一，深圳与北京、深圳内部的技术合作分别位列第二、第三。深圳与北京形成南北人工智能技术合作枢纽。北京、广东、上海、江苏、安徽、四川、湖北、湖南、重庆、山东、福建人工智能技术合作频繁。

中国人工智能科技产业发展呈现“极化”特征，北京和广东内部技术合作占比领先，且相互间的技术合作也排名前列，形成南北双极格局。在城市间技术合作中，北京、深圳、广州和上海密度最高，尤其是北京与深圳、广州的合作，成为人工智能技术发展的重要动向。

（一）产业集聚及产业园区空间发展

1.人工智能区域集聚分布，集中优势显著

中国人工智能产业呈现明显的区域集聚特征，主要集中在京津冀、长三角和珠三角地区。北京以近30%的企业数量占比成为中国人工智能产业的核心，拥有百度、海天瑞声等代表性企业。上海和浙江分别有商汤科技、阿里巴巴等重点企业。此外，人工智能企业有30.95%在长三角地区，29.36%在京津冀地区，26.45%在珠三角地区。大多数人工智能行业上市公司专注于算法研发和解决方案提供，少数如海天瑞声提供人工智能训练数据。多数上市企业在境外有业务布局。2022年数据显示，84.58%的人工智能企业集中在排名前五的省份（见图6–30），排名前五的城市拥有的人工智能企业数量占比达71.91%（见图6–31），凸显北京、上海、深圳、广州和杭州等城市的集聚优势。

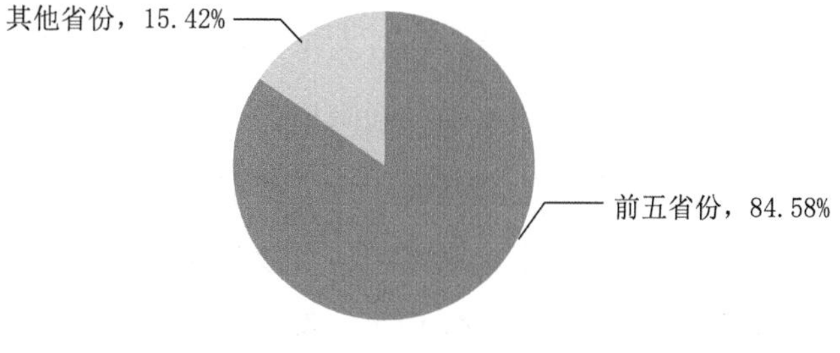

图6–30　2022年中国人工智能行业省份集中度

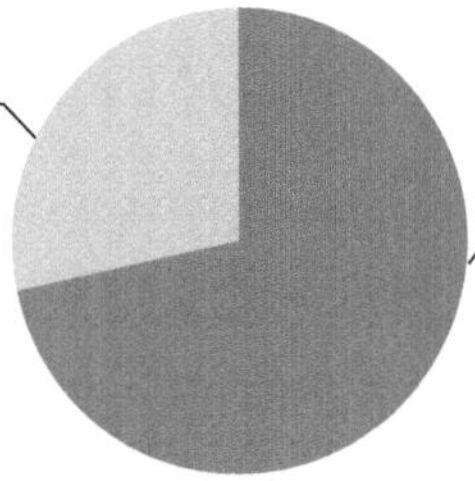

图6-31　2022年中国人工智能行业城市集中度

数据来源：中国新一代人工智能发展战略研究院。

北京、上海人工智能创新实力位居全国前列。北京以科技研发实力和产业集聚规模领先，上海则加速建设国家新一代人工智能创新发展试验区和国家人工智能创新应用先导区，形成以浦东张江、徐汇滨江为引领的产业集群。浙江人工智能企业主要集中在杭州湾地区，杭州和德清县分别成为国家新一代人工智能创新发展试验区。广东的深圳和广州获批建设国家新一代人工智能创新发展试验区和国家人工智能创新应用先导区，构建了以广深为主引擎的区域发展格局。

2.产业园区集中分布在东部沿海地区

人工智能产业园区集中分布在东部沿海地区。目前，获批的人工智能创新发展试验区主要分布在北京、杭州、深圳等东部城市。全国58个人工智能园区中，上海和江苏的数量最多，广东、山东和浙江也有较多分布。这反映了东部地区在人工智能产业集聚和创新上的领先地位。

（二）产业链及重点企业布局

1.产业链侧重上下游，中游技术层较为薄弱

中国人工智能产业链目前存在分布不均的问题，重应用场景设计而轻基础研究。企业在应用落地端集中，如阿里巴巴通过阿里云优化数据中心，推动云计算业务及“智算”浪潮发展。人工智能产业链代表性企业多集中在北京、广东、上海等地，北京有寒武纪、百度集团，广东有腾讯控股、云从科技，上海有商汤科技等（见表6-13）。但中游技术层企业较少，显示技术层相对较弱，需要进一步发展。

表6-13　中国人工智能产业链重点企业分布

省市	上游企业	中游企业	下游企业
北京	寒武纪、用友网络、中金数据	月之暗面、百度集团、格灵深瞳	中科创达、地平线、小米
江苏	纳芯微、卓易信息	京东集团	科沃斯、天奇股份、埃斯顿
上海	晶晨股份、汉得信息	商汤科技	蔚来、上汽集团、科大智能
浙江	大华股份、光云科技	阿里巴巴	虹软科技、富佳股份、海康威视
四川	国星宇航、四方伟业	—	布法罗、川大智胜
福建	瑞芯微、三五互联	—	思尔特、万久科技
广东	全志科技、云天励飞、大族激光	云从科技、腾讯控股	有米科技

2.独角兽企业高度集中于京沪粤，区域发展呈梯度分布格局

2024年，广东人工智能企业近10万家，全国领先（见图6-32）。2024年，中国人工智能独角兽企业分布呈现高度集聚特征，北京以43家企业显著领先，这反映出其在科研资源、创新环境和政策支持方面的综合优势。上海（18家）和广东（12家）分别位列第二和第三，体现出金融资源集聚和先进制造基础对人工智能企业发展的有力支撑。浙江和江苏各有6家企业（见图6-33），具备一定的产业基础。整体来看，人工智能企业空间布局存在显著的区域不均衡特征，整体分布仍集中于东部沿海地区。

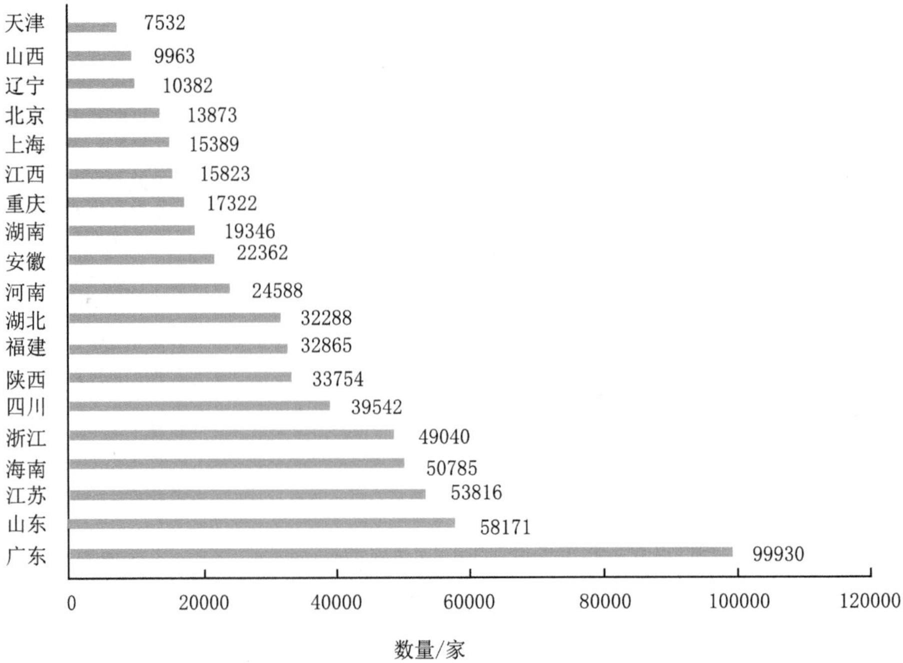

图6-32　2024年中国人工智能企业空间分布

数据来源：天眼查。

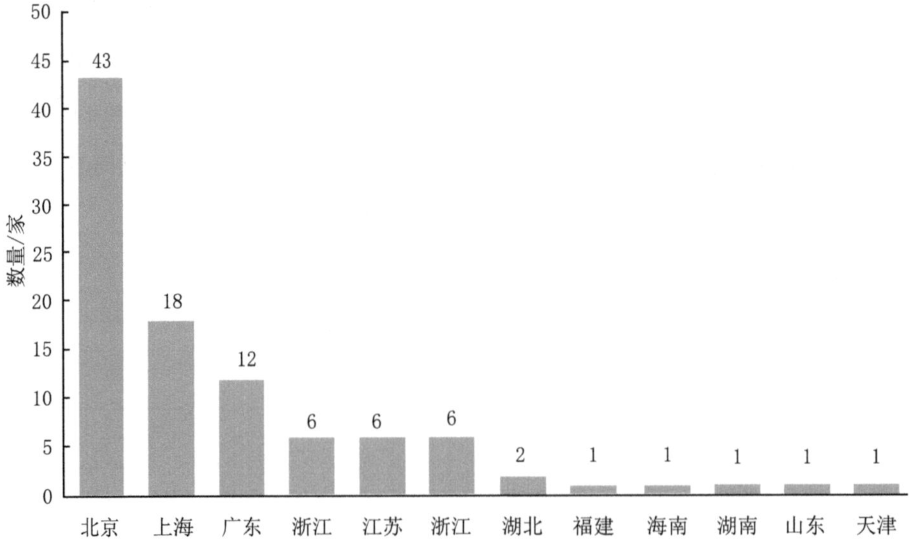

图6-33　2024年中国人工智能独角兽企业空间分布

数据来源：中关村独角兽企业发展联盟、长城战略咨询等。

三、广东人工智能产业空间布局

广东人工智能产业区域格局分明，主要集中在广深地区。深圳、广州先后获批建设国家新一代人工智能创新发展试验区和国家人工智能创新应用先导区。目前已形成以广州、深圳为主引擎，珠三角其他地市为核心，粤东粤西粤北各地市协同联动的区域发展格局。

广东已基本形成以产业应用为引导、以技术攻关为核心、以基础软硬件为支撑的较为完整的产业链条。基础软硬件支撑实力较强，拥有高水平的云计算支撑平台，广州、深圳、珠海三大集成电路产业集群具备较强的竞争优势，智能传感器技术水平居全国前列。技术攻关加速布局，算法、算力、数据等领域的科技专项支持力度不断提升，一大批科技创新成果成功落地转化。产品应用前景广阔，智能机器人及智能装备产业迎来爆发式增长，民用无人机产业在全球居领先地位，无人船和无人驾驶产业蓬勃发展，智能技术场景应用不断增加，智能技术向国民经济各领域渗透的广度和深度进一步拓展。

（一）产业集群及产业园区空间发展

广东提前布局，已经建成了包括鹏城实验室、韶关数据中心集群、横琴先进智能计算平台和国家超级计算广州中心等在内的一系列计算资源设施，形成了通用计算、智能计算和超级计算三大支柱，以满足大规模人工智能模型对计算资源的高需求。

产业基础扎实，构建形成以广州、深圳为主引擎，珠三角地区为核心，粤东粤西粤北各地市协同联动的区域发展格局。珠三角地区利用产业资源集聚优势，形成了具有国际竞争力的战略性产业集群。粤东粤西粤北地区则支持建设算力基础设施，为广东算力服务提供支撑。广州和深圳高水平建设国家新一代人工智能创新发展试验区和国家人工智能创新应用先导区，推动体制机制改革和创新应用，探索人工智能发展新模式、新路径。同时，支持河套地区建设人工智能总部基地和专业园区，加快人工智能与数字经济研发型产业园的建设。

（二）产业链及重点企业布局

广州的主导产业为人工智能发展提供了坚实的基础。金融和汽车业的成熟为人工智能应用提供了广阔的场景，而电子产品制造业则在云计算、传感硬件、计算硬件等方面为人工智能产业的基础层发展提供了支持。广州利用其区位优势，结合深圳、东莞的电子元器件配套链，并通过香港接入全球市场，进一步推动了人工智能产业的繁荣。

广东的人工智能产业呈现出以大型企业为龙头，众多中小企业蓬勃发展的格局。2023年，广东新增人工智能相关注册企业近12.2万家，同比增长超33%，其中深圳、广州、东莞位列前三。深圳以新增超4.7万家企业领先，增长率达到36.91%。阳江、揭阳等市的增速甚至超过了50%，显示出广东人工智能产业的迅猛发展势头。

从企业区域分布来看，广东超九成的人工智能相关企业分布在珠三角地区，其中，超七成位于广州和深圳（见图6-34）。2022年，广东的人工智能相关注册企业约17万家，核心企业900多家，数量居全国首位，其中包括85家上市企业、20家营收超100亿元的企业。

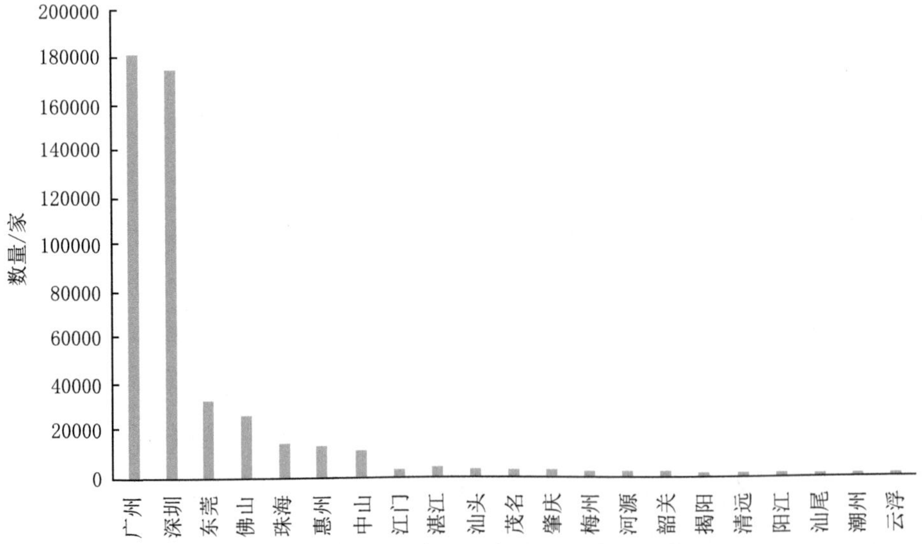

图6-34　2023年广东人工智能企业空间分布

数据来源：南都大数据研究院。

四、广东重点城市人工智能产业空间布局

（一）广州：集中分布在天河区和黄埔区

广州的人工智能产业集群发展以天河区、黄埔区、南沙区为核心，形成了区域性产业布局。依托南沙国际人工智能价值创新园、广州人工智能与数字经济试验区琶洲核心片区等重点园区，广州积极引进国内外技术带头人，吸引优秀企业和项目，推动人工智能产业发展。

黄埔区和天河区是广州人工智能企业的主要聚集地，拥有飞腾、广电运通、佳都科技、小鹏汽车及极飞科技等企业。海珠区以智能医疗和自动驾驶类企业为主，如景驰科技。越秀区有中科创能、南方电网电力科技等企业。产业链各环节的代表性企业主要分布在黄埔区、天河区、番禺区、南沙区，其中黄埔区和天河区的产业链布局更为完善，显示出广州在人工智能产业方面的区域特色和集群优势。

广州形成多个人工智能产业聚集区。广州依托电子信息产业优势，以大力突破关键核心技术为路径，加快了人工智能产业布局，形成了天河智慧城、广州软件谷、中国人工智能（广州）产业园、鱼珠片区、琶洲核心片区、中新广州知识城等多个人工智能产业聚集区（见表6–14）。

表6–14　广州人工智能产业聚集区

市辖区	产业聚集区	核心技术
越秀区	中国科学院（越秀）IAB100价值创新园	智能交互系统
海珠区	琶洲核心片区	虚拟现实与增强现实、计算机视觉
	1918智能网联产业园	智能交通
南沙区	南沙国际人工智能价值创新园	智能翻译、物联网、智能驾驶、计算机视觉
天河区	天河智慧城	智能驾驶
	广州软件谷	虚拟现实、人工智能
	天河智谷	数字经济
	中国人工智能（广州）产业园	智慧城市、大数据、机器视觉、人工智能物联网、飞行仿真、语音识别
黄埔区	鱼珠片区	智能芯片

续表

市辖区	产业聚集区	核心技术
黄埔区	中新广州知识城	生物识别、智能视频、大数据、智能金融、智能安全、智能交通、智能便民
	黄埔智能装备价值创新园	机器人
从化区	明珠智慧产业园	无人驾驶、人工智能识别

资料来源：前瞻产业研究院。

（二）深圳：区域差异显著，形成“一轴两廊多节点”的空间格局

深圳形成“一轴两廊多节点”的空间格局，有较为明显的产业集聚效应。这一战略依托深圳湾科技生态园、南山智园等重点园区，以及扶持政策、产业基础和创新体系等优势，打造了“总部基地+研发孵化+高端制造”的产业模式，引导产业特色集聚和协同发展（见表6–15）。深圳湾科技生态园作为战略性新兴产业培育发展平台，已集聚58家人工智能相关企业，覆盖虚拟现实、智能金融、文娱、商务和机器人等细分市场。南山智园则吸引了26家人工智能企业，以智能机器人和运载工具等应用为核心构建智慧园区。这些园区通过龙头企业和重点项目的带动，不断拓展人工智能产业链，促进了上中下游企业的协同发展，形成了显著的产业集聚效应。

表6–15　深圳人工智能产业聚集区

园区名称	园区定位	代表性企业
深圳湾科技生态园	战略性新兴产业培育发展平台	埃森哲、空空、美的、兆新能源、金溢科技、微众银行、商汤科技、澄天伟业、兔展智能、华龙讯达等
南山智园	战略性新兴产业聚集园	优必选、锐明技术、欧瑞博、深视智能、鹿影科技等
深圳新一代产业园	湾区创新总部基地	北科瑞声、九天睿芯、宝链人工智能、太极数智、加推科技等
宝能科技园	数字经济生态城	宝德计算机系统、安软科技、歌华智能、智影医疗等
大运软件小镇	华南地区高端信息产业基地	云天励飞、华用科技、太古计算机系统、华安泰、慧视智联等
讯美科技广场	高科技产业服务综合体	追一科技、爱深盈通、光沧科技、阿西莫夫科技等

资料来源：前瞻产业研究院。

深圳人工智能产业发展呈现出明显的区域差异。截至2023年底，南山区以891家人工智能企业成为科技和创新核心区，并依托丰富的高校和研究机构资源，如深圳大学和中国科学院深圳先进技术研究院，为人工智能企业提供人才和技术支持。龙华区和宝安区人工智能企业均超过250家，呈现产业集聚态势。龙岗区和福田区人工智能企业都接近170家，彰显产业基础。光明区、罗湖区和坪山区人工智能企业较少，发展相对滞后。盐田区和深汕特别合作区人工智能企业数量甚少，产业规模尚未形成。

（三）东莞：产业链全栈布局，形成创新双极

东莞形成创新双极，人工智能小镇多点开花。东莞自“十三五”规划以来，通过技术研发和财政补贴等措施，积极推动人工智能产业发展。《东莞市制造业高质量发展“十四五”规划》特别强调将人工智能作为重点发展产业，支持松山湖高新区成为人工智能原始创新高地，同时在滨海湾新区建设人工智能产业应用创新区，形成全链条创新中心。

东莞产业链全栈布局，主要集中在城区片区、松山湖片区和滨海片区。从产业链各环节的代表性企业分布来看，目前东莞人工智能产业计算机技术、数据、应用技术、算法理论、开发平台、解决方案及产品服务等领域企业主要分布在松山湖片区、城区片区和滨海片区，水乡新城片区和东部工业园片区也分布有部分企业（见表6–16）。

表6–16　东莞人工智能产业代表性企业空间布局（按注册地）

片区	核心技术	代表性企业
水乡新城片区	数据	数字星河
城区片区	计算机技术	卡多尼、玖顺控股
	数据	优你科技、多尼斯
	应用技术	开创金服、天洪实业
	算法理论	艾斯迈技术
	开发平台	光正产业、正康实业
	解决方案	立佳实业
	产品服务	云图人工智能、恒生置业

续表

片区	核心技术	代表性企业
滨海片区	计算机技术	金宝电子、柏胜科技
	数据	盛合国际、隆图软件集成开发
	应用技术	广宇精密电子
	算法理论	欣动传媒
	开发平台	东嘉供应链、巴范宇宙
	解决方案	斯达特
	产品服务	旺家智能机器人、海智机器人
松山湖片区	计算机技术	华贝电子、埃科思科技
	数据	东勤科技、华媒科技
	应用技术	京彩未来、国音智能
	算法理论	华为
	开发平台	泰克尼康
	解决方案	富加科技、国泰达鸣
	产品服务	中健智能、国篮子
东部工业园片区	计算机技术	众道堂医学健康科技
	数据	鑫途数字经济
	产品服务	东莞航空电子、海力峰

资料来源：前瞻产业研究院。

第四节　人工智能产业发展趋势研判

智能化时代来临，人工智能为人类社会的发展进程提出了新的发展方案。新一代人工智能应用技术的研发，改变了人们以往的生活逻辑，在市场中掀起了一股人工智能热潮。未来，人工智能将会实现新的进步——数据的清洗和挖掘将成为优化人工智能技术应用的关键，量子机器学习将会助力机器学习领域突破研究瓶颈，低代码技术和人工智能的结合将使人工智能技术逐渐平民化。同时，也需要着重审视人工智能引发的担忧。人工智能的发展不仅需要重视科技伦理道德，也需要对人工智能带来的负面环境影响提出相应的解决方案。

一、数据技术将决定人工智能应用效果

智能化时代，数据指数级增长为人工智能模型的训练提供了巨量的资源，但是，数据来源的增多降低了数据整体的质量，良莠不齐的数据将对人工智能模型的运算造成影响。由于当前模型自我验证能力有限，且对数据质量的评判没有统一的标准，因此无法对低质量数据进行清洗和纠错。基于低质量数据训练而来的人工智能模型将产生不可预估的错误结果，这不仅消耗时间与成本，还给企业或个人在各方面带来疑惑与错误引导，从而造成损失。当模型的预测错误率提升至一个较高的区间内时，基于人工智能模型的系统将不再被人们信任，从而影响人工智能项目的推进。因此，数据的洁净程度是决定数据整体质量的因素之一，是人工智能发展能否符合人们对其预期的关键。

自机器学习应用以来，人们一直致力提高机器学习算法的速度，但是面对海量数据，传统机器学习的方法已不足以解决现在的需求。因此，人们将机器学习与量子物理相结合，搭载量子算法的机器学习就成为解决数据处理需求的热门研究方向之一。理论而言，量子机器学习具备强大的能力，利用量子计算带来的优势，在性能与数据量处理上已大大超越了传统机器学习算法。量子机器学习通过量子计算的叠加态、纠缠态形成量子计算的高并行性，使用量子机器学习对人工智能模型训练和优化的效率比任何算法都要高。此外，量子机器学习也将拓展人工智能应用场景，将人工智能的力量发挥至物理和金融等领域，实现质的突破。

未来，低代码技术与人工智能技术的结合，也将促进人工智能技术的普及。低代码技术是一种可视化的应用方法，使用者无须编码或通过少量代码就可以快速生成应用程序，这意味着采用低代码平台进行程序开发的流程将极大程度地简化，开发周期缩短数倍，使用者可以在很短的时间内以较低的成本进行程序开发，既节省开发成本，又提升开发效率。同时，简化后的流程不再对使用者的编码水平及开发经验有较高的要求，这使人工智能行业的进入门槛大幅度下降。因此，在未来，大部分企业都有能力参与人工智能项

目的开发，人工智能在社会大众中也有更广泛的应用。

在未来，人工智能可通过数据识别、数据评估等技术，提升数据的利用率和整体质量。同时随着量子计算机稳定性的不断提高，基础设施的不断优化，人们可以通过低代码技术加强人工智能模型的自我纠错能力，以优化模型的预测功能，实现人工智能更理想的运用。

二、人工智能深度赋能垂直行业和前沿领域

2023年，国产大模型呈现出爆发式增长态势，仅2023年1—7月就有64个大模型发布。据不完全统计，截至2023年11月，国产大模型有188个，其中通用大模型27个，目前已有超20个大模型获得备案，大多数已向全社会开放服务。基于2200家人工智能骨干企业的关系数据量化分析表明，我国人工智能已广泛赋能智慧金融、智慧医疗、智能制造和智慧能源等19个应用领域。大模型正成为前沿领域研究的重要工具。在新材料领域，我国已有科研团队将MatChat大模型用于预测无机材料的合成路径；在生物医学领域，百度智能云大模型可用于提高药物研发效率和新药发现的准确性；在能源科学领域，由百度集团和国网智能电网研究院共同开发的电力行业NLP大模型，可有效提升电力系统的自动化和智能化水平。

加快推动城市全面数字化转型，实现整体性转变、全方位赋能及革命性重塑。人工智能将在数字化转型的过程中实现从实验室到产业应用的层级跃进，发挥重要赋能驱动作用。同时，在传统产业转型升级的趋势下，各行业垂直化、专业化、场景化和细分化的赋能需求日益强烈。更好地发挥人工智能在质量变革、效率变革、动力变革中的“头雁”效应，创造价值红利，将成为人工智能下一阶段发展的主旋律。人工智能企业与传统行业企业深度合作，共同进行场景挖掘与适配、技术赋能，推进数字化转型，将是行业发展的重要特征。人工智能有望从现阶段的“专用智能”进化到“通用智能”。

三、迫切需要探索高性能绿色人工智能方案

目前，全球环境问题日趋严重，社会发展低碳化、绿色化愈加重要，科

技领域也不例外。未来5～10年内，全球大部分科技型企业都将面临环境问题带来的压力。在人工智能技术的发展中，除了高效率、高准确率及稳定性等要求外，低能耗与低排放也将会成为基本的评估标准之一。随着人工智能对算力要求的不断提高，其基础设施将消耗巨量的能源。例如，当前最受关注的ChatGPT通用大模型，需要消耗巨额的电力以维持其基础设施的日常运作。此外，每对其系统性地训练一次，所消耗的电力能为上百个普通家庭提供一年的供电。同时，为了保证芯片等基础设施的正常运转，企业需要为整个基础设施提供强大的水冷系统，在水冷过程中，需要消耗大量的水资源，水冷系统运作也需要消耗大量电力，并且能源的大量消耗还使得整个项目排放的二氧化碳量非常高，每次训练产生的碳排放量相当于上百辆大排量汽车正常运行一年的排量总和。因此，人工智能的发展对于全球环境的负面影响是深刻且亟待解决的，无论是政府，还是企业、机构等，都需要在人工智能系统性能与系统能耗之间取得平衡，探究如何以更节能的方式构建产品、服务和基础设施，抑或是将绿色可再生能源与人工智能相结合，实现具有可持续发展性质的人工智能。

此外，人工智能的落地，拓展了多个应用场景，催生了众多相关企业与机构，为了开拓业务、抢占市场，各企业与机构将会加速人工智能项目的开发。然而，缺乏对人工智能领域能源使用的监管，导致各单位能源的消耗与排放乱象丛生，加剧了环境恶化。因此，建立与人工智能发展相匹配的能源监管机制，也是未来人工智能行业的必然趋势。

四、人工智能将逐渐落实以人为本的理念

在未来，随着人工智能与社会经济发展的融合程度进一步加深，其将对传统的行为规范、社会伦理和法律规则带来更大冲击，人工智能治理日益成为全球关注的前沿议题。围绕算法监管、数据隐私保护及人工智能安全防护等方向，国内外已开始进行一系列研究和规制。

未来将致力开发更加合乎道德逻辑且具备可解释性的人工智能模型，实现模型可视化，以避免人工智能偏见、人工智能隐私以及人工智能错误等问

题带给人的负面影响，加深社会大众对人工智能的认知和信任程度，提升社会大众对人工智能应用的可接纳性。同时未来人工智能可能会被禁止在某些具有隐私信息与敏感信息的场景使用，这样既保持了人工智能模型的规范运作，又维护了社会大众的信息安全，降低了人们对人工智能的排斥感，使人工智能能更加广泛地应用于生活。除此之外，人工智能还面临设计逻辑方面的问题。目前，部分人工智能技术应用的最终目标是“取代”，即通过机器取代人力的方式，降本增效，实现自身及社会利益最大化。这意味着人工智能在一定程度上站在了人类的对立面，与人类处于竞争关系，由此也产生了各类人工智能伦理问题。

随着各类人工智能的应用与实践，人们将更加注重人工智能与人类的关系的研究，并对人工智能产生新的认识与理解。在未来，人工智能与人类不应属于竞争关系，人工智能发展的最终目的也不是取代人力。人工智能作为一种最前沿的科技，应当融入社会大众的生活，提高人类个体能力。正因如此，未来人工智能应用设计的逻辑和方向将随着人们对人工智能的认知和理解的改变而改变。

五、人工智能安全治理趋严、趋紧、趋难

当前，人工智能产业处于快速成长期，其技术演变和经济社会影响具有很大的不确定性。一方面，人工智能具有强大的创新力，有望发展成为新的经济增长引擎，极大改善社会福祉。另一方面，深度神经网络大模型的预训练以及在大规模人机交互过程中的强化学习必将推动人工智能实现以认知发展为导向的“自我进化”，如何确保这种自我性特征对人类社会有益而无害，是目前需要面对的巨大挑战。

人工智能带来的挑战主要体现在技术安全、应用安全和数据安全等三方面。从技术安全看，人工智能技术的复杂性和不透明性造成了“黑箱”困境。人工智能模型包含大量的代码，人工智能的设计者利用各种来源的数据训练算法，进行建模，获得结果。随着算力的提升，海量数据被收集利用，机器学习逐渐普及，人工智能高速迭代，在不依赖人工调整的情况下，能够

自我学习和更新。不过，人工智能的设计者很难说明人工智能的决策过程和结果，造成了其结果的“不可解释”。从应用安全看，随着大模型与AIGC的快速融合发展，生成的内容能够达到“以假乱真”的效果，人人都能轻松实现“换脸”“变声”，人工智能在应用层的风险也相应增加，所带来的虚假信息、偏见歧视乃至意识渗透等问题无法避免，对个人、机构乃至国家安全都构成较大的风险。此外，随着人工智能技术的发展及应用的泛在化，越来越多的工作将被机器取代，失业人群增加，这将对社会公平提出挑战。根据牛津大学和耶鲁大学的一项调研，研究人员预计未来人工智能将在多个领域赶超人类，例如卡车驾驶（2027年）、零售业（2031年）、畅销书写作（2049年）及外科医生工作（2053年）等。

因此，在享受人工智能带来的技术进步的同时，也要推动监管手段创新，有关主管部门应与人工智能领域科研院所、企业加强交流合作，汲取更丰富的专业知识和各方面意见，共筑多方参与的稳步可控的发展治理格局，提升应对挑战的能力。

第五节　广东人工智能产业集群发展对策建议

一、加大基础研究投入，突破关键核心技术

一是强化基础研究。加大对人工智能基础理论、核心算法、关键技术的研发投入，提升原始创新能力。深入实施基础与应用基础研究十年“卓粤”计划，鼓励行业龙头企业开展面向市场的应用基础研究，对企业基础研究经费投入给予更大力度的税收减免激励，加大企业捐赠基础研究经费的税收优惠力度，探索企业基础研究人才特殊补贴制度，对国有企业开展基础研究给予较大宽容空间和相对较长的考核周期。加快形成财政资金、市场资金、社会资金多元化投入结构。二是鼓励和支持跨学科融合发展。推动人工智能与数学、物理、生物等学科的交叉融合，形成新的研究方向和增长点。通过跨

学科合作，发现新的科学问题和规律，为人工智能技术的发展提供源源不断的动力。加强新工科、新医科、新农科、新文科等交叉学科建设，支持高校开展学科交叉研究和融合创新。三是深化校企合作。建立校企联合研发中心或实验室，共同承担国家和地方重大科研项目。通过项目合作，实现技术、人才和资源的共享与互补。同时，加强高校与企业之间的互访和交流活动，增进双方的了解和信任。依托国家实验室、技术创新中心等平台资源，构建开放共享的创新生态。平台应提供测试验证、技术咨询、成果转化等一站式服务，降低中小企业的创新门槛和成本。同时，加强平台之间的合作与交流，形成协同创新的良好氛围。

二、优化产业空间布局，打造一流产业集群

一是布局产业集聚区。根据广东各城市地方产业特色和资源优势，合理规划人工智能产业集聚区的发展布局。通过政策引导和市场机制双重作用，吸引相关企业和机构入驻集聚区，形成上下游配套齐全、协作紧密的产业链生态。支持现有省级人工智能产业园区提质增效，鼓励园区在人才引进、知识产权保护、投融资、上市辅导对接等方面加大服务力度，大力引进相关项目，加快产业集聚。重点依托中心城市科技城、高新技术产业园区、经济技术开发区、特色产业园、特色小镇、军民融合产业基地等载体，建设人工智能产业集聚与应用示范园区，实现集群式发展。二是完善产业链上下游配套服务。加强人工智能产业链上下游企业的沟通与协作，推动供应链、物流链、服务链等配套环节的协同发展。通过引入第三方服务机构或自建服务平台等方式，为人工智能产业链上的企业提供全方位的支持和服务。三是推动跨界产业融合。鼓励人工智能技术与传统产业深度融合发展，通过跨界合作探索新的应用场景和商业模式。例如，与制造业结合推动智能制造发展，与金融业结合推动智慧金融创新等。通过跨界合作实现优势互补和资源共享。通过场景创新促进通用人工智能关键技术迭代升级，形成技术供给和场景需求互动演进的持续创新力，带动提升制造、医疗、教育、金融、科学研究等领域的发展水平。联合龙头企业组建政务大模型联合实验室，统筹建设数字

政府人工智能运行平台，常态化发布人工智能场景清单。

三、引育全球高端人才，建设高水平人才高地

一是提升人才培养质量。加强高校人工智能学科建设，优化课程设置和教学内容，引入国际先进的教学方法和理念，培养具备多学科素养和创新能力的复合型人才。同时加强与企业的合作与交流，共同培养符合市场需求的高素质人工智能人才。二是引进高端人才。利用粤港澳大湾区的区位优势，加快引进全球高端人才，优化海外人才落户和服务保障措施。加强与港澳高等院校、科研机构的人才交流及联合办学，加快培养复合型人才。发挥实验室、高水平创新研究院、新型研发机构、龙头企业等机构的人才集聚作用，引进培育各层次技术、产业人才。发挥各类创新创业大赛在人才引进、项目落地的作用，举办高质量、高规格的人工智能算法大赛，吸引全国优秀团队参赛，加快引进各类创新创业青年人才。完善人工智能、大数据等工程技术人才职称评价体系。三是优化人才发展环境。加强人才引进、培养、使用、评价、激励等环节的制度建设；营造良好的人才发展环境；为高端人才提供全方位的支持和服务，提供如科研启动资金、团队建设资金等支持；加强知识产权保护和管理，确保高端人才的合法权益得到充分保障。出台一系列吸引高端人才的政策措施，如提供优厚的薪酬待遇、住房补贴、子女教育等福利；为高端人才提供广阔的发展空间和平台；吸引全球顶尖人才加盟人工智能领域并发挥其最大价值。

四、强化资金保障能力，构建人工智能金融生态圈

一是构建有力支持人工智能科技创新的金融服务体系，大力提高直接融资比重，优化融资结构，加大对人工智能高新技术企业的支持力度。鼓励金融机构通过机制创新和产品业务创新加大对人工智能科技创新的支持力度，鼓励银行设立人工智能科技金融事业部、科技支行、科技金融专营机构等，为人工智能科创企业提供信贷融资、财务顾问、投贷联动、并购金融等综合解决方案。二是完善多元化融资渠道。设立专门的人工智能产业投资基金或

引导基金；通过政府出资引导社会资本投入人工智能领域；支持符合条件的人工智能企业通过IPO、发债等方式融资；为初创企业和中小企业提供天使投资和风险投资等支持。鼓励人工智能企业通过股权融资、债券融资等方式拓宽融资渠道；支持符合条件的人工智能企业在科创板、创业板等资本市场上市融资；加强与国际资本市场合作与交流；推动形成多元化、多层次的融资体系。三是优化资金配置效率。为不同发展阶段和实际需求的企业提供差异化、精准化的资金支持，加强对重点项目、重点企业和重点领域的扶持力度，确保资金精准投入并产生实效。建立资金使用绩效评估机制，定期对资金使用情况进行评估和监督，根据评估结果及时调整资金配置和使用策略，确保资金有效使用并产生最大效益。

五、推动内外市场联动，促进供需精准对接

一是细化应用场景。组织行业专家与人工智能技术团队深入合作，针对每个行业细分领域进行需求分析，如智能制造中的智能质检、智慧医疗中的远程诊疗等，确保人工智能技术能够精准解决行业痛点。同时，建立定期的市场反馈机制，及时调整技术方向和产品开发策略。二是加强政府引导和示范作用。政府应出台一系列激励政策，如政府采购、税收优惠、资金补贴等，鼓励企业开展人工智能应用示范项目。通过成功案例的展示和推广，引导更多企业了解人工智能技术的潜力和价值，激发市场需求。同时，建立示范项目评估机制，确保项目质量和效果。三是构建开放共享平台。利用大数据、云计算等技术手段，构建线上线下融合的人工智能供需对接平台。平台应提供全面的信息发布、需求匹配、交易撮合等服务，降低供需双方的信息不对称程度和交易成本。同时，加强平台的宣传和推广，提高知名度和影响力。鼓励领军企业将其在人工智能领域的关键共性技术开源共享，形成开放合作的生态体系。通过开源社区、技术论坛等形式，促进技术交流与合作，加速技术迭代和创新。同时，加强知识产权保护，确保开源技术的合法合规使用。

第七章

广东生物医药产业集群发展研究*

第一节　生物医药产业发展环境

一、生物医药产业宏观环境

生物医药是关系国计民生的重要产业，是当今世界创新最活跃、发展最迅猛的战略性新兴产业之一。新冠疫情更凸显了生物医药的重要性，世界各国纷纷把生物医药技术及其产业化提升作为国家战略。近年来，生物医药产业作为高科技产业和高附加值产业，日益成为中国经济增长的新引擎和人民健康保障的重要支撑。然而，面对国际形势变化和技术创新的激烈竞争，中国生物医药产业面临诸多挑战，需要从战略高度提升生物医药创新能力，充分发挥市场作用，加速推动产业转型升级。

（一）生物基础技术不断突破，产业进入革命性时代

全球各国生物基础技术的突破不断引领生物医药创新前沿。新型基础技术的出现和改进会引领相关领域实现爆炸式发展，加速临床应用和产业化进程，从而解决更多尚未满足的临床需求。2023年最新的十项生物医药技术，涵盖了生命科学和生物医药的底层技术，如CRISPR-Cas基因编辑技术、酶促DNA合成技术、药物递送系统，从基础研究进入临床阶段的异种器官移植技术、CAR-NK细胞疗法、噬菌体疗法，实现赛道破冰的微生态疗法，以及实现产业化并将有更多创新突破的mRNA药物、抗体偶联药物、双特异性抗体。

一方面，生命科学的颠覆性创新正在驱动生物技术和生物产业的快速发展。生物医药方面，分子生物学、基因组学、蛋白质组学等生命科学不断突

* 本章共同执笔人为暨南大学产业经济研究院傅泽楷和过天赐。

破，促进了药物递送、单分子测序、蛋白质工程等生物技术的进步，进而驱动了药物研发、高效基因测序平台、CAR-T、融合蛋白等产业领域的发展。另一方面，传统生命科学领域正在与包括3D打印、人工智能、云计算、大数据、物联网、区块链、智能制造和机器人等在内的新技术交叉融合，开拓了再生医疗、数字医疗、智慧医疗等产业，为未来生物医药产业发展提供了广阔前景。

（二）发达国家高度重视，国际竞争态势趋于激烈

长期以来，发达国家不断加强生物医药领域的战略布局，加大对生物医药基础研究和前沿技术的投资。美国政府一直将生物经济定为联邦机构重点发展的关键领域之一，为生物医药创新提供政策环境，将生物经济基础作为科技预算的优先重点，生物医药研发在美国政府科研经费预算中一直是除国防科技外投入最多的领域。2022年9月，美国总统拜登签署了《关于推进生物技术和生物制造创新以实现可持续、安全和有保障的美国生物经济的行政命令》（又称《生物法案》），进一步扩大美国的生物制造业规模，推动生物技术美国本土化。新冠疫情发生后，世界主要国家以前所未有的审批速度授权紧急使用或批准新冠疫苗、治疗及检测方法，大力促进生物医药创新。2021年3月，《中华人民共和国国民经济和社会发展第十四个五年规划和2035年远景目标纲要》发布，提出构筑产业体系新支柱，推动生物技术和信息技术融合创新，加快发展生物医药、生物育种、生物材料、生物能源等产业，做大做强生物经济。

随着国际市场竞争的日益加剧，新兴市场快速崛起，生物医药产业正面临前所未有的全球竞争压力。一方面，新兴市场企业通过结合低成本的药物仿制和超大的市场规模，在价格与质量上均展现出了强大的竞争力，这迫使各国生物医药产业必须加快提升创新效率、削减成本以保持市场地位。另一方面，全球各国为了在新一轮科技革命和产业变革中占据主导地位，纷纷推出了各自的“再工业化”战略，对产业转型进行了全面且深入的规划。例如，美国提出了《先进制造业国家战略》等，欧盟发布了《欧洲新产业战略》等，这虽然使新兴国家生物医药产业面临更加激烈的国际竞争，但同时

也为产业的更高质量发展提供了重要机遇。

（三）中国经济稳步发展，医疗服务消费能力提高

生物医药产业是关系国计民生、经济发展和国家安全的战略性产业，也是国民经济的重要组成部分，其发展进程与我国社会经济发展高度关联。近年来，尽管受到新冠疫情对社会经济的阶段性影响，以及面临国际环境的风险与挑战，我国GDP仍保持韧性增长态势。

2022年我国GDP首次超过120万亿元，按不变价格计算，比2021年增长3%，经济增速在全球主要经济体中名列前茅，经济实力进一步增强；2023年以来我国经济延续复苏态势，为医药制造业的发展提供了良好的外部环境。从经济结构看，2022年全国居民人均可支配收入比2021年名义增长5.0%（扣除价格因素，实际增长2.9%），与经济增长基本同步。但我国居民消费占GDP的比重偏低，且2022年人均医疗保健消费支出占人均消费支出的比重较食品烟酒、居住等类比的占比仍有较大提升空间。社会经济发展及人口老龄化问题日益突出，带动医药商品需求持续扩张。2022年全国七大类医药商品销售总额27516亿元，扣除不可比因素同比增长6.0%，医药商品市场规模稳中有升，医药商品市场不断扩容。

1998—2022年中国卫生总费用变化如图7-1所示。

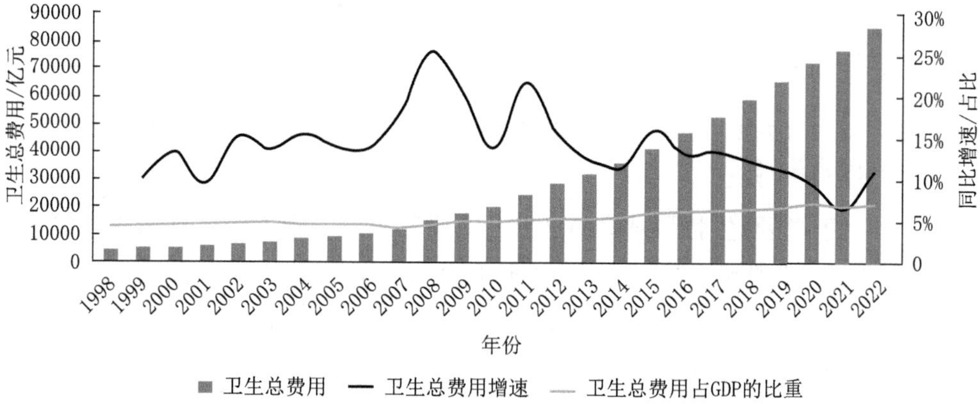

图7-1　1998—2022年中国卫生总费用变化

数据来源：国家统计局。

根据国家统计局发布的数据，2019—2023年，中国居民人均医疗保健消费支出整体呈现增长趋势。2023年，全国基本医保参保人数达13.34亿人，全国基本医保基金总收入3.35万亿元，总支出2.82万亿元（见图7–2），2023年统筹基金当期结存5039.59亿元。参保人数、总收入均创新高，医保结余充足。我国基本医保基金的基本面呈现良性、健康、可持续的状态。2023年基本医保基金总收入增长率为8.34%，总支出增长率为14.68%，二者相差6.34%。而在2022年，基本医保基金总收入增长率为7.6%，总支出增长率为2.3%，二者相差5.3%。2023年中国居民人均医疗保健消费支出为2460元，名义同比增长16.0%，占人均消费支出的比重为9.2%。随着我国居民医药卫生支付能力的提高，药品、医疗服务消费能力也有望得到进一步提高。

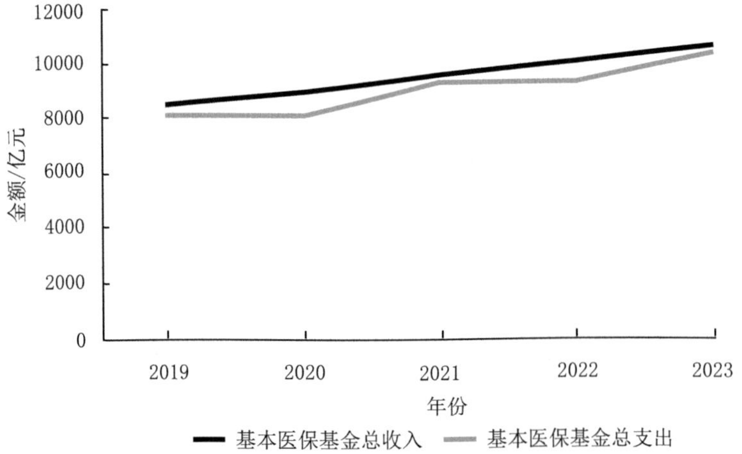

图7–2　2019—2023年全国基本医保基金总收入与总支出变化

数据来源：2019—2023年全国医疗保障事业发展统计公报。

（四）国际生物科技竞争加剧，“进不来”“出不去”制约产业发展

生物医药是中美科技竞争的重要内容。2017—2021年，美国发布400余份高科技产业相关政策文件和研究报告，对生物医药、电子信息、人工智能、高端芯片元器件和能源等重点领域实施加强管制。其中包括对中国占绝对优势的原料药领域加征301关税，限制包括高端医疗设备和先进生物技术等在内的核心技术对中国出口，同时美国外国投资委员会严格审查中国生物科技公司的外资投资，并取消对中国生物医药公司已授权的数亿美元的股权投资。

2024年3月6日，美国参议院国土安全与政府事务委员会在听证会上通过《生物安全法案》，以构成国家安全风险为由，将我国生物医药领军企业华大基因、药明康德等列入受关注企业名单。

企业研发所需核心原料“进不来”。我国生物医药研发材料、设备仪器、试剂耗材等仍主要源于进口。化药辅料中，虽然我国传统化药辅料已经实现国产替代，但像薄膜包衣、聚乙烯吡咯烷酮等高端辅料仍需要依赖如巴斯夫、陶氏、默克、罗盖特等国际企业。试剂与耗材中，像酶制剂、蛋白和抗体等生物试剂主要由赛默飞、默克、罗氏、GE医疗、康宁、凯杰等国际大企业生产。高端科学仪器中，如测序仪、质谱仪、色谱仪等高度依赖安捷伦、赛默飞、布鲁克等国际企业，且长期面临“卡脖子”问题。此外，高性能微球材料作为重要的药物载体，主要由默克、思拓凡、伯乐生命医学产品以及日本JSR（日本合成橡胶公司）等国际厂商生产。

CXO（俗称医药外包，主要分为CRO、CMO/CDMO、CSO等环节）供应链发展进程拉长。我国大部分CXO龙头企业海外市场收入占比超过80%。上市企业公开年报显示，2023年上半年，我国CXO龙头企业如凯莱英、药明康德和康龙化成海外收入占比分别为84%、83%和83%，其中药明康德收入的40%来自美国前20大制药企业。而在美国2022年、2024年分别发布《生物法案》《生物安全法案》后，我国CXO企业股价大幅跳水，药明系（药明生物、药明合联和药明巨诺）全线下跌，其他如凯莱英跌停，康龙化成等也发生了不同程度的下跌。此举不仅影响到药明康德等CXO企业的业绩，更是重创了高度依赖药明系CXO的医药企业，尤其是正在做临床研究的医药企业，产品上市进程被拉长。

企业在美投资并购难度增大。在《生物法案》中，美国加强了对与中国有关的生物技术并购活动的审查，由此增加了我国获取先进生物技术的难度，同时导致我国生物科技企业进行跨境收购的难度增大。例如2022年，在纳斯达克上市的英国生物制药公司F-star Therapeutics在接受中国生物制药有限公司的全资子公司invoX Pharma的跨境收购时，因受美国《生物法案》影响，被美国外国投资委员会以构成潜在国家安全威胁为由进行多次审查，最终于2023年才得以通过，这大大增加了企业投资并购的时间成本和资金成本。

（五）人口老龄化问题不断加重，慢性病患者呈年轻化趋势

当前中国老龄化程度在全球属于中上水平，少子化和长寿趋势使老龄化持续加深。从老龄化程度看，2000年中国65岁及以上人口占比超过7%，开始进入老龄化社会；2023年中国65岁及以上人口约2.2亿，占总人口的15.1%，占世界老年人口的约四分之一，相当于全球每4个老年人就有1个中国人，中国已经进入中度老龄化社会。根据中国人口普查数据，中国人口中65岁及以上的人口在不断增长（见图7-3）。老龄化带来的直接后果就是促进医疗产品的需求。公开资料显示，中国有超过1.8亿老年人患有慢性病，60岁及以上阿尔茨海默病患者有1500余万，中国老年人带病生存时间已达9.1年，65岁以上多病共存的老年人占比达到2/3。

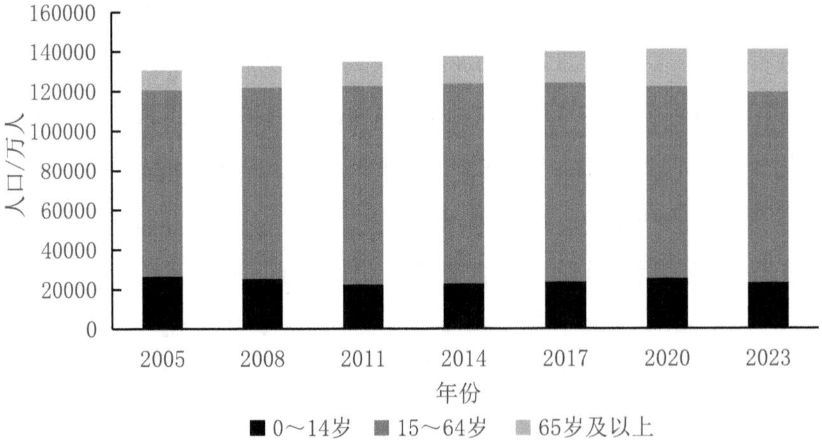

图7-3　2005—2023年中国不同年龄段人口变化

数据来源：国家统计局。

此外，疾病谱系也发生了重大变化，由慢性疾病所带来的死因占比达到90%。中国慢性病患者基数仍将不断扩大。国家卫生健康委统计数据显示，慢性病导致的疾病负担超过70%，导致的死亡人数占总死亡人数的88.5%，18岁及以上居民高血压患病率达25%，血脂异常率高达40%。除了老龄化使得慢性病患病率上涨之外，生活环境和生活方式的变化也导致我国的慢性病患者呈

现年轻化的迹象，20～39岁患病人数明显增加。人口老龄化和慢性病人群扩大的人口结构变化推动我国医疗临床需求提升，对生物医药、医疗器械和医疗服务等医疗资源的供给升级提出了更高要求。

二、生物医药产业政策环境

（一）国际：实现全产业链支持，先发优势明显

21世纪以来，全球各国为赋能健康产业发展、保障医药医疗供应链良好运转，均聚焦于生物创新技术研究，以政府资金支持和高端人才培养为主要推动力，将生物制药产业作为国家战略布局的重要环节。同时，在制药企业商业路径加速全球化的当下，药品监管部门近年来重点关注产品开发层面的信息共享，从审批流程方面缩短新药从研发至上市的时间，助力生物创新药加速惠及全球各国患者群体。欧美发达国家和地区从药物研发、专利保护到药物注册、临床试验及产业应用全产业链给予了完善的配套政策（见表7-1）。

表7-1　近年来部分国家出台的生物医药产业相关政策

国家	政策手段	政策内容
美国	产业立法支持	出台《贝赫-多尔法案》，允许研究机构将利用联邦基金开发的产品或技术申请专利并享有收益；放宽生物药品管理，开始受理药物定制
	产业规划	制定生物技术发展计划，实施分子生命过程研究计划
德国	政府投资引导	德国通过的预算案将生物技术、基因技术与信息技术并列为未来三大科研重点，加大了对生物医药技术的投入力度
英国	建立新的风险投资基金	建立了多只风险投资基金，用于支持英国生物技术等高技术中小企业
日本	制定生物经济立国战略	把生物技术产业作为国家核心产业加以发展，并计划15年内将政府在生命科学和生物技术的研究预算增加1倍，力争使日本生物技术达到世界领先水平
	产业立法支持	修订《药品事务法》，加快生物药审批，允许制药公司将制造外包给符合药品生产质量管理规范的制造商

（二）中国：全链条支持政策逐步落地，研发进程持续推进

近年来，政策继续支持和规范生物医药行业发展。全国针对医药产业出台系列政策，主要集中在完善新药定价机制、医药创新、集中采购和规范医疗服务等方面。通过不断加强对生物医药产业发展和创新的政策供给（见表7-2），明确了生物医药发展趋势、研发生产规范及新技术等重点发展方向，为生物医药产业发展提供了重要指导，为我国生物医药产业发展构建了“上下协同、左右互动”的生物医药产业政策体系。在国家政策的大力支持下，生物医药产业也迎来了重要的发展机遇。

表7-2　近年来中国出台的生物医药产业相关政策

时间	政策名称	政策内容	政策性质
2024年	《全链条支持创新药发展实施方案》	强调全链条支持，包括创新药的研发、审评审批、市场准入、医保支付和资本支持等环节	支持类
2023年	《医药工业高质量发展行动计划（2023—2025年）》	提高医药工业和医疗装备产业韧性和现代化水平，增强高端药品、关键技术和原辅料等供给能力，加快补齐我国高端医疗装备短板	规范类
2022年	《“十四五”东西部科技合作实施方案》	深化甘肃兰白—上海张江科技创新结对合作，支持兰州加快生物医药、新能源、新一代信息技术等产业创新发展	支持类
2021年	《计量发展规划（2021—2035年）》	加强计量基础和前沿技术研究，包括生物医药，加快生命科学、生物医药等重点领域的标准物质研制和应用	支持类
2021年	《“十四五”国家药品安全及促进高质量发展规划》	到“十四五”期末，药品监管能力整体接近国际先进水平，药品安全保障水平持续提升	规范类
2021年	《“十四五”医药工业发展规划》	支持建设生物技术平台，提高供应链保障水平，加快生物医药、生物农业、生物制造和基因技术应用服务等产业化发展	支持类
2019年	《粤港澳大湾区发展规划纲要》	培育壮大战略性新兴产业，在蛋白类等生物医药、高端医学诊疗设备、基因检测和现代中药等重点领域培育一批重大产业项目	支持类

（三）广东：发挥各市比较优势，实现产业协同发展

广东省委、省政府高度重视生物医药产业发展，将生物医药产业列入战略性支柱产业，建立“链长制”推进机制，加快推动广东从制药大省向制药强省跨越。近年来，中共中央、国务院支持粤港澳大湾区建设的决策部署，为广东“两品一械”产业高质量发展提供了新机遇。国家药监局等八部门出台《粤港澳大湾区药品医疗器械监管创新发展工作方案》，鼓励大胆探索改革创新。广东省政府积极响应，出台一系列生物医药产业扶持与规划政策（见表7–3），围绕生物医药不同领域，培育出一批具有比较优势的细分领域产业集群。

表7–3　近年来广东出台的生物医药产业相关政策

时间	政策名称	政策内容	政策性质
2023年	《2023年广东金融支持经济高质量发展行动方案》	扩大股权、债券等多渠道融资，集中资源支持芯片、新能源、生物医药等重点领域创新发展	支持类
2023年	《关于支持市场主体高质量发展促进经济运行率先整体好转的若干措施》	扶持生物医药产业加快发展，对取得第二类、第三类医疗器械产品首次注册证书的企业进行最高500万元补助	支持类
2022年	《横琴粤澳深度合作区支持生物医药大健康产业高质量发展的若干措施》	大力支持发展中医药澳门品牌工业，加快发展以中医药研发制造为切入点的大健康产业	支持类
2021年	《广东省国民经济和社会发展第十四个五年规划和2035年远景目标纲要》	推进生物医药实验室平台和生物医药产业创新平台建设，建立生物医药产业创新集聚区	规范类
2021年	《广东省药品监督管理局生物医药产业重点项目、重点企业、重点地区创新服务管理办法》	在生物医药领域为重点项目、重点企业和重点地区提供一系列助力新药注册和产业高质量发展的支持与帮扶措施	规范类
2020年	《广东省发展生物医药与健康战略性支柱产业集群行动计划（2021—2025年）》	围绕生物药等重点领域，培育一批具有比较优势的细分领域产业集群	规范类

除省级产业政策外，广东下辖21个地级市也通过出台生物医药产业相关政策（见表7–4），助推地区生物医药产业发展。从广东21个地级市2013

年至今发布的生物医药产业相关政策数量来看，广州和深圳发布的生物医药产业相关政策数量最多，在政策支持引导下，广州和深圳也成为广东生物医药产业发展高地。近年来，广州、深圳、珠海等多个城市先后出台了多项政策，明确提出要支持创新药研发，加速科技创新落地。地方政策细则的出台有利于创新药行业的发展，使得创新药的鼓励支持政策从高屋建瓴逐步落地生根。

表7-4　近年来广东各地级市出台的生物医药产业相关政策

时间	政策名称	政策内容	政策性质
2024年	《广州促进生物医药产业高质量发展的若干政策措施》	支持全球顶尖项目和国家级平台成果转化和产业化，加速科技创新突破，提升临床试验能力	支持类
2023年	《佛山市促进生物医药与健康产业集群高质量发展政策包（2023年版）》	涉及生物医药特色园区建设工程、优势领域产业集群培育工程和平台建设工程等	支持类
2023年	《中山火炬开发区生物医药与健康产业扶持办法》	扶持生物医药产业发展，涉及项目落地、药械研发创新、服务体系建设和国内国际资质认证等方面	支持类
2022年	《深圳市培育发展生物医药产业集群行动计划（2022—2025年）》	鼓励企业在新靶点化学药、生物药和现代中药等细分领域形成具有比较优势的集群	规范类
2021年	《东莞市生命科学和生物技术产业发展规划（2021—2035年）》	重点发展新型单抗药物、重组蛋白类药物、多价疫苗、创新型疫苗、动物疫苗和细胞疫苗，引进相关产业化项目	支持类
2020年	《珠海市推动生物医药产业高质量发展行动方案（2020—2025年）》	着力提升生物医药科技和产业竞争力，培育千亿级生物医药产业集群，打造珠澳生物医药科技创新集聚区和生物医药产业集聚发展高地	规范类

三、生物医药产业市场环境

（一）多因素叠加，全球医药市场持续扩张

随着世界经济发展，人口总量增长，人口老龄化程度提高，人们的保健意识增强，新型国家城市化建设持续推进和各国医疗保障体制不断完善，全

球医药市场规模呈持续增长趋势，从2018年的约1.3万亿美元增长至2022年的约1.5万亿美元，预计将以5.8%的年复合增长率持续增长，到2027年达到约2.0万亿美元。其中，化学药市场占据主导地位，2022年市场规模达1.1万亿美元，占比为73.7%，预计2023—2027年将以2.1%的年均复合增长率平稳增长。而生物药市场规模虽相对较小，但增速显著，从2018年的2611亿美元增至2022年的3884亿美元，年均复合增长率为10.4%，预计在未来几年将以13.9%的年均复合增长率快速增长至7435亿美元。生物药因其全新的治疗理念和巨大的临床及市场潜力，正逐渐成为医药市场的重要增长点。在全球老龄化加剧、慢性病增加和医疗支出增长等因素的推动下，化学药和生物药市场均将继续保持增长态势。

（二）研发至上市全流程发力，细分赛道增速显著

与发达国家相比，我国生物制药研究和产业化起步相对较晚，但具有强劲的增长潜力。一方面，慢性病患病率上升，居民支付能力及保健意识增强，对生物药的需求与日俱增；另一方面，医药行业政策正倾向生物药，药企也不断加大对生物药的研发投入，助推我国生物药市场发展驶入快车道。

根据国家统计局数据及相关预测，2023年我国医药工业市场规模为2.96万亿元，预计2030年规模以上医药工业企业收入将突破4.8万亿元，年均复合增长率约为6.5%。国内生物医药市场规模保持快速增长，增速高于全球。2017—2023年中国生物医药市场规模如图7-4所示。

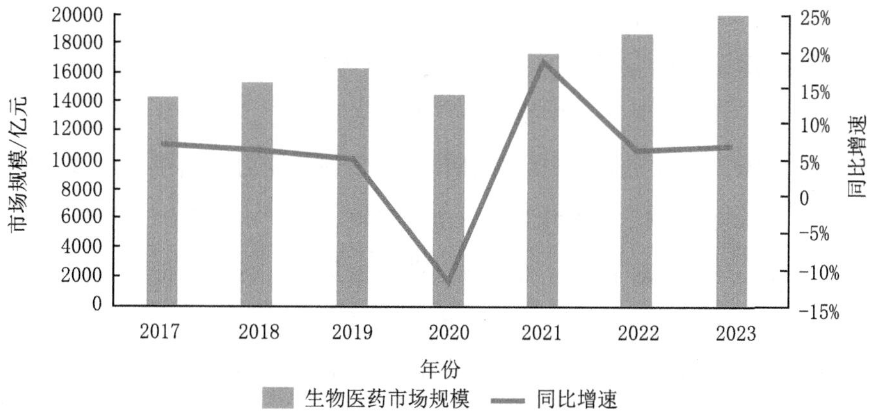

图7-4　2017—2023年中国生物医药市场规模

在生物医药行业细分领域中，生物药在市场收入中占比相比化学药仍然较小，但是收入增长潜力大于化学药。相关资料显示，中国生物药2021年市场规模达4248亿元，同比增长22.9%（见图7-5）。

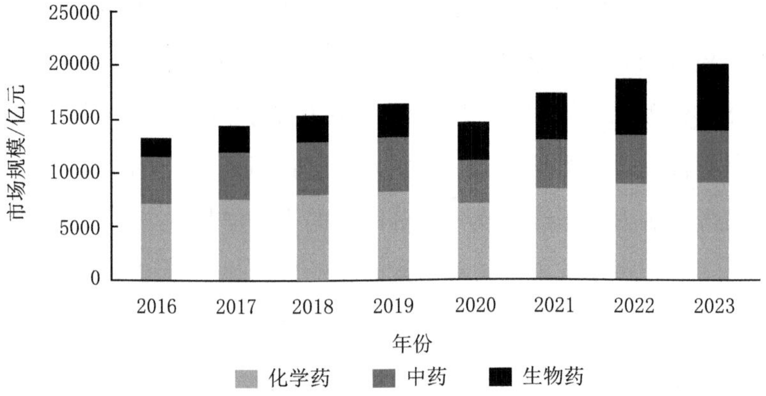

图7-5　2016—2023年中国生物医药行业细分领域市场规模

（三）细分市场高度集中

在中国生物制药各细分领域中，血液制品、重组蛋白、抗体药物和人用疫苗市场在庞大的临床需求下实现快速增长。2018年，以上细分领域市场规模在生物制药大行业中占比总计达42.8%，其中人用疫苗以465亿元占据市场主导地位。近年为提升居民整体健康水平，疾病防控和药品监管部门重点关注癌症和自身免疫疾病的预防和治疗，由此给抗体药物和人用疫苗领域带来增长机会。2022年主要细分领域市场份额合计增至69.3%，其中仍是人用疫苗赛道位居榜首，抗体药物以18.0%的占比反超血液制品排名第二。

（四）珠三角产业集聚加强，形成竞争优势

近年来，粤港澳大湾区生物医药产业发展迅速，已成为我国生物医药产业重要聚集区，具有完备的产业基础和较强的创新能力。其中，香港医疗服务水平高，生物科技研发能力强并与全球接轨，澳门中医药产业基础雄厚，广州、深圳、珠海已经初步完成生物医药产业集聚，区域整体实力位居全国前列。广东积极利用自身发展优势，因地制宜，大力发展生物医药产业，通过合理的产业布局与规划，让广东生物医药产业总产值不断提升，并取得巨大成果。具体竞争优势如下：

一是中药研究开发是广东的传统优势产业。现代中药研究开发系列规范的实施与关键技术的发展及应用在全国先行一步，中药GCP（药物临床试验质量管理规范）、GLP（药物非临床研究质量管理规范）、GAP（中药材生产质量管理规范）的实施在全国起步最早，现代新型提取分离技术、中药活性筛选、指纹图谱质控、转基因中药育种和企业ERP应用等关键技术均居全国先进行列。随着《关于进一步推动广东生物医药产业高质量发展的行动方案》等系列政策文件出台，广东围绕生物药、化学药、现代中药、高端医疗器械、医疗服务和健康养老等重点领域，培育了一批具有比较优势的细分领域产业集群。

二是注重错位发展，形成产业特色。珠海打造生物医药资源新型配置中心，重点发展现代中药标准化、高端制剂和医养结合等领域。佛山、中山打造生物医药科技成果转化基地和生物医药科技国际合作创新区。惠州、东莞打造国内重要的核医学研发中心和生物医药研发制造基地等。

三是注重产业生态，强化产业集聚效应。比如深圳自2009年重点打造生物医药产业集群，现已拥有良好的生物医药产业生态链和大批龙头企业，医疗器械生产总值、药械上市公司市值和利润均位居全国大中城市第一。广州已经构建上游技术研发、临床试验，中游转化中试、生产制造，下游上市应用和流通销售完整的产业链。东莞自2008年开始布局生物产业，在松山湖高新区建立生物技术产业合作基地，并成立国有独资的东莞市生物技术产业发展有限公司进行开发和运营管理。目前，松山湖生物基地已聚集三生制药、广东安科等300余家生物技术企业，医疗器械、生物医药和医疗保健品等领域产业集聚态势明显。

（五）创新药物成为研发主流，新药研发差异化

医药产业投资大、周期长、风险高，对于当下临床需求的有效覆盖尚未实现。研发创新是医药制造企业发展的核心。根据国家统计局数据，2023年，我国研究与试验发展经费支出已达33278亿元，同比增长8.1%。2023年，药品注册申请申报量持续增长，药审中心受理各类注册申请18503件（同比

增长35.84%[①]），包括药品制剂注册申请16898件（同比增长36.63%），化学原料药注册申请1605件（同比增长28.09%）。16898件药品制剂注册申请包括技术审评类注册申请13153件（同比增长41.41%，包括13144件药品，9件药械组合），直接行政审批类注册申请3745件（同比增长22.11%，包括补充申请和一次性进口）。药品审结及通过情况方面，以药品类型统计，2023年，创新中药申请60个品种（受理号61个），同比增长33.33%；创新化学药申请626个品种（受理号1424个），同比增长35.50%；创新生物制品申请624个品种（受理号891个），同比增长32.20%。目前，我国创新药以“Me-too”类药物为主，热门靶点的新药集中度高。根据《中国Ⅰ类新药靶点白皮书》统计，2023年，我国Ⅰ类新药合计受理1913个（按受理号计数），其中化学药1183个、生物制品730个；涉及靶点（按药品名计数）总计815个，热门靶点集中度为27.1%。在治疗领域方面，新药受理的治疗领域依然以肿瘤为主，在总数中占比过半，其余占比较大的领域包括消化系统及代谢、感染、神经系统、呼吸系统等，占比均不足10%。

第二节　生物医药产业链SCP范式研究

一、生物医药产业链市场结构

生物医药产业链上游为中药材、原料药、医药中间体、药用辅料、培养基、生物材料和医药装备等；中游包括各类生物药、化学药、中药；下游药品流至各种线下渠道及线上渠道，最终到达终端消费者手中。2022年，我国化学药行业市场规模占生物医药行业市场规模的比重约为47%，中药行业市场规模占比约为25%，生物药行业市场规模占比约为28%（见图7-6）。

① 以受理号计，下同。

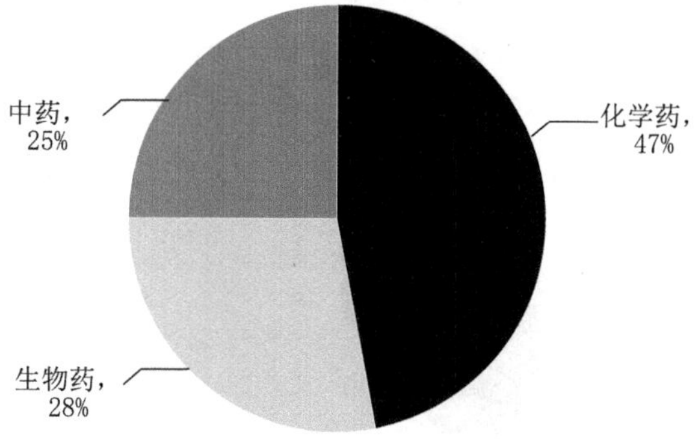

图7-6　2022年中国生物医药行业细分市场规模占比

数据来源：前瞻产业研究院。

（一）市场集中度

1.生物医药外包：行业集中度较高，具有较强竞争力

从国内市场来看，国内CDMO（合同研发与生产组织）行业集中度较高与其自身特点有着密切联系。CDMO企业科技属性较强，技术主导的中小型CDMO企业在某些细分领域有较强的竞争力；在药物研发阶段，制药企业为了更好地保护知识产权，可能会将不同环节交由不同CDMO企业完成。2020年，中国生物药CDMO市场中，药明生物、药明康德和海普瑞占据中国生物药CDMO市场份额前三位。药明生物占据市场的龙头地位，这得益于其行业先发优势以及生物药在CDMO阶段存在的技术壁垒。2022年，从中国生物医药CDMO市场集中度来看，CR2[①]达到70%以上，CR5达到85%以上，目前市场的集中度较高，领先企业具有明显先发优势。

2.化学制药：化学制药龙头市场占有率持续提升，市场稳健扩张

从化学原料药上市企业市场份额来看，我国化学原料药市场集中度较低，市场份额较为分散，没有市场份额较高的龙头企业。2021年上半年，中国化学原料药行业市场份额占比最高的企业为新和成，市场占比为14.2%；第二为ST冠福，市场占比为12.8%；第三为海正药业，市场占比为11.7%。三个

① CRn是指在某一个行业中，市场占有率排名前n家的企业的市场占有率之和。

企业市场份额差距不大，相差仅有1～2个百分点，而且三者合计市场份额不超过40%，仅为38.7%（见图7-7），市场集中度较低。

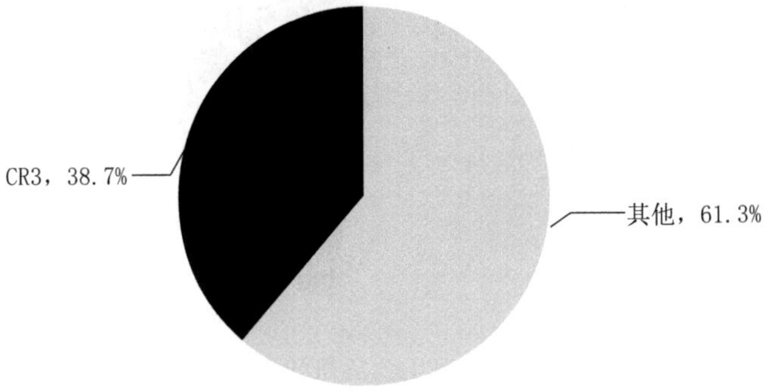

图7-7　2021年上半年中国化学原料药上市企业市场集中度

数据来源：华经产业研究院。

中国化学制药行业竞争激烈，企业数量众多，但市场集中度较高。随着行业整合和集中度提高，具有技术优势和品牌优势的企业将更具竞争力。中国化学制药行业已经成为全球第二大药品市场，规模以上化学原料药和制剂生产企业数量众多，其中2020年化学药品原料药生产企业1270家，化学药品制剂生产企业1123家。从2024年第一季度化学制药行业147家上市企业的营业收入来看，行业均值为9.3亿元，中值为3.5亿元，化学制药行业收入约为516.3亿元，其中CR2占比39.8%，CR5占比为75.8%，市场份额较为集中，龙头企业基本占据市场。

“原料药+制剂+CDMO”一体化成为行业内企业未来发展趋势。目前行业内纷纷谋求实现上中游资源整合，具体表现形式有两种：第一种以化学原料药供应商为主体，产业链向成品制剂端延伸，实现产业链一体化发展，提升核心竞争力；第二种以制剂生产企业为主体，通过兼并收购或新建生产线的方式实现产业链向上游原料药领域延伸，降低外购成本。

3.中药：市场份额分散

中药是指在中医药理论指导下用以防治疾病的药物，其来源包括植物药、动物药和矿物药，其中植物药占绝大多数。截至2023年12月29日，中药行业73家上市企业市值共计10198.24亿元。其中，12家上市企业市值超200亿元，3家上市企业市值超500亿元。71家中药企业2023年实现营收3631.8亿元，同比增长6.1%，共实现归母净利润336.6亿元，同比增长45.8%。在2023年高基数影响下，2024年第一季度实现营收986.3亿元，同比下滑1%，实现归母净利润125.6亿元，同比下滑4%。2024年第一季度中国中药上市企业市场集中度如图7–8所示。

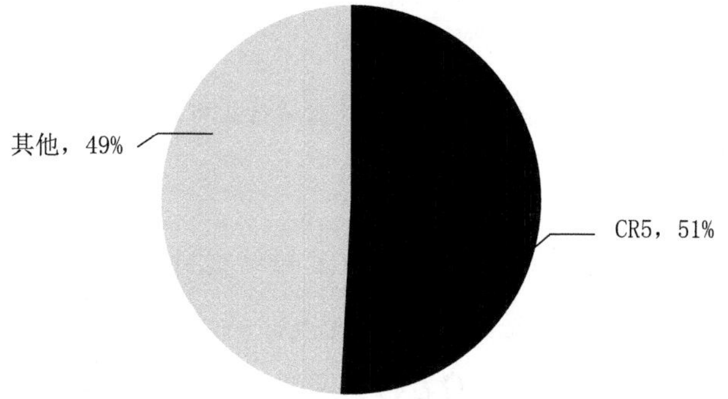

图7–8　2024年第一季度中国中药上市企业市场集中度

数据来源：东方财富网。

4.医疗器械：行业集中度略低

医疗器械是指直接或间接用于人体的仪器、设备、器具、体外诊断试剂及校准物、材料以及其他类似或者相关的物品，也包括所需的计算机软件。相比发达国家，我国医疗器械行业具有起步晚、规模小、产品单一的特点。但经过近几十年的快速发展，我国医疗器械行业已成为一个产业门类比较齐全、创新能力不断增强、市场需求旺盛的朝阳产业。随着中国医疗行业的快速发展，医疗器械的需求量也在不断增长。中商产业研究院发布的《2022—2027年中国医疗器械市场需求预测及发展趋势前瞻报告》显示，2023年中国医疗器械市场规模约为10358亿元。中商产业研究院分析师预测，2024年中国医疗器械市场规模将达到11300亿元。根据东方财富网整理的医疗器械上市企业2023年营业收入数据，迈瑞医疗居于榜首，其营业收入为348.8亿元，医疗器械行业的CR5仅为6.6%（见图7–9），行业集中度略低。

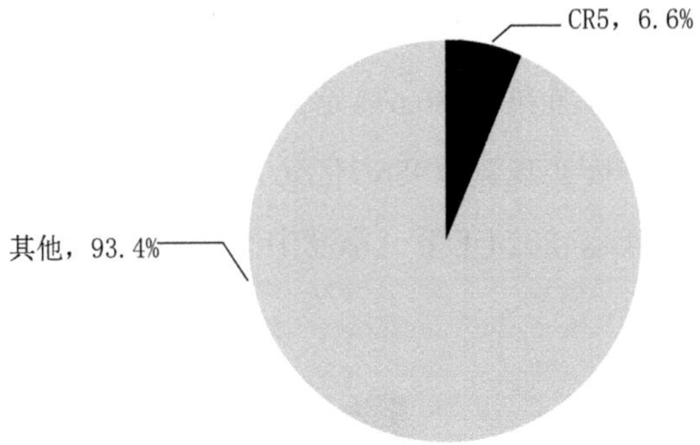

图7-9　2023年中国医疗器械行业市场集中度

数据来源：东方财富网。

5.药店：连锁药店持续扩张，集中度持续提升

线上药房的快速增长是药店整体规模保持增长的重要驱动因素，各大医药电商平台的快速发展和消费者行为习惯的改变加速了线上渠道的快速扩张。自2014年以来，线上药店对整体药店的销售增长贡献度快速增长，并在2021年达到了82.1%，而2022年线上药店的整体销售占比也快速提升到了近30%。

《关于“十四五”时期促进药品流通行业高质量发展的指导意见》提出，到2025年培育形成5～10家超500亿元的专业化、多元化药品零售连锁企业；药品零售连锁率接近70%。对比美国80%的CR3和日本70%的CR10，2022年我国连锁药店的CR10仅为12%。据IQVIA发布的《2023中国零售药店及OTC市场发展趋势与洞察》白皮书，连锁药店门店数量年均增长率为8.38%，2022年增长至36万家，连锁率达到59.15%。单体药店门店数量无较大变化，但在零售药店行业中的占比在逐渐减小，行业趋向于连锁化。行业集中度仍有较大提升空间。国内药店集中度虽然持续提升但仍然偏低，2019年前5家药店市场占有率仅为15%，前100家药店市场占有率约为46%。按照门店数量来看，前100家连锁药店的门店数量占比仅为16%，集中度提升空间较大。

（二）竞争格局

在生物医药产业链上游，国内中药材代表性企业有白云山、同仁堂等；原料药代表性企业有新和成、浙江医药等；医药中间体代表性企业有森萱医药、天宇股份等；药用辅料代表性企业有山河药辅、尔康制药等；培养基代表性企业有奥浦迈、澳斯康等；生物原料代表性企业有微构工场等；医药装备制造代表性企业有德荣医疗、可孚医疗等。在产业链中游，中药制造代表性企业有九芝堂、广药集团等；化学药制造代表性企业有恒瑞医药、复星医药等；生物药制造代表性企业有天坛生物、泰邦生物等。在产业链下游，医药流通商家主要有老百姓、大参林、国药控股等（见图7-10）。

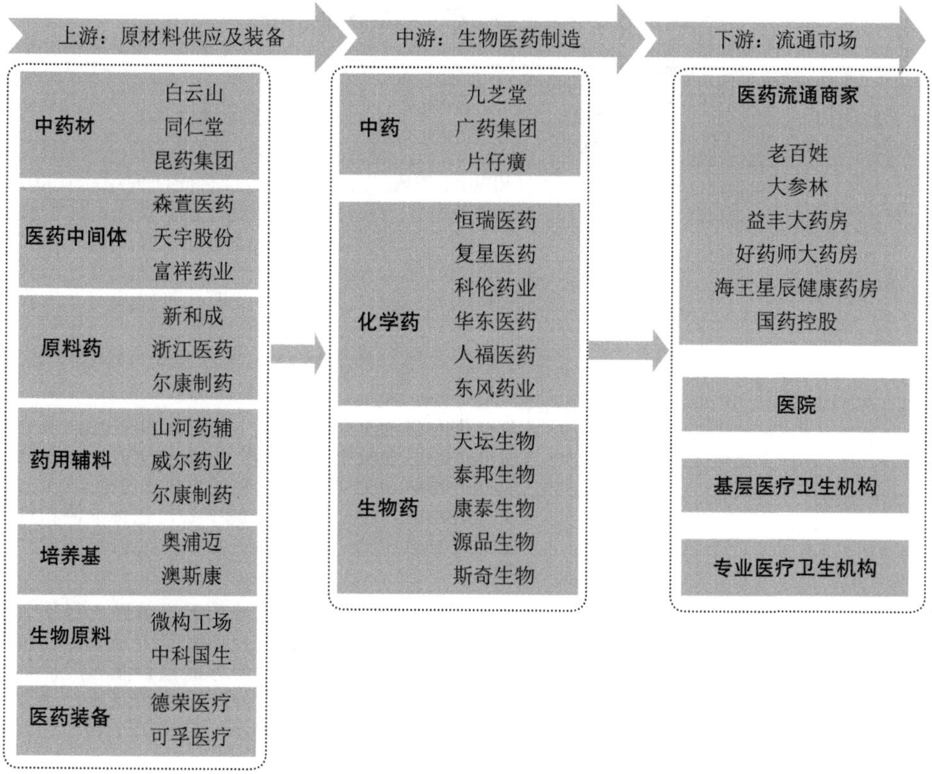

图7-10 生物医药行业全景图谱

资料来源：前瞻产业研究院。

1.生物医药外包：药明生物竞争力领先，其他企业加速渗透

生物医药外包行业的上市公司中，药明康德、药明生物、康龙化成、维亚生物、海普瑞、凯莱英、博腾制药境内业务占比均在30%以下，主要客户包括美国、欧洲的企业，多为全球前列的大制药企业。从企业生物医药研发和生产业务的竞争力来看，药明生物的竞争力最强，属于独一档的企业；其次是药明康德、泰格医药、康龙化成，它们作为中国知名的医药外包服务企业，加速渗透生物医药领域业务，凭借以往积累的良好声誉及技术实力，在生物医药外包服务市场具有较强的竞争实力（见表7–5）。

表7–5 中国生物医药外包企业业务布局

企业简称	生物医药业务占比	生物医药业务营收/亿元	生物医药业务情况
药明生物	100%	102.9	CRDMO业务模式平台有机结合合同研究组织(CRO)及合同研发与生产组织(CDMO)业务模式，能够提供一站式端到端服务，公司通过开放式、一体化生物制药能力和技术赋能平台，提供全方位的端到端服务，帮助合作伙伴发现、研发及生产生物药。截至2021年底，药明生物帮助客户研发和生产的综合项目高达480个，其中包括9个商业化生产项目
药明康德	13.15%	30.12	企业拥有世界最大的发现生物学赋能平台，拥有超过2200位经验丰富的科学家,提供全方位的生物学服务和解决方案，涵括新药发现各个阶段及主要疾病领域。建立了3个卓越中心，包括非酒精性脂肪型肝炎中心、抗病毒中心、神经科学和老年病中心
泰格医药	—	—	企业拥有广泛、优质且忠诚的客户基础，包括领先的跨国及中国生物制药企业以及中小型生物技术企业和医疗器械企业，申办的项目涵盖广泛的治疗领域及生物制药研发各阶段。2021年，企业已完成74个生物等效性项目，并有161个正在进行的生物等效性项目
康龙化成	—	—	实验室服务方面，企业的生物科学服务为客户提供包括靶点确认、构效关系研究、候选化合物确认及成药性研究等药物研发服务。2021年该项业务实现营收21.29亿元。2021年，为国内医药及生物技术公司开展研究性新药或新药的临床试验申报77个，其中多国（包括中国、美国和欧洲国家）同时申报的项目56个

资料来源：前瞻产业研究院。

2.化学制药：行业竞争加剧，低端产能加速出清

目前全球主要原料药生产区域为中国、印度、日本、北美和西欧，其中中国和印度成为主要的原料药生产和出口国。根据国家药品监督管理局发布的《药品监督管理统计年度数据（2022年）》，截至2022年底，有效期内药品生产许可证数量共7974件（含中药饮片和医用气体等企业），其中生产原料药和制剂企业5228家，生产化学药企业4144家（见图7-11），生产特殊药品企业225家。

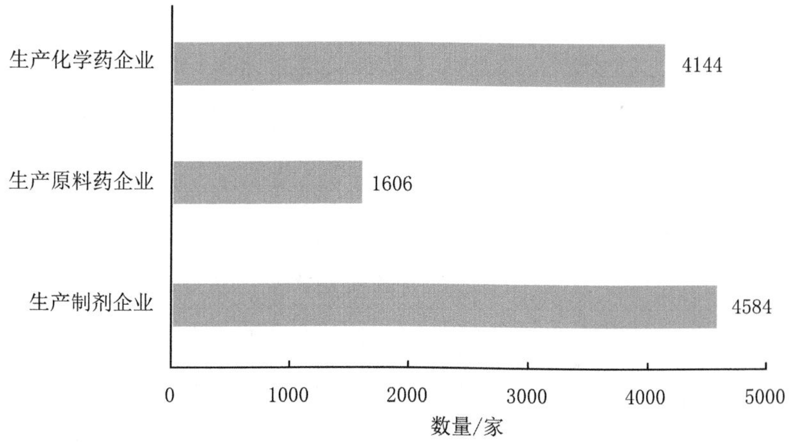

图7-11　2022年中国化学制药行业企业数量

数据来源：国家药品监督管理局。

中国凭借完善的化工产业链优势和工程师红利，承接全球产能转移。供给侧结构性改革之后，国内行业集中度不断提升，头部企业加大资本开支和先进技术布局，进一步强化领先优势。依据2024年第一季度的营业收入情况，我国化学制药行业企业可分为三大梯队。第一梯队为华东医药和复星医药，2024年第一季度营业收入分别为104.11亿元和101.57亿元；第二梯队以人福医药、科伦药业、恒瑞医药和百利天恒为主，2024年第一季度营业收入在50亿～100亿元；第三梯队为新和成、健康元和哈药股份，2024年第一季度营业收入在40亿～50亿元（见图7-12）。

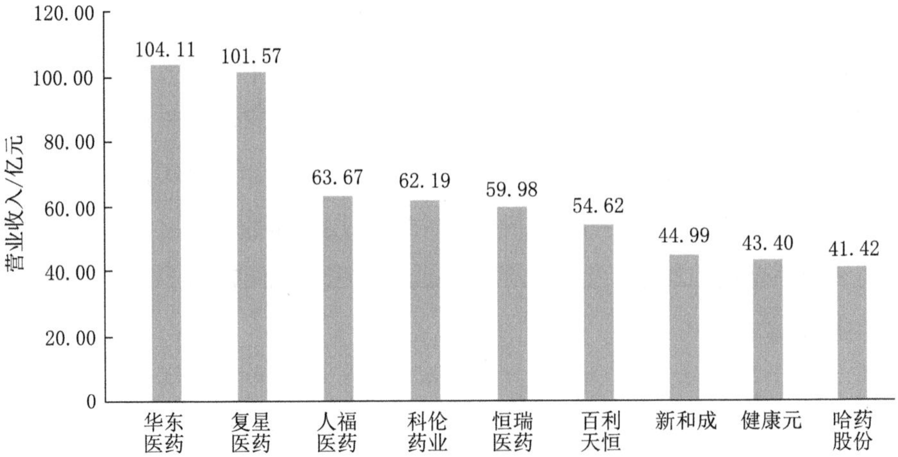

图7-12　2024年第一季度中国化学制药行业企业营业收入

数据来源：东方财富网。

中国是全球医药原料的生产和出口大国，原料药一直是我国医药出口的支柱品种，也是唯一具有国际竞争力的医药产品。近年来，随着原料药行业竞争的加剧，中国原料药企业已经开始从生产粗放型的低端中间体向精细型的高端产品转变，不断向下游供应链延伸和转移，国内深加工能力在逐步增强。同时，国内企业开始积极获取国际认证，原料药质量也有了较大提升。目前中国本土主要企业有海正药业、新华制药等，较为有名的有新和成，其在浙江、山东、黑龙江有现代化生产基地（见表7-6）。

表7-6　中国主要化学药品原料药制造企业概况

企业简称	企业全称	企业概况
海正药业	浙江海正药业股份有限公司	始创于1956年，位于中国东南沿海的港口城市——浙江省台州市。海正药业已成为中国领先的原料药生产企业，是中国最大的抗生素、抗肿瘤药物生产基地之一
新和成	浙江新和成股份有限公司	一家专注于营养品、香精香料、高分子新材料和原料药生产的国家认定重点高新技术企业，拥有浙江新昌、浙江上虞、山东潍坊和黑龙江绥化4个现代化生产基地，主导产品有维生素A、维生素D3、覆盆子酮、虾青素和芳樟醇等
普洛药业	普洛药业股份有限公司	创立于1989年，是一家从事医药中间体、化学原料药及制剂、天然药物的研发、生产、经营和进出口贸易的上市公司

续表

企业简称	企业全称	企业概况
浙江医药	浙江医药股份有限公司	中国氟喹诺酮类、维生素类和利福霉素类药物的重要生产基地。目前承担国家“863计划”课题二项。天然d-α-维生素E工艺技术获国家科学技术进步奖二等奖（2000年）。维生素类和喹诺酮类产品已具有较大的规模
新华制药	山东新华制药股份有限公司	年产上万吨化学原料药、数十亿支(片、粒)制剂、数十万吨化工产品及大批化工防腐设备的中国最大化学合成药基地，担当着中国医药工业的排头兵重任，被誉为“中国制药巨子”
亿帆医药	亿帆医药股份有限公司	主要从事医药产品、原料药和高分子材料的研发、生产、销售及推广服务
海普瑞	深圳市海普瑞药业集团股份有限公司	具有整合的安全供应链，是全球最大的肝素钠原料药企业及全球第三大依诺肝素制剂企业
金达威	厦门金达威集团股份有限公司	以提高人类健康生活品质为宗旨，致力营养强化剂和生物医药产品领域的创新和发展
海翔药业	浙江海翔药业股份有限公司	是中国著名的专业从事原料药及医药中间体生产和销售的企业，产品包括抗生素类、精细化学品类、抗病毒类、心血管类、驱虫类和降糖类等

资料来源：前瞻产业研究院。

3.中药：代表产品壁垒高，各药企积极拓展海外市场

从2024年第一季度企业营收来看，上市中药企业可大致分为三个梯队。2024年第一季度，白云山、云南白药两家中药企业营收在100亿元以上，其中，白云山营收超200亿元；营收在50亿～100亿元的企业有华润三九和同仁堂（见图7-13）；营收在0～50亿元的企业有太极集团、片仔癀等。

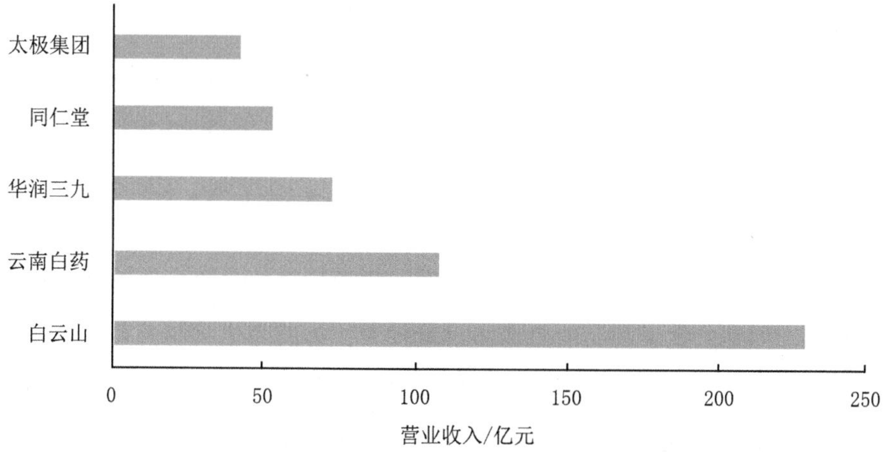

图7-13 2024年第一季度中国上市中药企业营业收入top5

数据来源：东方财富网。

业务布局方面，东阿阿胶、天士力、云南白药、以岭药业、济川药业、片仔癀等企业中药相关业务营收占公司总营收的六成以上。区域布局方面，中药企业均将自己的销售网络向全国拓展，同仁堂、云南白药和华润三九等企业还积极拓展海外市场。具体业务方面，中国中药行业上市企业大多有极具市场竞争力的明星产品，如天士力用于治疗缺血性心脏病的复方丹参滴丸占据全国市场份额第一，东阿阿胶是阿胶产品的佼佼者等。

从中药行业上市企业的地区分布来看，广东中药行业的上市企业数量最多，有白云山、华润三九、嘉应制药、众生药业等企业。浙江、湖南、贵州三省中药行业的上市企业数量亦较多，浙江有康恩贝、佐力药业、寿仙谷等上市企业，湖南有千金药业、方盛制药、启迪药业和九芝堂等上市企业，贵州有益佰制药、贵州三力、信邦制药、贵州百灵等上市企业。

4.医疗器械：广东企业数量众多，上市企业市场集中度低

国家药品监督管理局的数据显示，截至2022年，我国生产医疗器械产品的企业有32632家，主要分布在广东、江苏、山东、浙江、河北、湖北、上海、江西、安徽和河南等地。其中，广东共有4968家企业，江苏共有4814家企业。

我国医疗器械行业竞争派系主要分为国产品牌和国外品牌。其中，国产品牌以迈瑞医疗、新华医疗和英科医疗等企业的医疗器械品牌为代表，国外品牌则以强生、西门子医疗、GE医疗和飞利浦等企业的医疗器械品牌为代表。2023年，迈瑞医疗、新华医疗、联影医疗、鱼跃医疗和英科医疗的营业收入在医疗器械上市企业中位居前五。其中，迈瑞医疗的市场份额为3.37%，市场竞争较为激烈。

5.药店：龙头企业引领行业发展

从2021年中国线下药店销售品类来看，化学药品的占比位居首位，达到了50.60%，可见，化学药品的市场需求量较大，进而为化学制药行业提供了广阔的发展空间。线上、线下药店市场规模的提升，进一步促进了化学药品行业的发展，2017—2021年，中国线下药店市场规模从3723亿元提升到4696亿元，线上药店市场规模从470亿元提升到1720亿元。

2022年，中国连锁药店上市企业中，国药控股药品的营业收入最高，达到330亿元，大参林、益丰药房和老百姓三家连锁药店的营业收入均超过150亿元，排名领先（见图7–14）。

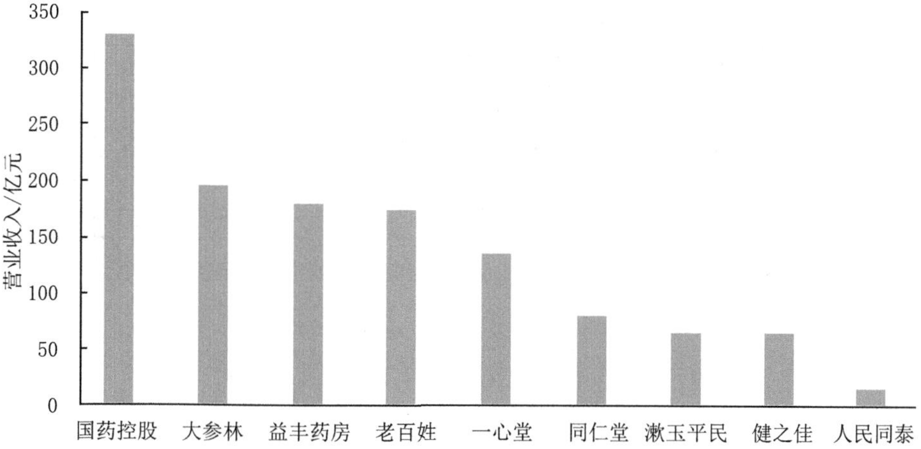

图7–14 2022年中国连锁药店营业收入

数据来源：前瞻产业研究院。

二、生物医药产业链市场行为

（一）研发行为：基础研究加码，成果转化仍有上升空间

全球药物研发支出与管线持续增长，研发成功率回升至疫情前水平以上。依据Evaluate Pharma数据，全球药物研发支出在2022年回撤后恢复增长，预计在2028年达到3020亿美元（见图7–15），2022—2028年年均复合增长率为3.6%。另有Pharmaprojects数据显示，全球在研药物数量保持稳定增长，2023年再创新高，已达21292个。全球新增临床试验数量呈稳步上升趋势，2023年初，全球进入临床阶段及已上市的药品研发管线共计21292个，较2022年增长约5.9%，与2018—2023年的年平均增速基本保持一致，全球药品创新能力和成长能力较为稳定。此外，依据IQVIA发布的《2024年全球医药研发全景展望报告》，全球药物研发成功率在2022年降至近10年最低点后，在2023年跃升至10.8%，高于2019年的水平。

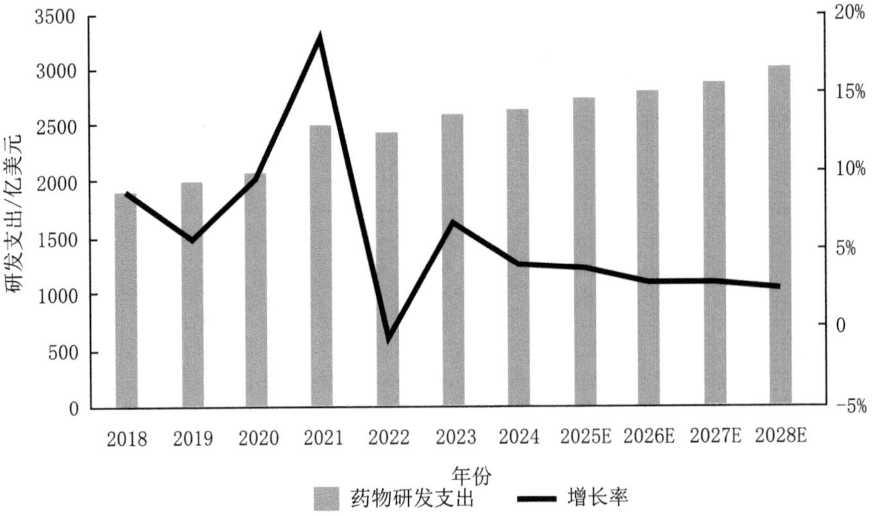

图7-15　2018—2028年全球药物研发支出情况

我国生物医药领域研发支出在2022年达到343亿元（见图7-16），2016—2022年年均增长速度为19.3%，到2025年预计可达496亿元。研发支出快速增长，推动我国生物医药领域不断取得技术突破。疫苗方面，2019年沃森生物13价肺炎球菌多糖结合疫苗和万泰生物国产2价HPV疫苗先后获批上市，打破国外相关进口疫苗市场垄断格局。细胞基因治疗方面，2021年复星凯特、药明巨诺的首款和第二款CAR-T药物相继获国家药品监督管理局批准上市，2022年传奇生物BCMA CAR-T产品正式在美国获批上市，荣昌生物的维迪西妥单抗是我国首个同时获得美国FDA、中国国家药品监督管理局突破性疗法双重认定的原创抗体偶联药物。抗体药物研究方面，2019年底我国本土药企原研新药泽布替尼、马来酸左旋氨氯地平获美国FDA批准上市。双抗方面，2022年6月我国首款自主研发的双抗药物Cadonilimab上市，正式开启了国内双抗药物商业化进程。重组蛋白药物方面，石药集团具有自主知识产权的重组蛋白药物PEG定点修饰技术，实现了我国在该领域“零”的突破。

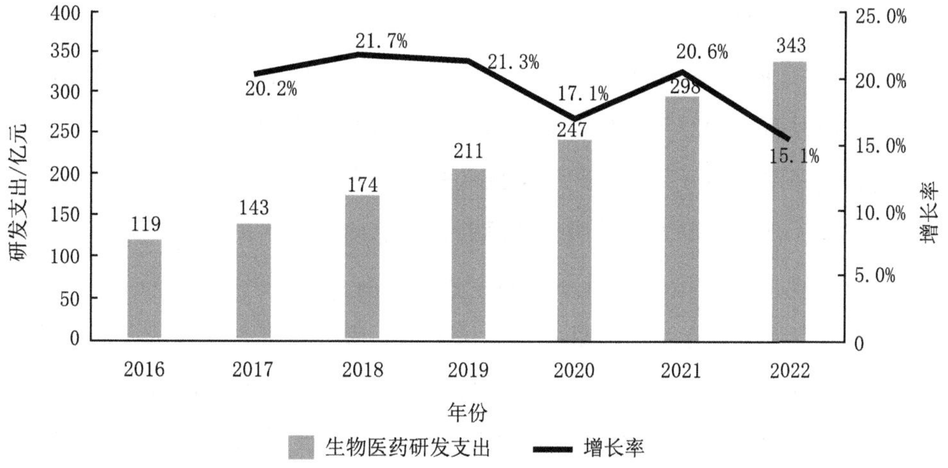

图7-16　2016—2022年中国生物医药研发支出情况

数据来源：《中国科技统计年鉴》。

（二）投融资行为：医药创新的生命线

投融资是医药创新的生命线，对于推动生物医药产业的发展至关重要。医药尤其是创新药研发成本高，时间长，风险高，需要众多长线思维资本支持。受全球经济环境复杂、投资市场认知调整及不确定性等因素影响，近年来医药行业尤其是创新药行业融资难度加大，众多企业面临融资困难、降本增效压力加剧、资金链紧张甚至断裂的困境。依据医药魔方数据，中国创新药股权投资数量及金额自2021年快速下降。2022年中国生物医药产业投融资市场共发生495起融资事件，总融资金额246亿元，相比2021年均有所下降。与此同时，沪深两市IPO审核收紧，科创板准入对创新要求提高；港股整体状态低迷，流动性不足，吸引力下降，生物医药领域IPO企业数量少，发行价较低，募资难。虽然投融资金额和事件减少，但这有利于创新企业进一步深入格局尚未固化的蓝海市场。

（三）出口行为：生物制药产业成熟，海外市场渗透加剧

多年来，中国在创新药领域实现了一些重大突破且发展较快，但中国生物医药企业主要聚焦中国国内市场，以满足国内巨大的药品需求，而对国外市场的拓展存在不足。继2022年医药出口出现下滑，2023年医药出口仍

为负增长。根据中国医药保健品进出口商会口径，2023年医药产品出口额为1020.56亿美元，同比下降20.7%，从季度数据看出口下降态势逐步趋缓。在出口结构方面，2023年医疗器械、化学原料药、化学制剂和中药类产品的出口额占比分别为44.6%、40.1%、6.2%和5.4%。在海外出口市场结构方面，美国、印度、日本、德国、韩国是我国医药产品前五大出口市场，但出口额均有不同程度下降。造成出口下滑的主要原因有：防疫相关产品需求大幅下降；世界经济复苏乏力，海外需求总体不足；国外渠道去库存；大量化学原料药价格下跌；很多国外企业调整供应链，导致部分产品采购分流；等等。虽然出口额下降，但是中国医药产品在全球产业链中的地位尚未改变，医药出口将逐步企稳和恢复增长。

另外，创新药出海成绩非常亮眼，中国创新药国际化效果逐步显现。2021—2023年，跨境License-out交易数量分别为43笔、51笔、80笔，首付款总额分别为17.1亿美元、15.2亿美元、46.3亿美元（见图7-17）。2023年跨境License-out首付款同比增长305%，中国医药创新逐渐被全球认可。2023年也是国内创新药收入表现强劲的一年，其中百济神州收入174.15亿元，信达生物收入62.06亿元，和黄医药收入59.35亿元，复宏汉霖收入53.95亿元，康方生物收入45.26亿元，传奇生物收入20.61亿元，再鼎医药收入18.89亿元。

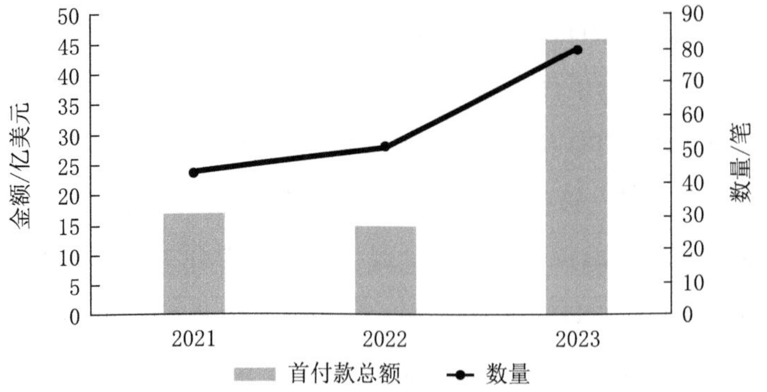

图7-17　2021—2023年跨境License-out数量及首付款总额

数据来源：MybioBD。

除了努力进入发达国家市场，新药企业积极开拓东南亚和“一带一路”

国家市场，搭建商业平台，开展产品注册，拓展新药的国际市场空间。在“资本寒冬”背景下，中国创新药/新技术总交易金额创历史新高，表明外资企业对中国药企创新能力的认可。

（四）并购行为：上下游成为并购的重点领域

全球医药生物并购交易金额快速回升。随着医药行业的不断变化及企业竞争的加剧，许多知名药企为了在市场上占据一定地位，会通过收购其他企业来实现自身的战略布局。依据IQVIA数据，虽然生命科学领域并购交易数量出现下降，但与2022年相比，2023年签署的所有并购交易的总金额为1980亿美元（见图7-18），增长了37%。与此同时，并购交易的平均交易额从2022年的7.38亿美元增至2023年的12亿美元，增长了63%。大型并购陆续回归，按潜在交易总金额排序的2023年大型并购交易的总金额为1199.5亿美元，相当于当年签署的所有并购交易总金额的61%。2023年的十大收购交易中有四项交易的总金额超过了100亿美元，高于2022年的三项。2023年12月26日，跨国药企阿斯利康宣布以12亿美元收购中国细胞治疗企业亘喜生物，这是历史上第一个中国创新型生物技术公司被跨国药企完整收购的案例，紧接着诺华制药全资收购信瑞诺医药，Nuvation Bio宣布收购葆元生物，Genmab以18亿美元收购普方生物，生物医药产业进入了并购重组时代。

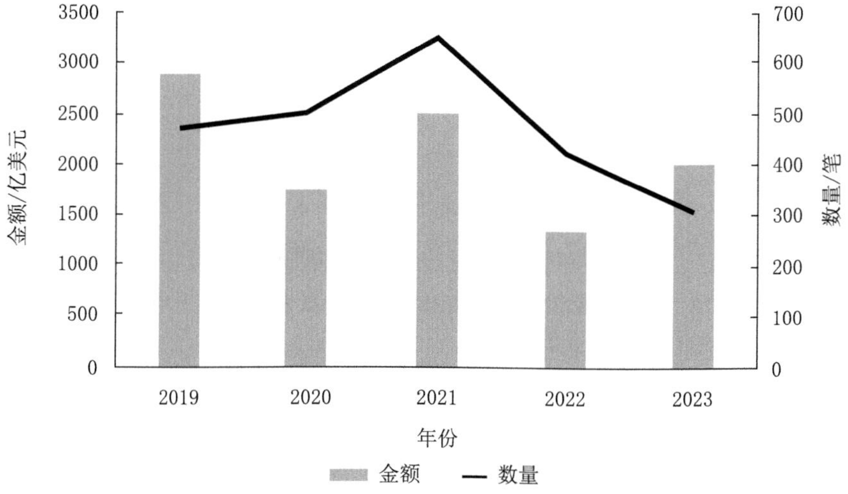

图7-18　2019—2023年全球生命科学领域并购交易金额及数量

数据来源：IQVIA。

（五）价格行为：带量采购常态化

带量采购通过明确采购量、低价者中标的方式，降低药品虚高价格，起到“以量换价”的作用，持续推动医药产业结构升级。一方面，带量采购可通过压缩仿制药的利润空间，进一步提高创新药的支付力度，提升医保资金使用效率，倒逼企业向利润空间更大的创新药转型。另一方面，带量采购挤掉药品的销售费用，改变“带金销售”模式，可以使药企将节省的销售费用用于药品的研发和质量提升。

药品带量采购常态化发展有助于提升产业运转透明度和患者购药可负担性，医保药品谈判助推高价值药品纳入，同时缩短临床用药等待时间，推动国产药品加速市场化，促进生物制药产业转型升级。带量采购已逐步实现常态化、制度化，自2018年11月起，我国进行了九批十轮国家药品集采、三批国家高值医用耗材集采，连同地方联盟采购，已累计为患者减负5000亿元。带量采购与医保药品谈判两政策引导生物制药企业价格再降，患者药物治疗可及性提升的同时带动产业高质量发展。2018—2023年，中标集采的药品数量整体呈现稳中有升的趋势，每一批次平均降价幅度介于45%～60%（见图7–19）。

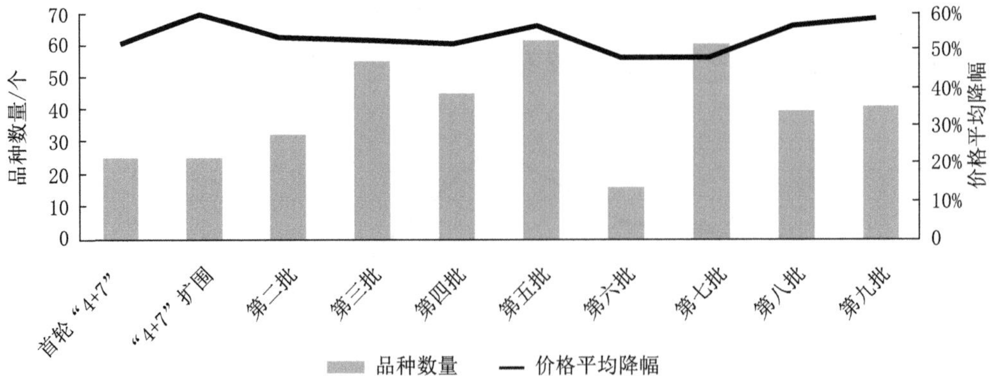

图7–19　九批十轮国家药品集采中标品种数量及价格平均降幅

数据来源：赛柏蓝、山西证券研究所。

三、生物医药产业链市场绩效

（一）营业收入：总体发展势头良好

2023年，我国生物医药行业的上市企业展现出强劲的业务增长势头，但同时也面临着潜在的风险。在观察这些企业的营业收入时，我们可以看到，6家具有代表性的生物医药上市企业在2023年的营业收入加总超过了2000亿元。其中，有5家企业的年营业收入超过了200亿元，而智飞生物和药明康德2家企业的年营业收入更是超过了400亿元（见图7-20）。然而，值得注意的是，海王生物在2023年的营业收入同比下降了3.74%。与此同时，同样位于大湾区的生物医药行业标杆企业百济神州则实现了显著增长，同比增幅达73.65%。这一对比凸显了行业内部的业绩分化和市场竞争的激烈程度，同时也反映出生物医药行业在快速发展的同时，需要警惕个别企业的经营风险。

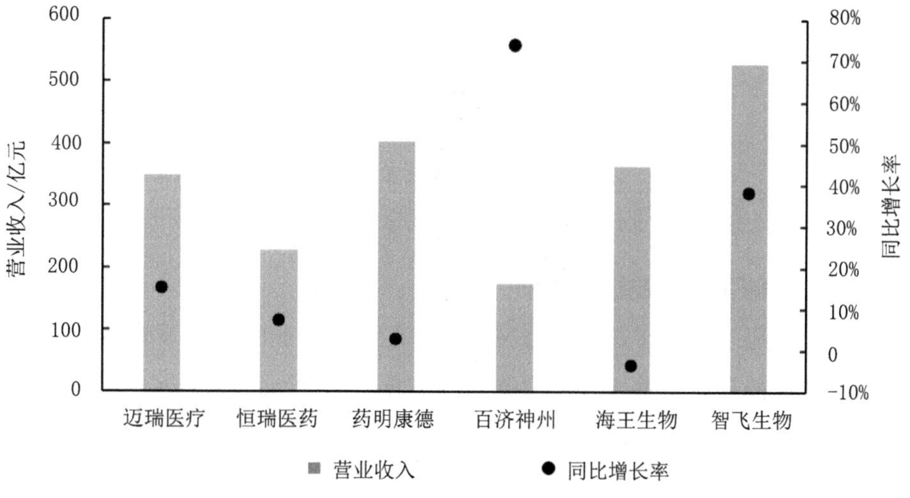

图7-20　2023年中国代表性药企营业收入及增长情况

数据来源：各公司年报。

（二）盈利能力：总体增长稳健，发展模式差异化明显

在对2023年生物医药与健康产业的盈利能力进行分析时，可以看出该产业整体增长态势稳健。6家代表性企业的净利润加总达到了251.93亿元，其中半数企业净利润超过50亿元（见图7-21）。特别是迈瑞医疗，其净利润超过

了100亿元，体现了强大的盈利能力和商业模式的持续有效性。尽管产业整体趋势正向，但仍有2家企业的净利润未能达到预期。这一情况可能反映了行业内部的竞争分化，暗示着这些企业在应对市场动态、成本管理、产品创新或战略规划等方面可能遇到了难题。对于这些企业来说，深入剖析业绩不佳的根源，并实施针对性的改进策略，对于实现长期稳健发展至关重要。

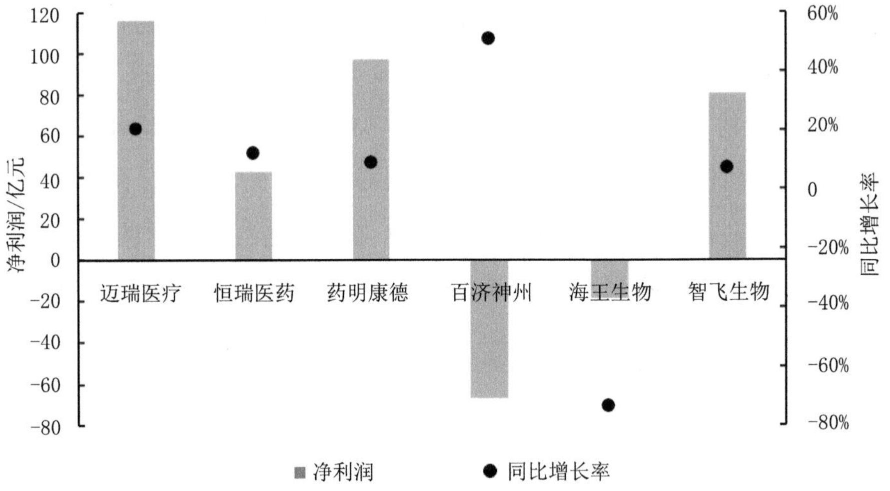

图7-21　2023年中国代表性药企净利润及增长情况

数据来源：各公司年报。

（三）创新：研发投入增加

生物医药与健康产业，作为国家战略性新兴产业的关键领域，得到了国家的高度重视和大力支持。在国家和各级政府政策的积极推动下，企业不仅具备了加大研发投入的意愿，也具备了相应的能力。企业年报数据显示，研发投入在营业收入中占据了显著的比例。以百济神州为例，2023年其研发费用高达128.1亿元，占营业收入的73.54%（见图7-22），而其净利润为-67.16亿元，且近五年来维持类似的投入模式，这表明百济神州将大量资金用于研发工作。这种做法的背后，离不开广东省政府的支持和帮扶。正是得益于政府的支持和企业的自身努力，百济神州的营业收入每年都保持了良好的增长态势。这种模式体现了企业对创新的不懈追求，也展示了政府在推动产业升级和创新发展方面的坚定决心。未来，随着政策环境的进一步优化和市场需求的不断扩大，生物医药与健康产业有望实现更加健康和可持续的发展。

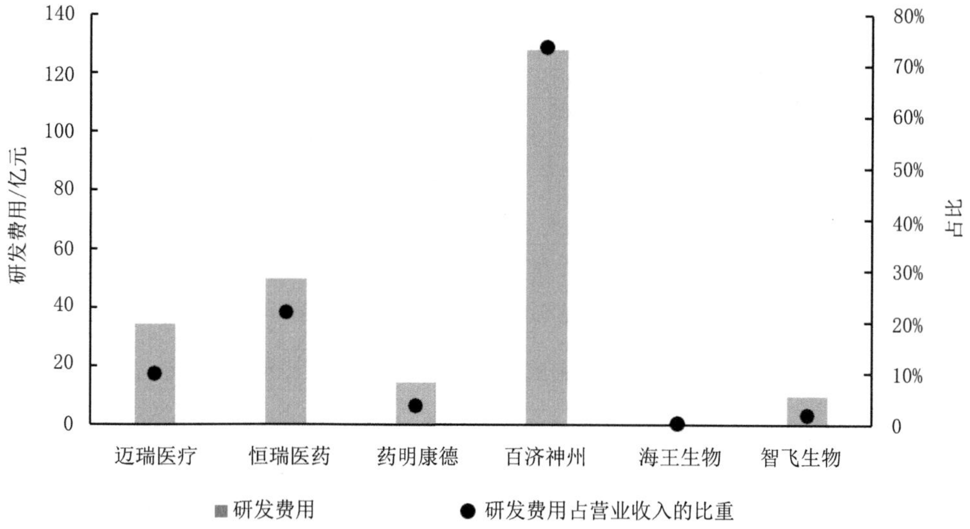

图7-22　2023年中国代表性药企研发费用及其占营业收入的比重

数据来源：各公司年报。

（四）国际化：海外市场广阔，细分市场增量大

在全球生物医疗市场，中国领先企业与国际顶尖公司之间存在显著的国际化差距。以医疗器械市场为例，中国医疗器械行业领先企业的国际收入占比平均为27.2%（见图7-23），而国际同行则为60.8%（见图7-24）。这一比较凸显了中国企业在全球扩张方面的巨大潜力和发展空间。2021年，全球医疗器械市场规模超过4800亿美元，其中美国市场占据了超过40%的份额，西欧市场约占25%。在国际市场上，医疗器械的定价通常高于国内，例如，美国的冠状动脉支架价格是国内价格的6～10倍。尽管存在这样的价格差异，中国企业在提供与国际竞争对手同质的产品时，仍能展现出一定的价格竞争优势。

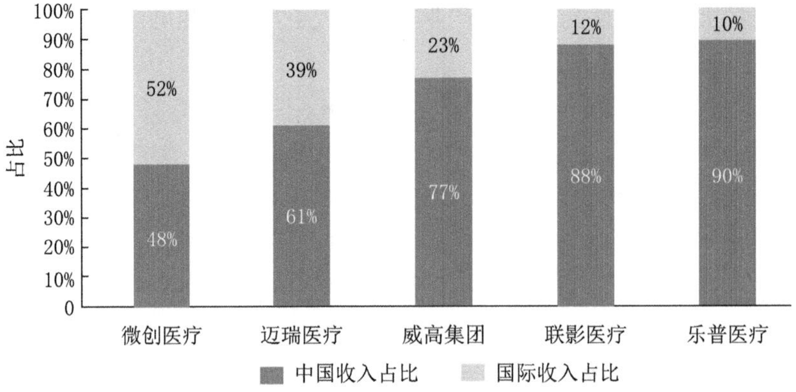

图7-23　中国领先医疗器械企业国内国际收入占比

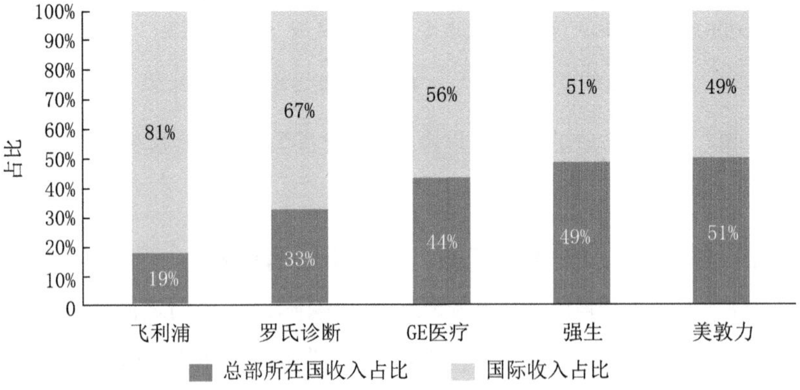

图7-24　国外领先医疗器械企业国内国际收入占比

数据来源：德勤。

中国医疗器械行业的平均国际收入占比相对较低，但国产医疗器械性能在不断提升，且价格优势显著，例如呼吸机已经实现了贸易逆差，一些代表性企业如怡和嘉业（通过自建品牌销售）和美好医疗（为瑞思迈提供组件）已经在国际市场上取得了一定的成就。此外，疫情防控期间，国产医疗器械得到了国际市场的广泛认可，尤其是在技术壁垒较低的低值耗材和中低端医疗设备领域，这为中国企业未来进一步拓展国际市场奠定了坚实的基础。

第三节　生物医药产业空间布局

一、我国生物医药产业空间布局

（一）我国生物医药产业空间分布概况

中国生物医药产业已初步形成以京津冀地区、长三角地区、粤港澳大湾区、成渝经济圈以及中部地区等为核心的产业集群。这一空间布局在总体上展现了东部地区的领先地位，同时中西部地区正迎头赶上，呈现出一种区域协同发展的平衡趋势。随着产业空间布局的不断演化和优化，聚集化的趋势日益增强。这种集群效应不仅提高了产业效率，还促进了资源共享和技术创新，为生物医药产业的整体发展注入了新的动力。在政策扶持和市场需求的双重推动下，这些产业集群将成为推动中国生物医药产业高质量发展的关键力量，同时也有助于促进区域经济的均衡发展。

根据天眼查的数据，截至2024年4月，我国生物医药领域的企业数量达到了73507家。广东在生物医药相关企业数量分布中位居第二，拥有7082家相关企业（见图7-25）。

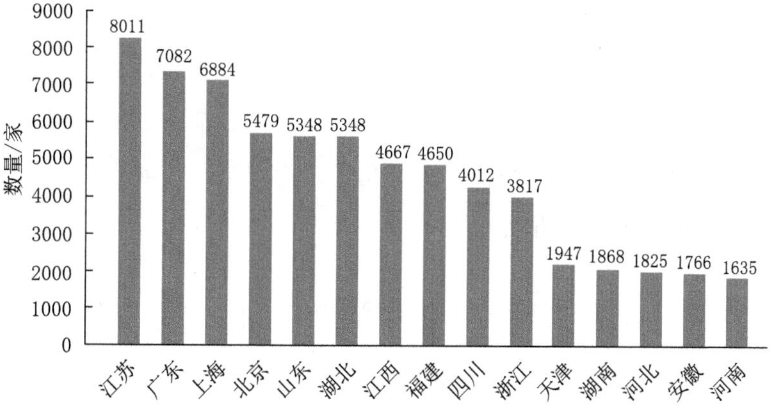

图7-25　中国生物医药相关企业数量top15省（市）（截至2024年4月）

数据来源：天眼查。

（二）我国生物医药产业链空间布局概况

我国生物医药行业市场规模自2019年的3.29万亿元增长至2023年的4.39万亿元，彰显了行业强劲的发展势头。产业链上游环节，包括原材料供应和生物技术研发，构成了整个产业的基石。中药材作为我国特有资源，在白云山和同仁堂等企业的深耕下，形成了种植、采集和初加工的成熟产业链。原料药和医药中间体的供应，由新和成和浙江医药等企业主导，为药品化学合成奠定了基础。生物技术的创新，如基因工程和酶工程技术，极大提升了生物药品研发的精度和效率，为治疗复杂疾病开辟了新途径。这一领域的发展依赖于国家和企业的持续投入，以支持高成本、高风险的研发活动。产业链中游环节专注于生物药品的研发与生产，涵盖了从实验室研究到临床试验，再到规模化生产的全过程。恒瑞医药、复星医药等企业凭借丰富的经验和技术实力，在这一环节中发挥着关键作用。产业链下游环节涉及药品销售和应用，受益于医疗保障体系的完善和居民健康意识的提升，药品消费市场稳步增长。线上药品销售平台，如京东健康、阿里健康借助互联网技术，为消费者提供了更便捷的购药方式，进一步提升了药品的可及性。

1.原料供应与医药研究企业空间分布

截至2024年4月30日，我国在原料供应与医药研究领域的企业总数达到244970家，这一庞大的数字充分展示了我国在该领域的深厚基础和广泛布局。特别是广东，以30544家企业的数量高居全国首位，彰显了其在该领域的领先地位。江苏以26137家企业紧随其后，山东和江西分别以17609家和14616家企业的数量位列第三、第四（见图7–26）。广东、江苏、山东和江西等省在推动国家医药研究发展中扮演了关键角色，为国家医药健康产业的持续进步和创新发展作出了重要贡献。

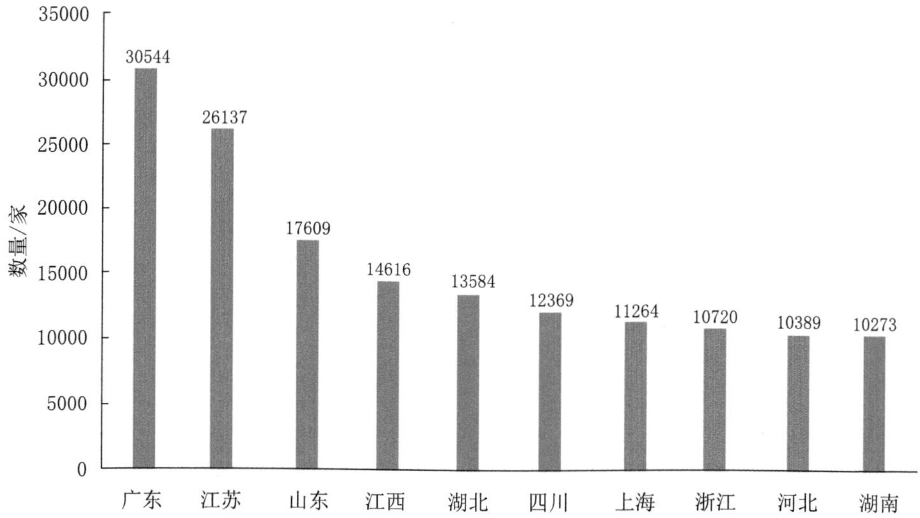

图7-26　中国原料供应与医药研究企业数量top10省（市）（截至2024年4月）

数据来源：企查查。

2.生物医药制造企业空间分布

我国生物医药制造企业在全国范围内实现了广泛的空间分布，各省（区、市）在这一领域的参与程度存在差异。广东以5143家企业的数量遥遥领先，成为生物医药制造业的龙头。紧随其后的是江苏，拥有2751家企业，湖南也表现不俗，拥有1726家企业，位居第三。此外，浙江、安徽、江西、湖北的企业数量也显著，均超过700家，显示出这些省份在生物医药制造行业积极参与。相比之下，广西在这一领域的企业数量相对较少，未达到700家（见图7-27），反映出该地区的生物医药制造业相对较弱。

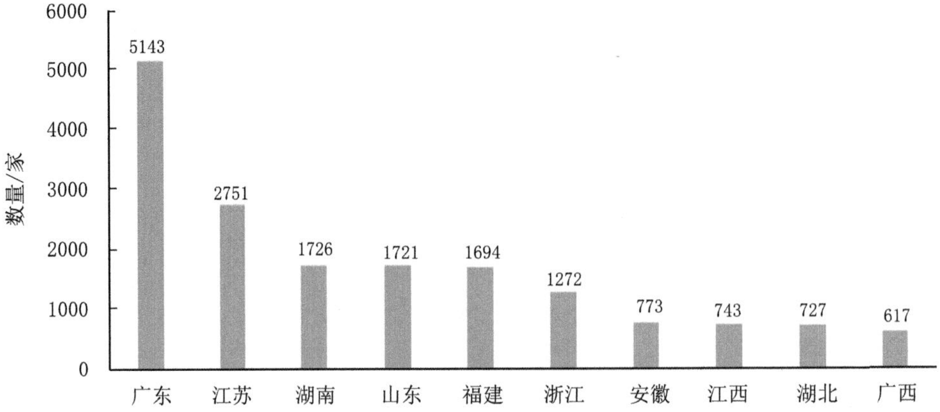

图7-27　中国生物医药制造企业数量top10省（区、市）（截至2024年4月）
数据来源：企查查。

3.终端销售企业空间分布

截至2024年4月，全国医药销售相关企业共计508745家，这些企业的广泛分布促进了我国医药行业的全面发展。特别是江苏、山东和广东，这三个省份的企业数量分别高达55296家、47084家和45445家（见图7-28），体现了这些地区在医药销售领域的领先地位和强劲的市场活力。除此之外，河南、上海、河北等省市在医药销售领域的企业数量同样令人瞩目，展现了这些地区在医药行业的重要地位。这些地区的医药销售企业密集，彰显了其市场活力和发展潜力。我国医药销售相关企业的地理分布呈现出由东向西逐渐减少的特征，这一特征不仅反映了地区间经济发展的不平衡，也为未来医药销售行业的市场拓展提供了方向。

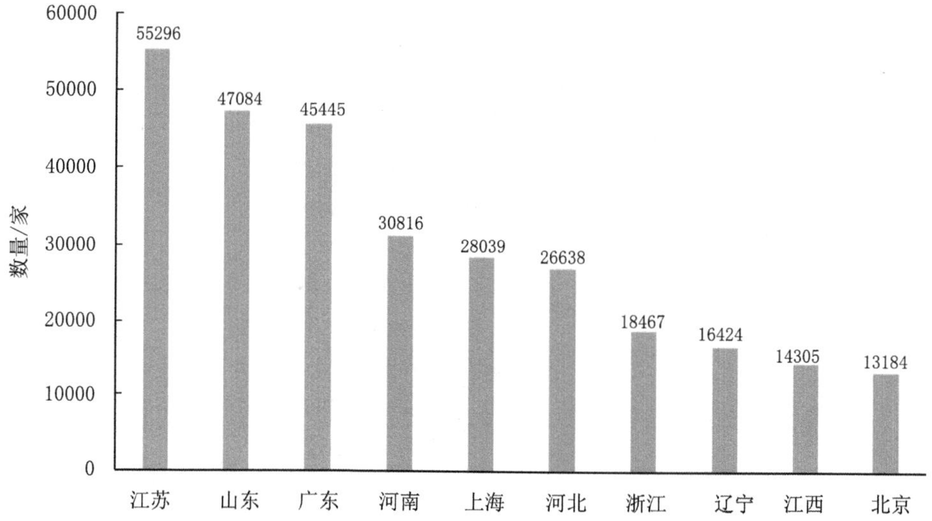

图7-28　中国生物医药终端销售企业数量top10省（市）（截至2024年4月）
数据来源：企查查。

二、广东生物医药产业空间布局

（一）广东生物医药产业空间布局概况

根据《广东发展生物医药与健康战略性支柱产业集群行动计划（2021—2025年）》，广东正着手优化产业空间结构，打造生物医药和健康产业集群。该计划以广州和深圳作为发展的双核心，同时将珠海、佛山、惠州、东莞和中山等城市纳入重点创新区域（见表7-7）。

表7-7　广东生物医药产业园分布

地区	产业园
广州	广州中医药大学科技产业园
	中医药产业创新孵化基地
	科学城生物医药联合谷
	国际生物医药价值创新园
	粤港澳大湾区生物医药产业创新平台
肇庆	粤港澳大湾区医药高端标杆产业园

续表

地区	产业园
佛山	广东（南海）生物医药产业化基地
	和乐生物医药产业园区
	暨南大学生物医药产业园
韶关	南雄启慧医药服务产业园
东莞	松山湖中医药健康科技园
湛江	粤西现代医药中心
深圳	国际生物医药产业园
	深圳市生物医药创新产业园
	坪山生物医药产业加速器园区
	信立泰医药科技园
	中城生物医药产业园
珠海	粤澳合作中医药科技产业园

广州将努力打造粤港澳大湾区生命科学合作区与研发中心，聚焦生命科学、生物安全、研发外包、高端医疗以及健康养老等领域。深圳的目标是成为全球生物医药创新发展策源地，专注于高性能医疗器械、生物信息以及细胞和基因治疗等前沿领域。

珠海将打造生物医药资源新型配置中心，专注于现代中药标准化、高端制剂和医疗养生融合等方向。佛山和中山将致力建设生物医药科技成果转化基地和国际合作创新区。惠州和东莞将发展国内领先的核医学研发中心和生物医药研发制造基地。江门和肇庆将建立再生医学大动物实验基地和南方药材健康产业基地。

此外，广东计划在粤东粤西粤北地区建设化学原料药生产基地、道地药材和岭南特色中药材原料产业基地，并推动康复、保健和养老服务等产业的发展。通过这些策略，广东力图促进生物医药与健康产业的高质量发展，并实现区域内产业的互补和协调发展。

（二）广东生物医药产业链空间布局概况

广东在生物医药与健康产业链的空间布局上展现了其战略眼光与前瞻布局，以广州和深圳为双核，引领产业链发展，同时将珠海、佛山、惠州、东莞和中山等地作为重点发展区域，形成了“双超多小”的产业格局，有效促进了省内产业协同与区域经济一体化进程。在产业链上游，广东依托独立医学实验室和医院内设实验室等科研机构，积极开展基础研究和医药外包服务，为生物医药制造环节提供了坚实的科研支撑。产业链中游则集中了生物医药制造的核心环节，包括疫苗、血液制品、诊断试剂和单克隆抗体等，这些领域不仅毛利率较高，附加值大，而且市场竞争力强，技术优势明显。广东生物医药产业链企业数量庞大，超过9万家，尤其在广州和深圳等地区，疫苗、血液制品和诊断试剂等关键领域的企业分布尤为密集。此外，广东在生物医药领域的专利申请量持续快速增长，位居全国前列，这不仅体现了广东在生物医药产业研发能力上的领先地位，也彰显了其创新环境的优越性。2024年广东生物医药产业链图谱如图7–29所示。

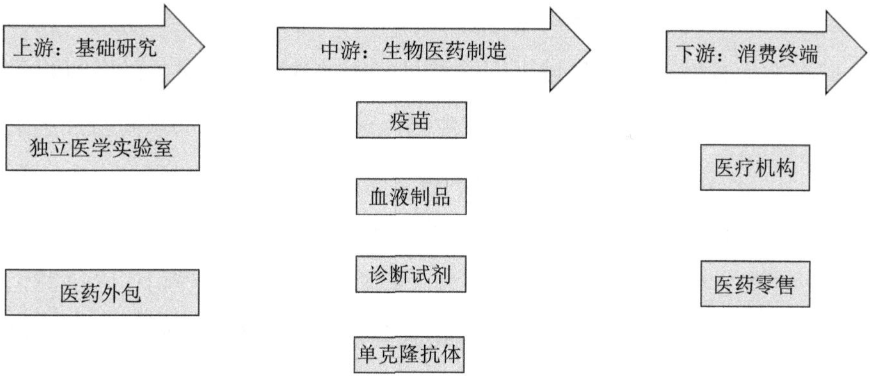

图7–29　2024年广东生物医药产业链图谱

1.原料供应与医药研究企业空间分布

根据企查查数据，截至2024年4月，广东全省医药原料相关企业有4813家。深圳以1754家企业排名第一，占全省的36%（见图7–30），其中包括海王生物等上市企业，发展势头迅猛；排名第二的广州仅比深圳少300多家企业，但其有广州白云山医药集团、广州医药集团及大参林医药集团等医药巨头，产业底蕴依旧雄厚。

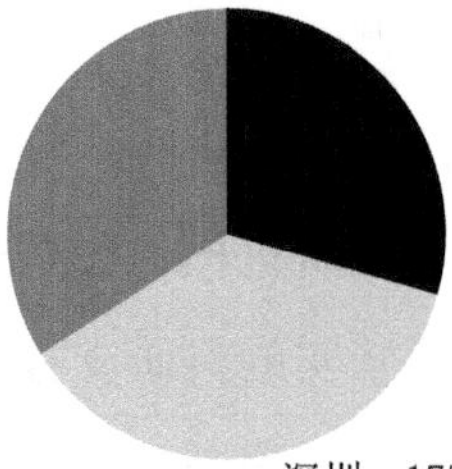

图7-30　广东医药原料相关企业空间布局（截至2024年4月）
数据来源：企查查。

医药研究领域，广东拥有25743家企业，广州以10970家企业排名第一，占比约42.61%，吸引了包括广州医药集团、金域医学、百奥泰、百济神州等知名企业的总部、研发总部和创新中心加速聚集，进一步巩固了其产业领先地位；深圳紧随其后，以8500家医药研究相关企业排名第二。

2.生物医药制造企业空间分布

广东在生物医药产业领域占据着举足轻重的地位，形成了以广州和深圳为双核心的产业格局。广州以3171家生物医药制造企业、289家高新技术企业及14661项专利数量彰显了其在生物医药产业制造和创新上的强劲实力。深圳则紧随其后，以703家生物医药制造企业、386家高新技术企业及8744项专利数量展示了其在生物医药领域的竞争力，特别是在投融资金额上以863.38亿元的累计规模凸显了资本市场对深圳生物医药产业的青睐。珠海、佛山和惠州等城市也不甘落后，正通过各自的产业优势和政策支持，积极培育具有地方特色的生物医药产业集群。例如，佛山凭借420家生物医药制造企业，正逐步构建起自己的产业地位。珠海和惠州也分别以188家和177家生物医药制造企业，展示出它们在区域产业发展中的活跃度（见图7-31）。广东的生物医药产业通过广州和深圳的引领，以及珠海、佛山、中山和惠州等城市的共同协作，形成了一个多区域、多层次和协同发展的产业生态，为广东乃至全国的生物医药产业发展贡献了重要力量。

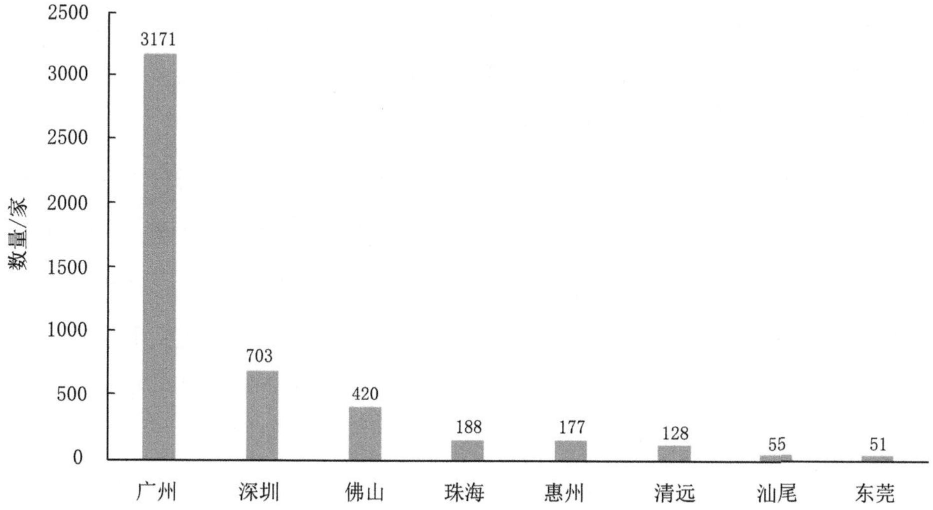

图7-31　广东生物医药制造企业空间布局（截至2024年4月）

数据来源：企查查。

三、广东重点城市生物医药产业空间布局

广东作为中国生物医药产业的重要发展区域，近年来通过政策支持和创新驱动，形成了以广州和深圳为核心的产业集群，展现出强劲的发展势头。《广东省发展生物医药与健康战略性支柱产业集群行动计划（2021—2025年）》中提出的战略目标包括优化双核心多节点的产业空间结构，并以广州和深圳为产业创新的集聚核心。广州通过政策扶持和创新平台建设，形成了具有全国影响力的生物医药产业集群。深圳则以其强大的企业集聚效应和研发创新能力，成为生物医药产业的重要发展极。两城市的生物医药产业发展不仅为地区经济增长提供了新动力，也为全国乃至全球生物医药产业的发展贡献了重要力量。

（一）打造广深生物医药高质量发展新增长极

广州正着力打造以国际生物岛为核心，以南沙科学城、中新广州知识城和航空枢纽为南北两极的“一核两极”高端生物医药产业空间布局，奋力打造全球生物医药创新与产业发展高地。近年来，广州生物医药与健康产业规模稳步壮大，产业结构不断优化。广州生物医药产业年均增长10%左右，截至

2024年8月，各类生物医药企业6400多家，其中上市企业近50家，还集聚了生物医药领域4家国家重点实验室、4名诺贝尔奖获得者、23位院士，成为中国发展生物医药产业的重要一极。

广州在生物医药领域的企业数量已位居全国第三，成功培育了包括广州医药集团、香雪制药、达安基因、金域医学、万孚生物、百奥泰、迈普医学等在内的行业领军企业。此外，广州还吸引了包括阿斯利康、百济神州、诺诚健华、GE医疗、龙沙集团、恒瑞医药、康方生物、费雪派克、和睦家医疗等在内的国内外知名生物医药企业在此设立机构。这些举措进一步巩固了广州在生物医药与健康产业中的领先地位。

深圳的生物医药产业近年来呈现出迅猛的发展态势，企业集聚效应显著，研发创新能力不断提升，正逐渐成为推动生物医药产业增长的新引擎。

截至2024年3月，深圳生物医药行业的企业总数已增至2579家，业务涵盖化学制药、中药、生物制品、原料药及医疗器械等多个领域（见图7–32）。其中，高新技术企业621家，专精特新企业334家，专精特新“小巨人”企业50家，独角兽企业5家（见图7–33）。可见，深圳在生物医药领域企业数量众多，且在质量和创新能力上均有突出表现。

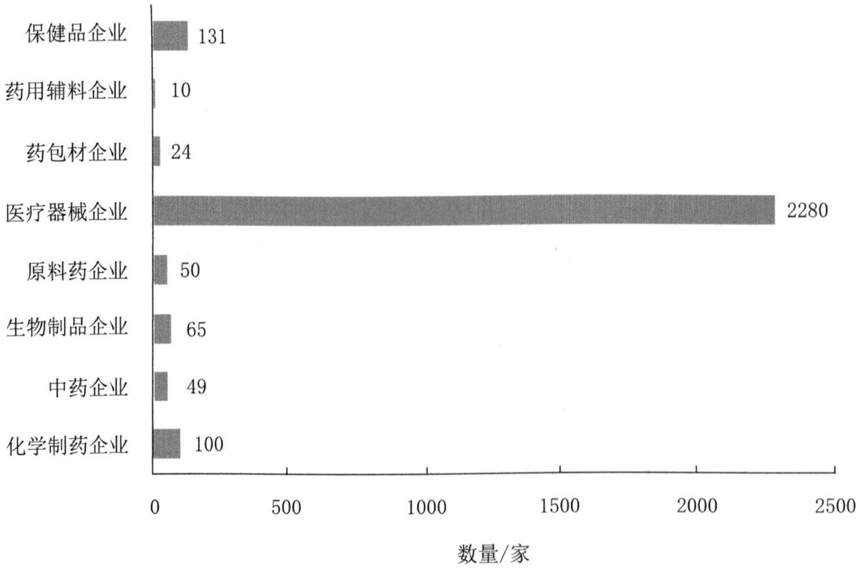

图7–32　深圳生物医药产业不同类型企业分布情况（截至2024年3月）

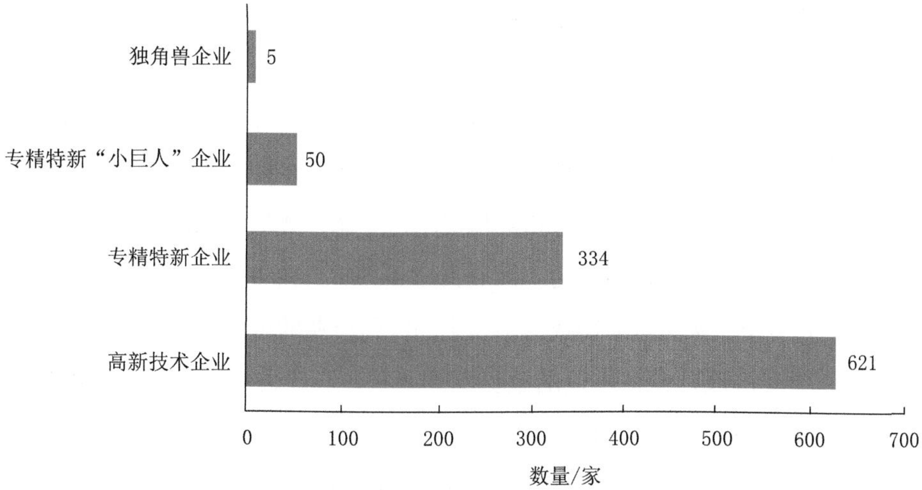

图7-33　深圳生物医药产业不同资质企业分布情况（截至2024年3月）

在知识产权和专利方面，深圳生物医药产业的积累同样显著，专利总量达到14456项。同时，市场上新推出的原创药物数量有9个，国产医疗设备上市数量达8210个，通过等效性评审的仿制药数量为156个。这些成果彰显了深圳在生物医药领域的研发实力和创新驱动力。

深圳市政府出台了《深圳市促进生物医药产业集群高质量发展的若干措施》，旨在加快医药行业基础设施建设，增强药物临床试验成果转化力，加速药品注册审批流程，培育特色生物医药产业园区，加大对药企研发和生产的支持力度。这些措施为深圳生物医药产业的繁荣提供了有力支撑，也为深圳打造成为世界知名的生物医药产业创新中心奠定了坚实的基础。

深圳正致力打造“3+3”生物医药产业集群，聚焦高端诊疗装备、体外诊断技术与设备、中药、生物药和高端制剂等关键领域，全力开展技术攻关和创新突破。同时，深圳还在基因检测、高端医疗器械和医药制造等前沿领域形成独特优势，培育具有国际竞争力的生物医药领军企业和研究机构，为全球生物医药创新发展贡献“深圳智慧”和“深圳方案”。

（二）粤港澳大湾区生物医药与健康产业发展格局：“双超多小”

粤港澳大湾区生物医药与健康产业以“双超多小”格局著称。“双超”

指深圳的华大基因和广州的百济神州，两家企业在基因测序和肿瘤药物研发等领域居行业前沿，对大湾区乃至全国产业具有引领作用。华大基因在基因技术领域的深厚积累推动个性化和精准医疗进步，而百济神州则以肿瘤创新药物研发跻身国内生物制药领军企业。“多小”指众多中小型企业，它们在生物技术、医疗器械及健康管理等细分市场形成丰富生态，凭借专业优势和快速市场响应能力，为产业创新注入活力。政府支持和科研机构协同，为产业健康发展提供了良好环境，大湾区有望成为中国生物医药产业的重要增长极。

深圳作为我国医疗器械产业的重要发源地和核心集群地，在医疗器械生产总值、出口总值、药械上市公司市值和利润方面均居全国大中城市之首。深圳计划依托光明科学城的大科学装置，加快生物医学大数据等基础设施的建设，并重点支持生物药、高端生物医学工程和精准医疗等领域的发展，同时推动合成生物学、脑科学等基础研究以及新药创制、细胞治疗、基因检测和生物医学成像等技术的进步。

广州生物医药与健康产业近年来发展迅速，形成了以生物制药、医疗器械、健康服务为主导的产业集群。例如，广州百济神州生物制药有限公司专注于肿瘤创新药物的研发，其PD-1抑制剂已获得FDA批准上市。同时，广州还大力推动健康服务业发展，如广州和睦家医院提供高端医疗服务，满足市民多样化健康需求。这些企业项目不仅推动了产业升级，也为广州经济注入了新活力。同时，广州产业集群正日益向城市创新核心集聚，形成以黄埔国际生物岛为中心、“两城一岛”为引导，与南沙广东医谷及生物谷等多区联动的集聚模式。此格局不仅优化了资源配置，推动了产业协同，还为广州生物医药与健康产业的持续增长和创新增添了活力。

东莞依托其在电子信息和装备制造业的雄厚基础，在医疗器械产业，尤其是医疗设备和体外诊断领域取得了显著成就。东莞的发展不仅体现在产业规模和技术水平的显著提升上，更体现在产业创新和市场拓展方面的突出表现上。未来，东莞计划充分利用散裂中子源与南方先进光源等国家重大科技基础设施，打造一个从基础研发到临床应用的全链条生物医药产业体系。这一体系的构建将促进生物医药领域的创新研究与成果转化，为东莞在生物医药产业的持续发展提供强有力的支撑。东莞将进一步强化与科研机构的深度合作，通过产学研用的紧密结合，加速科技成果转化，推动产业升级。同时，东莞将致力提升医疗设备和体外诊断产品的质量和性能，提高市场竞争力，以满足国内外市场的需求。

惠州依托其得天独厚的自然资源优势，正积极打造成为全国核医学研发中心和生物医药研发制造基地。目前，CDMO企业与GMP（良好生产规范）工厂项目已成功落户大亚湾，为惠州生物医药产业的高质量发展奠定了坚实的基础。

香港特别行政区在生命科学领域拥有深厚的传统优势，其高校医学院的科研实力在全球范围内享有盛誉，处于领先地位。作为亚太地区最大的生物科技公司首次公开募股中心，香港在医药研发领域拥有国际化的标准、成熟的平台孵化机制以及丰富的科研人才资源。香港特别行政区政府高度重视生物科技产业的发展，已经采取了一系列有力措施，积极营造良好的产业生态环境，吸引了众多海外创业者和顶尖科研团队。目前，香港科技园已经成功吸引了超过150家生物医药企业落户，形成了一个充满活力的生物科技产业集群。粤港澳大湾区生物医药与健康产业重点企业空间布局如表7-8所示。

表7-8　粤港澳大湾区生物医药与健康产业重点企业空间布局

主要分布区域	代表性企业
深圳	迈瑞医疗、理邦仪器、开立医疗、华大基因、先健科技、信立泰等
广州	金域医学、达安基因、百济神州、香雪制药、广州医药集团等
东莞	东阳光、众生药业、菲鹏生物、星普医科等
惠州	莱佛士制药等
香港	联邦制药、中国抗体、业聚医疗器械、雨点光学等
澳门	宝莱特、丽珠医药等

（三）广深港共铸生物医药创新带

要进一步放大广深港三大中心城市的集聚辐射效应，逐步引导生物医药资源要素由广深港核心城市向区域周边延伸，率先建立以创新经济为支撑的现代生物医药产业体系，强化广深港现代生物医药产业在综合改革、集聚示范等方面的支撑引领作用。瞄准前沿、引领未来，推动广深港加快发展现代生物医药产业特别是知识技术密集度高的新型生物技术业，努力将广深港建设成为优质高效、特色彰显及充满活力的国际化生物医药产业中心。

充分发挥创新对广深港现代生物医药产业的驱动作用，瞄准新一代生物研发、药品制造等重点领域和关键环节，重点布局一批全球一流的研发设计中心和高技术创新中心，形成“高校—科研成果—珠三角转化”的科技产业协同发展模式。

支持构建总部经济集聚区，积极推动现代生物医药产业的创新与发展，全面提升城市的综合服务能力。深化与知名科研院所的合作，聚焦科技前沿领域，开展深入的研发与创新活动。建设并优化一批具有国际水平的科技创新中心和国家重点实验室作为高端创新平台。这将促进产业经济的增长模式从粗放型向集约型、创新型转变，形成以城市为中心的辐射性网络布局。

深圳与广州正在加强合作，共同推动生物医药及高端医疗器械先进制造业集群的建设，致力打造粤港澳大湾区的生物医药万亿级产业集群。这一战略举措，旨在通过区域经济的协同发展，实现生物医药产业的快速崛起。

河套深港科技创新合作区，作为粤港澳大湾区内四大重大合作平台之一，正致力建设具有国际竞争力的产业中试转化基地，专注于先进生物医药技术等关键领域的发展。《河套深港科技创新合作区深圳园区发展规划》的发布，为深港两地在生物医药领域的协同创新提供了明确的战略指导和有力的政策支持，标志着双方合作迈入了新的发展阶段。

第四节　广东生物医药产业发展趋势研判

一、产业生态圈集聚效应将逐步显现

广东的生物医药产业正以显著的集聚效应，成为全国关注的焦点。广东省人民政府精心规划和实施的产业集聚区战略下，广州国际生物岛、深圳国家生物产业基地、珠海金湾生物医药产业研究院和中山国家健康科技产业基地等关键区域，已经成为推动产业发展的核心力量。这些区域不仅集结了众多科研精英和创新资源，还成功吸引了国内外大量知名企业及创新型初创企业，共同构建了一个充满生机与活力的产业生态系统。

广东在生物医药领域的科研创新和成果转化方面，得益于国家临床医学研究中心、国家基因库及省实验室等高端科技平台的大力发展，展现出显著的科研优势。这些平台不仅提供了国际一流的研究环境和先进的技术设备，而且通过集聚顶尖科研团队，推动了一系列前沿科学问题的探索和关键技术的突破，为生物医药产业的持续创新和发展注入了源源不断的动力。中山大学、南方医科大学等知名高等学府，以深厚的学术底蕴和雄厚的科研实力，为广东生物医药产业的发展提供了强有力的智力支持和人才储备。广东的生物医药产业还通过这些科研和教育机构的共同努力，加速构建产学研用一体化的创新体系，促进了科技成果转化和产业升级。

为了进一步提升产业竞争力，广东启动了多梯次企业集群建设工程，致力培育和壮大生物医药与健康领域的龙头企业和创新型企业。通过这一战略性举措，广东正朝着打造具有国际竞争力的领军企业迈进，推动生物医药与健康产业实现规模化、高质量发展，全面提升产业集聚发展水平和整体竞争力。这一系列行动标志着广东在建设生物医药强省的征程上，正以坚定的步伐和明确的方向，不断取得新的进展和突破。

二、国际合作更加频繁

广东作为中国对外开放的排头兵，近年来在探索产业国际合作新路径方面取得了显著成就。广东凭借其得天独厚的地理优势和坚实的产业基础，积极构建国际合作平台，如中国（广东）自由贸易试验区，为国际产业合作提供了高效便捷的条件。不仅如此，广东还大力推动传统产业的转型升级，积极发展高新技术产业，加强与国际先进产业的深度对接，推动了产业的创新驱动发展。同时，广东积极响应“一带一路”倡议，通过加强与沿线国家的经贸合作，推动基础设施建设，拓展国际市场，为产业国际合作开辟了新的机遇。这些举措不仅促进了广东经济的高质量发展，也为全球产业合作贡献了中国智慧和中国方案。未来，广东将继续深化产业国际合作，推动构建更加开放包容的世界经济体系，为全球经济增长注入源源不断的新动力。

（一）积极参与国际科技合作

广东通过建立一系列国际科技合作基地，积极拓展与全球科研机构的合作关系，加速了生物医药与健康产业的国际化进程。省内科研机构与新西兰莫里斯·威尔金斯研究中心联合建立的生物医药联合中心，以及与英国伯明翰大学、剑桥大学合作建立的转化医学和再生医学研究中心，是这一战略的关键组成部分。这些平台促进了中外科技项目合作和学术交流，加深了广东与国际科研机构的联系。广东对粤港澳大湾区国际科技创新中心的建设给予了高度重视，与香港的大学和科研机构紧密合作，共建了多个联合研究中心，并致力共同培养科技人才。中国科学院香港创新研究院的成立，标志着粤港两地在科技合作方面迈出了坚实的步伐，为大湾区的国际科技创新中心建设增添了新的动力。同时，广东积极响应“一带一路”倡议，与新西兰携手建立生物医药与健康“一带一路”联合实验室，针对重大科学问题进行联合攻关。此外，广东还通过定期举办广州国际干细胞与再生医学论坛等高水平国际学术会议，吸引了众多全球顶尖学者的参与，进一步推动了国际学术交流与合作的深入发展。

广东通过积极构建国际科技合作平台并实施多项措施，有效增强了在国际生物医药与健康产业科研领域的实力，同时提升了在全球范围内的影响力。这些努力为本地产业注入了创新动力，推动了产业的持续发展。目前，广东正逐步在国际生物医药产业中确立领先地位，为未来科技的突破性进展和产业结构的优化升级打下牢固的基础。

（二）打造国际合作载体

广东在生物医药产业的发展上采取了园区化、集群化的发展战略，通过建设特色产业园区，形成了具有国际竞争力的产业集群。这些园区不仅是生物医药产业的重要集聚地，也成为国际合作与交流的重要平台。

广州国际生物岛是广东生物医药产业的标志性项目之一。生物岛以其独特的地理位置、完善的基础设施和优越的研发环境，吸引了众多国内外知名的生物医药企业和研发机构入驻。岛上建立了一系列研发中心和实验室，涵盖了生物医药、医疗器械和基因编辑等多个领域。通过与国际科研机构的合作，广州国际生物岛不断引进国际先进的技术和管理经验，推动了本地产业的技术进步和创新发展。

深圳国家生物产业基地则是另一个重要的生物医药产业集聚区。基地依托深圳的高新技术产业优势，重点发展生物技术药物、高性能医疗器械等产业。基地内拥有一批高水平的研发平台和孵化器，为入驻企业提供了全方位的支持和服务。通过与国际知名药企和科研机构的合作，基地不断提升自身的研发能力和国际竞争力。

除了广州和深圳，广东省内其他城市如珠海、中山、东莞等也在积极推动生物医药产业园区的建设。这些园区根据自身的产业特点和优势，有针对性地引进和培育相关企业，形成了各具特色的产业集群。通过园区化的管理模式，这些生物医药产业园区为企业提供了高效的服务和良好的发展环境，促进了产业的快速集聚和规模扩张。

三、政策引领与创新增长的协同效应开始显现

广东，作为中国改革开放的前沿阵地，正以其独特的地理优势和创新精神，在生物医疗产业领域迅速崛起。广东高度重视生物医药产业的发展，发

布《广东省发展生物医药与健康战略性支柱产业集群行动计划（2021—2025年）》等政策文件，明确提出了到2025年实现产业营业收入达到1万亿元的宏伟目标。这一目标的设定展现了广东在生物医药领域的雄心壮志。

在创新能力方面，广东的有效发明专利数量位居全国之首，预计到2025年将超过1.5万件，这一数字的增长预示着广东在生物医药研发领域的深厚潜力和广阔前景。广东的生物医药产业链也日趋完善，从原料生产到产品研发，再到市场流通，形成了一条完整的产业链。同时，广州、深圳等地区的企业集群已成为行业发展的重要引擎。产业园区如广州国际生物岛、深圳国家生物产业基地等，不仅是企业成长的沃土，也是技术创新和产业升级的高地。

政策支持是推动产业发展的重要因素。广东各地市政府纷纷出台了一系列扶持政策，如深圳的《深圳市培育发展高端医疗器械产业集群行动计划（2022—2025年）》和珠海的《珠海市推动生物医药产业高质量发展行动方案（2020—2025年）》。这些政策的实施，为生物医药产业的高质量发展提供了坚实的政策保障。政策还展现出了前瞻性和开放性，如清远的《清远高新区促进生物医药产业创新发展若干措施（试行）》等政策，通过提供国际市场准入资质补助，鼓励企业走出国门，参与全球竞争。

四、国产高端技术在全球崭露头角

广东推出了多项政策和措施，旨在促进生物医药产业的高水平发展，并确立了由省级领导负责的生物医药与健康产业集群联动协调机制。此外，广东还建立了重点企业“白名单”制度，针对企业在原料供应、物流、审评审批、医保采购和生产供应等方面的挑战，通过协调省级和市级相关部门来提供解决方案。

在创新产品方面，迈瑞医疗推出了国内首个超高端解决方案——超高端超声系统昆仑Resona A20，这一系统不仅填补了国内在该领域的空白，而且在国际市场上也处于领先地位。另外，康方生物在2022年12月与Summit Therapeutics签订了合作协议，将PD-1/VEGF双特异性抗体AK112在美国、加拿大、欧洲和日本的开发和商业化独家权利授予后者。康方生物保留了该产品在包括中国的其他地区的开发和商业化权利。根据协议条款，康方生物将获得5亿美元的预付款，以及与开发、注册和商业化相关的里程碑付款。整个交易的总价值可能达到50亿美元，刷新了国产创新药物海外授权的纪录。此外，康方生物还将获得基于销售净额的低双位数比例的特许权使用费。

广东已经发展了3个在生物医药领域的省级特色产业园区，并培育出1家年收入超过千亿元的企业、11家年收入超过百亿元的企业，还有39家国家专精特新“小巨人”企业以及510家省级专精特新企业。在2023年度中国医药工业百强榜中，有广东7家企业入选。广东还成立了医疗器械领域的国家高性能医疗器械创新中心，以及3个省级制造业创新中心。

第五节　广东生物医药产业集群发展对策建议

一、强化需求侧引导，激发市场活力

一是精准对接市场需求。政府应组织专业机构定期开展生物医药市场需求调研，了解国内外市场动态，包括新药研发趋势、患者需求变化、政策环境变化等，为产业发展提供科学决策依据。通过政策引导和市场激励，鼓励生物医药企业加大研发投入，开发具有自主知识产权的新药和医疗器械等，满足患者多元化、个性化的医疗需求。引导企业根据市场需求和自身优势，选择具有竞争力的细分领域深耕细作，形成差异化竞争优势。

二是拓展国内外市场。鼓励广东生物医药企业积极参与国际医药产业交流与合作，通过参加国际展会、建立海外研发中心等方式，提升品牌影响力，拓展海外市场。通过政府采购、医保支付等政策手段，引导医疗机构和患者优先使用本土生物医药产品，提高市场占有率。加强本土生物医药产品的市场推广力度，通过线上线下相结合的方式，提高产品知名度和美誉度，促进国内消费增长。

三是创新支付机制和保障措施。推动广东生产的高品质药品纳入国家基本医疗保险药品目录和基本药物目录，提高患者用药的可及性和可负担性。鼓励商业保险机构开发针对生物医药产品的保险产品，为患者提供更加全面的医疗保障。同时，探索按疾病诊断相关分组（DRG）付费等多元复合式医保支付方式，为生物医药创新产品提供稳定的市场需求。

二、加大基础研究，提升创新能力

一是加强科研平台建设。支持建设国家级、省级重点实验室和工程技术研究中心等创新平台，提升科研能力和成果转化效率。着力提升广州实验室、国家高性能医疗器械创新中心、国家生物制造产业创新中心、中国科学院深圳先进技术研究院、中科中山药物创新研究院等重大平台的源头创新能级，加快推进人类细胞谱系等一批重大科学装置建设，建设世界级生命健康领域原始创新基础设施集群。建设生物医药公共服务平台，如药物筛选平台、安全性评价平台和临床试验服务平台等，为新药研发提供一站式服务。

二是完善关键核心技术攻关体系。聚焦前沿引领技术、颠覆性技术，在基因技术、细胞治疗、AI+生物医药、合成生物学及脑科学与类脑研究等领域，开展更多有组织的关键核心技术攻关。面向生命健康重大需求，依托省重点领域研发计划、基础与应用研究十年“卓粤”计划等科技计划，布局更加符合产业发展规律、产学研紧密结合及多学科交叉融合的科研专项。

三是加强产学研合作。打造由高校、科研机构、企业、医院共同参与的科技创新联合体，通过共同承担国家科技重大专项、重点研发计划，在全球、全国范围更大力度集聚高端创新资源、产业资源，打造新型应用场景，推动科研成果快速产业化。

三、完善产业布局，发挥集聚效应

一是打造特色产业集群。依托广州、深圳等核心城市，发挥区域资源优势，打造生物医药产业创新高地和高端制造基地。支持广州布局细胞与基因治疗、高端医疗器械、生物药、生物信息、现代中药和医学检验等领域，全力打造全球生物医药创新与产业发展高地。支持广州南沙粤港澳全面合作示范区加快打造药品、医疗器械高端制造产业增长极。支持深圳做精做深高性能医疗器械、生物信息、合成生物学和脑科学等领域，建设全球未来生命健康产业创新策源地。支持河套深港科技创新合作区加快打造国际一流的药物及医疗器械中试转化服务平台。支持佛山打造医药健康科技成果转化基地。支持东莞打造生物医药研发制造基地和医学影像类及介植入类高端医疗器械研发中心。

二是促进产业链整合。鼓励企业通过兼并重组、战略合作等方式，整合产业链上下游资源，形成完整的产业链体系。鼓励生物医药产业链上下游企业通过建立战略联盟、合资合作等方式，实现资源共享、优势互补和互利共赢。加强供应链各环节之间的协同合作，优化供应链管理流程，提高供应链响应速度和灵活性。

三是发展配套服务业。支持研发外包、合同生产组织、物流仓储等配套服务业发展，为产业链上下游企业提供全方位服务。提供生物医药领域的前沿技术咨询、技术评估和技术转移等服务，帮助企业把握技术趋势，提升创新能力。

四、拓宽融资渠道，保障资金需求

一是加大财政资金支持。设立广东生物医药产业发展专项基金，重点支持新药研发、技术改造和产业升级等关键领域。加大对科技型小微企业、创新型企业的支持力度，鼓励企业加大研发投入和技术改造力度。落实好“科技金融15条”政策，发挥国家自然科学基金引导作用，推进生物医药基础研究能力快速提升。培育中长期投资者和“耐心资本”，加快培养生物医药领域专业化投资团队。

二是引导社会资本参与。通过风险投资、私募股权等方式吸引社会资本参与生物医药产业投资，降低企业融资成本。引导金融机构持续加大对生物医药产业链上下游的投资力度，鼓励风险投资机构“投早投小”，动员社会力量通过设立公益基金、接受慈善捐赠及引入风险投资等多种方式建立多元、可持续的临床研究投入机制。

三是推动多层次资本市场建设。支持生物医药企业在科创板、创业板等上市融资，拓宽融资渠道，提高融资效率。完善全省上市公司后备资源库，持续推动生物医药企业赴境内外资本市场合适板块上市。

五、强化人才支撑，激发创新活力

一是引进高端人才。制定更具吸引力的人才引进政策，提供优厚的薪酬待遇、住房补贴和子女教育等福利，吸引国内外顶尖生物医药专家和创新团队来粤发展。定期举办生物医药领域的高端论坛、学术会议等活动，为人才提供交流合作的平台。通过这些活动，促进思想碰撞、技术交流和项目合作，激发创新灵感。

二是加强人才培养体系建设。支持高校和职业院校开设生物医药相关专业和课程，加强实践教学和实习实训，培养高素质专业人才。加强与高校、职业院校的合作，优化生物医药相关专业的课程设置，注重理论与实践相结合，培养既具备扎实理论基础又具备实际操作能力的高素质人才。同时，鼓励校企合作，建立实习实训基地，为学生提供更多实践机会。建立生物医药领域的继续教育体系，为在职人员提供专业技能提升、新知识学习等培训机会。通过线上课程、研讨会、工作坊等多种形式，促进人才知识的更新与技能的升级，形成终身学习的良好氛围。

三是优化人才激励机制。建立科学合理的科研成果评价机制，鼓励科研人员将研究成果转化为实际生产力。通过专利转让、技术入股等方式，让科研人员分享创新成果带来的经济收益，激发科研人员的创新积极性。加强生物医药领域的知识产权保护力度，严厉打击侵权行为，保护创新成果不受侵犯。通过完善法律法规、加强执法力度等方式，为人才提供坚实的法律保障。

参考文献

白让让. “两轨六步法”式的产业政策：解读、疑惑与评述：与林毅夫教授商榷[J]. 清华大学学报（哲学社会科学版），2022，37（3）.

陈宪. 战略性新兴产业发展态势探究[J]. 人民论坛，2023（21）.

陈雁，张海丰. 超越新古典技术追赶理论：演化经济学的视角[J]. 经济问题探索，2018（2）.

陈钊. 大国治理中的产业政策[J]. 学术月刊，2022，54（1）.

葛浩阳. 仅仅是“政策”之争吗？：方法论视角下“产业政策之争”再回顾[J]. 人文杂志，2018（12）.

顾丽敏. 创新链驱动战略性新兴产业融合发展：理论逻辑与机制设计[J]. 现代经济探讨，2024（3）.

贺俊，吕铁. 战略性新兴产业：从政策概念到理论问题[J]. 财贸经济，2012（5）.

黄先海，高亚兴. 数实产业技术融合与企业全要素生产率：基于中国企业专利信息的研究[J]. 中国工业经济，2023（11）：.

贾根良. 演化发展经济学与新结构经济学：哪一种产业政策的理论范式更适合中国国情[J]. 南方经济，2018（1）.

江飞涛，李晓萍. 产业政策中的市场与政府：从林毅夫与张维迎产业政策之争说起[J]. 财经问题研究，2018（1）.

江飞涛，沈梓鑫. 全球产业政策实践与研究的新进展：一个基于演化经济学视角的评述[J]. 财经问题研究，2019（10）.

李美云. 国外产业融合研究新进展[J]. 外国经济与管理，2005（12）.

李绍荣. 市场为什么需要政府：基于经济学说史的思考[J]. 人民论坛·学术前沿，2018（23）.

李晓华，吕铁. 战略性新兴产业的特征与政策导向研究[J]. 宏观经济研究，2010（9）.

李宇，杨敬. 创新型农业产业价值链整合模式研究：产业融合视角的案例分析[J]. 中国软科学，2017（3）.

林学军. 战略性新兴产业的发展与形成模式研究[J]. 中国软科学，2012（2）.

任保全，王亮亮. 战略性新兴产业存在规模效应吗？：基于产业分类、政策和产权层面的分析[J]. 产业经济研究，2014（3）.

任继球，盛朝迅，魏丽，等. 战略性新兴产业集群化发展：进展、问题与推进策略[J]. 天津社会科学，2024（2）.

沈梓鑫，江飞涛. 未来产业与战略性新兴产业的创新与新质生产力:理论逻辑和实践路径[J]. 暨南学报（哲学社会科学版），2024，46（6）.

史丹. 数字经济条件下产业发展趋势的演变[J]. 中国工业经济，2022（11）.

史丹，孙光林. 数字经济、产业融合的绿色效应分析[J]. 福建论坛（人文社会科学版），2023（4）.

孙福全. 培育壮大战略性新兴产业是发展新质生产力的核心抓手[J]. 中国科技论坛，2024（6）.

孙梁，韦森. 重温熊彼特的创新驱动经济周期理论[J]. 济南大学学报（社会科学版），2020，30（4）.

王聪，何爱平. 创新驱动发展战略的理论解释:马克思与熊彼特比较的视角[J]. 当代经济研究，2016（7）.

王开科. 我国战略性新兴产业“阶梯式”发展路径选择：基于马克思资源配置理论视角的分析[J]. 经济学家，2013（6）.

王鹏. 深刻理解习近平总书记关于发展战略性新兴产业的重要论述[J]. 上海经济研究，2024（4）.

王世泰，曹劲松. 新质生产力的缘起、生成动力与培育机理：基于马克思主义政治经济学视角[J]. 南京社会科学，2024（3）.

吴敬伟，江静. 生产性服务业集聚、产业融合与技术创新[J]. 上海经济研究，2021（7）.

杨虎涛，田雨. 演化经济学的技术追赶理论：特质、脉络、关键概念及其拓展[J]. 学习与探索，2015（7）.

杨阔，郭克莎．产业政策争论的新时代意义：理论与实践的考量[J]．当代财经，2020（2）．

杨仁发，刘纯彬．生产性服务业与制造业融合背景的产业升级[J]．改革，2011（1）．

余东华．产业融合与产业组织结构优化[J]．天津社会科学，2005（3）．

张弛，张彩云．战略性新兴产业的理论基础与演进特征[J]．学习与探索，2023（5）．

赵玉林，裴承晨．技术创新、产业融合与制造业转型升级[J]．科技进步与对策，2019，36（11）．

植草益．信息通讯业的产业融合[J]．中国工业经济，2001（2）．

周建明．超越经济视角看产业政策：对林毅夫、张维迎之争的评论[J]．文化纵横，2017（3）．

朱富强．为何需要产业政策：张维迎和林毅夫之争的逻辑考辩[J]．社会科学战线，2017（4）．

ABERNATHY W J，UTTERBACK J M．Patterns of industrial innovation[J]．Technology review，1978，80（7）．

FAI F，VON TUNZELMANN N．Industry-specific competencies and converging technological systems: evidence from patents[J]．Structural change and economic dynamics，2001，12（2）．

FORBES D P，KIRSCH D A．The study of emerging industries: recognizing and responding to some central problems[J]．Journal of business venturing，2011，26（5）．

GAINES B R．The learning curves underlying convergence[J]．Technological forecasting and social change，1998，57（1-2）．

GAMBARDELLA A，TORRISI S．Does technological convergence imply convergence in markets? evidence from the electronics industry[J]．Research policy，1998，27（5）．

GORT M，KLEPPER S．Time paths in the diffusion of product innovations[J]．The economic journal，1982，92（367）．

JANSSON J．Emerging （internet） industry and agglomeration: Internet entrepreneurs coping with uncertainty[J]．Entrepreneurship & regional development，2011，23（7-8）．

KLEPPER S，GRADDY E．The evolution of new industries and the determinants of market structure[J]. The RAND journal of economics, 1990, 21 (1).

LEI D T. Industry evolution and competence development: the imperatives of technological convergence[J]. International journal of technology management, 2000, 19 (7-8).

MIAO C L, FANG D B, SUN L Y, et al. Driving effect of technology innovation on energy utilization efficiency in strategic emerging industries[J]. Journal of cleaner production, 2018, 170.

MURMANN J P, FRENKEN K. Toward a systematic framework for research on dominant designs, technological innovations, and industrial change[J]. Research policy, 2006, 35 (7).

VERNON R. International investment and international trade in the product cycle[J]. The quarterly journal of economics, 1966, 80 (2).

后　记

在科技革命与产业变革深度交织的当下，战略性新兴产业融合集群发展已成为重塑全球竞争格局、培育国家核心竞争力、打造新质生产力的制高点。党的二十大报告明确将“推动战略性新兴产业融合集群发展”列入国家战略，2025年广东高质量发展大会更将“发展新质生产力”作为核心命题，强调以科技创新引领产业跨越、打造世界级先进制造业集群。从《“十四五”规划纲要》到各省市专项政策，层层部署印证：融合集群不仅是产业演进的内生逻辑，更是实现高质量发展的必由路径。

广东作为改革开放前沿阵地，肩负着“走在前列”的使命。依托完备的产业链、活跃的创新生态和前瞻性的政策布局，广东在新能源汽车、人工智能、生物医药等领域已形成引领性产业集群雏形。全省高质量发展大会所倡导的“探索新型举国体制‘广东路径’”“强化科技创新与产业创新融合”，正为战略性新兴产业集群注入新动能——打破壁垒，融通技术、人才、资本要素；聚合空间，构建共生共赢的产业生态。广东的实践表明：唯有锚定融合集群，才能将产业优势转化为面向未来的核心竞争力。

本书《新增长极：推进战略性新兴产业融合集群发展》旨在系统回应这一时代课题。然须坦言，战略性新兴产业融合集群本身是一场动态演进的长期革命。随着6G、量子科技、人形机器人等未来产业加速破茧，全球技术路线与竞争规则仍在剧变中迭代；跨区域、跨国界集群协作机制亦需深化探索；而政策实效的量化评估、微观主体的融合行为逻辑等实证研究尚有广阔空间。本书虽力求体系化，却终难穷尽这一宏大命题的复杂剖面，编者尤有不足之感。未来，我们将持续追踪技术前沿动态、拓展国际对标案例，深化对合成生物、低空经济等未来产业的融合集群研究，并探索跨学科实证分析工具的应用。

本书由暨南大学产业经济研究院院长陶锋研究员设定编写框架、提出核心观点和审核定稿，徐扬负责统稿修改、定稿校正，王欣然参与部分章节修改工作。每章具体编写分工如下：第一、五章由李鑫铭编写，第二章由赖众莹编写，第三章由傅泽楷编写，第四章由过天赐编写，第六章由赖众莹和过天赐合作编写，第七章由傅泽楷和过天赐合作编写。在撰稿过程中，我们借鉴了产业经济领域诸多专家和学者的研究成果，在此表示由衷的感谢。本书的出版更离不开广东经济出版社编辑们的严谨审稿、编辑、校对。希望本书能够吸引更多的专家学者对战略性新兴产业融合集群发展状况展开更加深入的交流与探讨，也恳请广大朋友不吝批评斧正！